Karlhans Frank

Von der Magie der Männlichkeit

Wie der Phall im Wandel der Epochen steht

Eichborn Verlag

Der Held unseres Buches aus biologisch-medizinischer Sicht

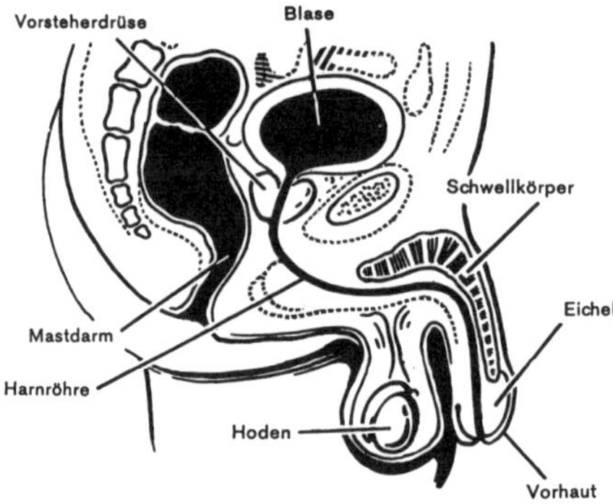

Männliches Geschlechtsorgan
Schnitt senkrecht durch die Mitte

CIP-Kurztitelaufnahme der Deutschen Bibliothek

Frank, Karlhans:

Von der Magie der Männlichkeit : wie d. Phall
im Wandel d. Epochen steht / Karlhans Frank. —
Frankfurt/Main : Eichborn, 1984.
ISBN 3-8218-1029-7

2. Auflage, März 1985

 · Gesamtausstattung: Gruhle/van Volxem ·
Gesamtherstellung: Fuldaer Verlagsanstalt GmbH ·
ISBN 3-8218-1029-7 · Verlagsverzeichnis schickt gern:
Eichborn Verlag, D-6000 Frankfurt 70

Inhaltsverzeichnis

Sanftes Vorspiel statt harter Anmache

Wir tasten tändelnd in diesem Buch an einem unterdrückten Gegenstand herum, dem es zumeist nur im verhüllenden Untergrund gestattet ist zu wachsen. Es ist ein kleines Buch für ein vielfältig' Ding, und so bleiben wir sozusagen mit der Vorhaut schon stecken, können keine von Gerichten als Vollzug anzuerkennende Penetration durchführen. Aber lustvoll kann, wie Könner und Kennerinnen wissen, auch das Petting sein. Dennoch wäre unser Gegenstand einiger ernsthafter Behandlungen würdig.

Viele fröhliche Liedlein könnte er pfeifen, denn er war an der Menschheitsgeschichte erheblich beteiligt. Und doch muß man ihn mühsam zwischen den Zeilen der gelehrten Geschichte suchen. Er wurde sogar dort eliminiert, wo er einst prächtig stand. Man hat ihn diffamiert und nicht mehr aus dem Mund gelassen. Dabei ist er doch für alle da! Und die Achtung oder Ächtung, die er in bestimmten Zeiten genossen oder erlitten hat, verrät über die geherrscht habenden Zustände mindestens soviel wie die Fakten, von denen uns unsere Schulweisheit träumen machen will.

Er wurde angebetet und verflucht, gehätschelt und abgeschnitten, vorgezeigt und versteckt. Gegenwärtig ist er beispielsweise bedroht von Menschen, die ihn besser kennen sollten. Kluge und liebenswerte grüne Frauen heben ihn auf ihre Schlachtschüsseln mit dem Kampfruf »Schwanzträger raus«. Das erschüttert mich bis in die Hoden. Angstvoll verschränke ich meine Hände vorm Sack, wenn die entschlossenen Emmazonen sich mit geschliffenen Zähnen nahen.

Dabei reicht es doch, daß von Moralkapaunen nach ihm gefahndet wird, daß etwa Stadtväter ihn bei ihren Bibliothekaren suchen.

Laßt ihn euch zur Freude stehen, ihr Menschen aller fünf Geschlechter. Befreit ihn aus dem Miefestall, in dem er eingezwängter als ein Käfighuhn seiner Eier zweier vor sich hinbrüten muß, häufig bereit, selten gefragt. Denkt einmal über ihn nach, allerdings mit den größeren Köpfen, die ihr so sorglos nackt auf euren Hälsen zu tragen wagt.

Er ist nämlich sowenig Waffe wie jeder Hammer, kann nur dazu miß-

braucht werden. Und unser liebes Kind mit seinen vielen umschreibenden Namen (denn deutlich benennen darf man ihn nach geltender Regel inzwischen weniger als Gott und Teufel) ist nicht per se ein Machtsymbol, sondern ein Lustinstrument. Was zu beweisen ist.
Ein wenig soll dieses Buch dabei helfen, die toten Hosen aufzuknöpfen.

Statt Raketen zeigt dem Himmel
besser erigierte Pimmel!

Da scheinen mir nämlich auch Zusammenhänge zu bestehen. Sind Porsches, Colts und Raketen vielleicht die Schwanz-Prothesen derer, die ihrem der Liebe dienen sollenden fleischlichen Stiel nichts zutrauen? Sind Kriegspolitiker fetischisierende Exhibitionisten?
Wieso sind blutige Morde im TV en masse erlaubt, doch keine steifen und tropfen Schwänze?
Wieso prallen aus Kiosken und von Plakatwänden ungezählte Mädchenbrüste auf unsere Augen? Wieso dürfen uns von dort weibliche Schamdreiecke an das schönste Geheimnis der Geometrie erinnern? Und wieso ragen von dort nicht auch kraftvolle Pimmel in die Gegend?
Das ist ein weites Feld, Luise, Theodor, oder wie du heißen magst. In diesem Kornfeld können wir nur wenige kuschelige Bettchen bereiten. Wir können den Phall in diesem Buch nicht erschöpfend bearbeiten, tippen ihn nur da und dort spielerisch an.
Schade!
Ich wünschte mir, daß viele weibliche wie männliche Prähistoriker, Historiker, Politiker, Ethologen, Ethnologen, Soziologen, Psychologen ... ihn sich unverlogen genüßlich, doch gründlich vornähmen. Auch die sinnlichen Künstler sollten ihn wieder für ihr Publikum pflegen.
Er ist es wert.
Er ist aufschlußreich.
Er ist schön.

karlhans frank
im Juni '84
in Gelnhaar

Im Anfang war das Weib

Die Überschrift soll keinen Theorienstreit entscheiden. Überhaupt können die Quickies in diesem Buch nicht so eindringlich sein, wie es wünschenswert wäre. Eigentlich habe ich etwas gegen Quickies, aber manchmal siegt die Not der Triebe. Und aus flüchtigen Begegnungen kann sich eine geräumige Beziehungskiste nageln lassen — hoffentlich kein Sarg.

Die flüchtigen Begegnungen mit unterschiedlichen Wurzeln in diesem Buch sollen anregen, sich darüber hinaus mit dem zu beschäftigen, was an den Wurzeln hängt oder dahintersteht oder umgekehrt.

Jedenfalls braucht man keinen Theoretiker, sondern nur Logik, um festzustellen: Im Anfang war das Weib!

Wissenschaftler, die das noch immer leugnen, sind von den Gemächten ihrer Väter geblendet — eine durchaus mythische Vorstellung.

Häufiger als leugnende Wissenschaftler sind allerdings die mit schwarzen Zensurbalken vor sämtlichen erogenen Zonen. Sie rätseln an Kochrezepten des Homo erectus, denken bei der Zunge des Cro-Magnon-Menschen nur an deren Möglichkeit zur Sprachforschung, schreiben gelehrte Aufsätze über die Entwicklung des Unterkiefers (obwohl der sowieso nie zum Oberkiefer aufsteigen wird), statt nur einmal das vorliegende Material auf die wichtige Frage hin zu sichten: Wie haben unsere Vorfahren gefickt?

Sie haben bestimmt!

Taten sie es mit Lust? Aus Versehen? Zwang die Urfrau den Urmann? Ging jeder Vereinigung eine Vergewaltigung voraus? War Beischlaf eine rituelle Übung? — Eine ganze Latte voller Fragen.

Doch die verklemmten Wissenpitze fragen so etwas nicht. Wenn sie das für ihre Veranlagung bereits gewagte Wort »Monogamie« postulieren, spürt man ihr Gruseln vorm harten Höhlenboden. Nennen sie eine Statue »Fruchtbarkeitssymbol«, dann suggerieren sie, daß man damit kleine Löcher für Hirsekörner in den Boden picken kann.

Aber Hirsekörner kamen viel später.

*

Im Anfang war das Weib. Und es war ein Wunder. Auch ich empfinde Frauen als wunderbar. Doch unseren Urvorfahren waren Weiber tatsächlich Wunder.
Weiber hatten eine Wunde, aus der manchmal Blut sickerte. Aber die Weiber starben nicht daran.
Bedeutsamer war, daß die Weiber wie der Mond zunahmen, daß dann aus ihnen heraus kleine Menschen fielen.
Diese Menschlein wurden aus den Weibern gefüttert, aus den dicken Beulen über den Bäuchen.
Vielleicht durften auch Männer aus diesen Quellen trinken? Warum nur Männer? Warum nicht alle Hordenmitglieder? Warum nicht sogar Gäste?
Möglich ist's.
Möglich und sogar wahrscheinlich scheint mir, daß das bei einzelnen Gruppen und zu verschiedenen Zeiten unterschiedlich war.
Aber das Weib war das Wichtigste. Das Weib war ein Wunder. Ohne Weiber lief nix.
Ich bin sicher, daß keiner unserer Vorvorderen vom Weib als vom »schwachen Geschlecht« gesprochen hat.

*

Niemand kann mir weismachen, daß in Urzeiten der Menschheit ein Zusammenhang zwischen Ficken und Kinderkriegen bekannt war. Die meisten Forscher, die dazu Aussagen wagen, nehmen das auch nicht an. Einige meinen, daß die Urmenschen es zwar irgendwann herauskriegten, wie das mit dem Menschenmachen funktioniert, es dann aber wieder vergaßen.
Aber der einfache Menschenverstand sagt, daß Sammler kaum Anlaß hatten, eine Vereinigung der Leiber mit einer zehn Monate später stattfindenden Geburt zu verbinden. (Ich schrieb »Sammler«, meine damit natürlich Personen aller Geschlechter, und um Eiertänze zu vermeiden, verkünde ich hier, daß in diesem Buch das grammatisch übliche Geschlecht gebraucht wird bei Sammelbezeichnungen, daß damit sämtliche biologischen Geschlechter gleichberechtigt einbezogen sind.)

Auch Jäger schlossen wohl nicht aus jeder Mammut-Hochzeit auf künftige gute Jagd.
Hirten und Ackerbauern konnte es eventuell langsam dämmern, daß Pflanzen und Tiere aus Samen entstehen. Selbst damit ist nicht gesagt, daß sie von solcher Erkenntnis auf sich folgerten; denn eine dem Menschen eigentümliche Wesensart ist sein Größenwahn. Er hält sich für einzigartig, die große Ausnahme, den Göttern nahe, die Krone der Schöpfung. Für ihn — so bildet er sich ein (mit heute erkennbaren schrecklichen Folgen) — gelten andere Gesetze als für die gewöhnliche Natur.
Doch es bleibt in Sachen Urmensch bei Spekulationen. Wir haben eine befangene Phantasie, basteln uns die Vergangenheit aus den Vorurteilen der Gegenwart. Unser Buch gibt mir nicht genug Raum, mich in Meinungsstreitigkeiten zu hängen. Ich werde also versuchen, von den herrschenden und frauschenden widersprüchlichen Theorien so wenige wie möglich gegeneinander auszuspielen. Manchmal werde ich Namen nennen, und Leser mit besonderem Interesse am Gegenstand der Betrachtung können in Bibliotheken und Buchhandlungen nach von den Namensträgern Verfaßtem suchen.
Wir fummeln nur lustvoll miteinander von mehreren Seiten an dem Ding herum. Es denkt ja auch kaum jemand, ehe ein Penis in eine Vagina eingeführt wird, über Anatomie und Funktion der Geschlechtsteile nach. Es soll sogar Personen geben, die während des Verkehrs nicht einmal darüber nachdenken, ob sie jetzt zeugen wollen oder nicht, ob für den letztgenannten Fall ausreichende Verhütungsmaßnahmen getroffen sind...

Zurück zur Prähistorie:
Daß der Urmensch den Zusammenhang zwischen Bumsen und Werfen nicht kannte, ist dem Nachdenkenden einsichtig. Daraus ergibt sich, daß Weiber etwas Besonderes waren. Männer erschienen als für die Fortpflanzung unnütz. Sinn für die Arterhaltung konnten sie höchstens dadurch haben, daß sie schwangere Weiber, Mütter und Kinder schützten und ein wenig versorgten. Sie wußten nicht, daß sie Väter waren. Es gab nur Mütter. Es konnte nur Mutterrecht, nicht Vaterrecht geben. Weiber waren etwas Unbegreifbares, ein besseres Geschlecht, wenn nicht gar eine besondere Rasse. Ohne Weiber konnte es keine Männer geben, denn auch Männer fielen zuerst als Kinder aus den Wei-

bern. Zum Menschenmachen waren Männer — so mußten unsere Adams denken — nicht nötig.
So war Vögeln eine reine Freizeitbeschäftigung ohne Nutzen und Verstand. Nur aus Spaß steckten manchmal Männer ihre Schwänze in die geheimnisvollen Löcher der Weiber. Aus wessen Spaß? Ich vermute, wenn die wichtigen Weiber den Spaß an der Sache nicht gehabt hätten, wäre kaum ein Kind gezeugt worden.
Das Anhängsel zwischen den Beinen der Männer war ein ulkiger und empfindlicher, nur zum Spaßspenden brauchbarer Auswuchs. Dennoch muß er zu dem benutzt worden sein, wozu er heute noch benutzt wird, denn sonst — wir wissen es genau — wäre die Menschheit ausgestorben.
Nicht genug damit, daß er benutzt wurde. Er ist auch dargestellt worden. In frühesten Zeugnissen der Kunst steht er herum.
Wie geschrieben: Die Prähistorie besteht zum großen Teil aus Spekulationen. Wie es wirklich war, darüber läßt sich streiten. Vielleicht sind manche Pimmel dargestellt worden, als man wußte, wozu sie gut waren. Vielleicht sind einige nur ins Bild genommen, um deutlich zu machen, daß es sich bei den gezeigten Personen um Menschenmodelle mit Baumelauswüchsen handelt. Bei einigen Kunstwerken ist es möglich, daß sie für einen Pimmel gehalten werden, in Wirklichkeit nur zufällig so aussehen.
Aber von den vielen Phalli sind bestimmt einige als solche gemeint zu Zeiten, in denen sie nichts anderes als Lust- und Freizeitorgane waren, zu Zeiten, in denen die Frauen die höheren Wesen waren, zu Zeiten, in denen die Pillemänner keine Zepter der Macht sein konnten. Jeder einzelne Pullermann hatte da nur zwei Funktionen: Pinkeln und Spaßmachen.

*

Wir müssen uns nicht auf die Debatte darüber einlassen, ob der Pfeil männliches oder weibliches Symbol ist. Natürlich kann er Schamdreieck mit Mittelritz sein. Natürlich kann er auch männliche Waffe sein und übertragen männliches Glied. Uns ist wurscht, ob er Wurst oder Schüssel darstellt. Wir können auf die Pfeile verzichten.

Wir müssen nicht überlegen, ob Georges Bataille zu weit geht, wenn er in einigen Aurignacien-Statuetten von Sireuil (Dordogne) »plastische Kalauer" sieht, nämlich weibliche Akte mit Phallus-Köpfen. Ich glaube, daß er unrecht hat, und deshalb sparen wir die hübschen Figürchen in diesem Buch aus. Es bleiben noch genug Funde. Wer die umstrittenen Plastiken dennoch kennenlernen will, schaue beispielsweise in »Die Tränen des Eros« von Georges Bataille, 1981 auf deutsch beim Matthes & Seitz Verlag, München. Ich denke, der urzeitliche Schöpfer dieser Werke wollte das Wunder Weib aufdecken, wollte das magische Loch und die unerklärbaren Futtertitten zeigen. Da hat ihn der Kopf nicht interessiert. Folglich hat er seine Plastik oben rund gemacht. So entstand etwas Eichel-Ähnliches. Egal!

Spannend ist Bataille, auch wenn er sich geirrt haben sollte. Er philosophiert über etwas sehr Bedenkenswertes, nämlich darüber, daß das Erkennen von Erotik und das Erkennen des Todes, daß das Bewußtwerden von Lust und Schmerz zu den wichtigsten Stufen der Menschwerdung gehört,

Auch Batailles Deutung eines der rund 15000 Jahre alten Bilder in der Höhle von Lascaux muß man nicht folgen. Doch seine Beschreibung können wir übernehmen, und seine Folgerungen können für Empfindsame Stoff zum Träumen sein:

»Ein Mann, der augenscheinlich tot ist, liegt ausgestreckt, wie gefällt, vor einem reglosen und bedrohlichen schweren Tier. Das Tier ist ein Bison, und die Bedrohung, die von ihm ausgeht, wiegt um so schwerer, als er mit dem Tode ringt: er ist verwundet, und aus seinem aufgerissenen Bauch quellen seine Eingeweide. Offenbar hat der hingestreckte Mann das sterbende Tier mit seinem Wurfspieß durchbohrt. Aber der Mann ist nicht ganz Mensch, sein Kopf, ein Vogelkopf, verjüngt sich zu einem Schnabel. Nichts in dieser Szene rechtfertigt die paradoxe Tatsache, daß der Mann mit aufgerichtetem Geschlecht daliegt...

In dieser abgeschlossenen Tiefe (der Höhle) manifestiert sich eine paradoxe Übereinstimmung, die um so gewichtiger ist, als sie sich in diesem undurchdringlichen Dunkel bekundet. Diese elementare und paradoxe Übereinstimmung ist die zwischen Tod und Erotik.« (Nebenbei: die Übersetzung des Buches »Die Tränen des Eros«, nach dem zitiert ist, stammt von Gerd Bergfleth.)

Und so sieht Marie König die Szene von Lascaux:

»... der sterbende Bison, Symbol des erlöschenden Mondes. Was verhilft ihm

zu neuem Leben? Diese Rolle ist einer anthromorphen Figur zugedacht. Es ist kein Lebewesen dargestellt, wie es der Alltag sieht, auch kein Jäger. Wir sehen den ungefähr viereckigen Körper und an den erhobenen Händen je vier Finger. Das große Zeugungsorgan weist auf seine Potenz, das neue Leben zu erschaffen. Die kräftigen Beine verankern die Gestalt im Diesseits, während ihr Vogelkopf und der hinzugesetzte Vogel den Begriff mit dem Himmel und der Erweckung verbinden...«
(Das Zitat stammt aus einem Aufsatz von Richard Fester in dem von Fester, König, Doris und David Jonas herausgegebenen Buch »Weib und Macht«, 1980 bei Fischer, Frankfurt.)
Ein unlösbares Rätsel wird das Bild wohl ewig bleiben. Ist das erigierte Glied Zeugungsorgan oder Spielzeug? Richtet es sich auf für die Gleichberechtigung, für die künftige Männerherrschaft, zu Ehren der Frau, zur Freude einer Göttin? Wußte der Maler, was in so einem Rohr steckt? Ist der stürzende Mann ein ekstatischer Schamane in Vogelmaske? Gehört der hinzugesetzte Vogel überhaupt zum Bild, oder ist er später zufällig an diese Stelle gemalt worden?
Nicht wegzudiskutieren aber ist der vor 15000 Jahren auferstandene Schwanz, der allerdings bei weitem nicht der älteste uns bekannte ist.

*

Johann Jakob Bachofen, 1815 bis 1887, gilt als Entdecker des Mutterrechts. Er sagt über die Frau in einer mutterrechtlichen Gesellschaft:
Der Phallus wurde ihr steter Begleiter.
Ich mag nicht entscheiden, ob Bachofen zu weit gegangen ist. Doch emanzipationsblindwütige Wissenlöcher (Wissen-Schaft ist doch zu männlich besetzt für diesen Fall) werfen ihm *»patriarchalische Betriebsblindheit«* (Cillie Rentmeister im Aufsatz »Das Rätsel der Sphynx«, nachlesbar im von Brigitte Wartmann herausgegebenen Buch »Weiblich-Männlich«, 1980, Verlag Ästhetik und Kommunikation, Berlin) vor. Welch unbefriedigender Streit! Gerade die mächtigen Frauen mit absolutem Selbstbestimmungsrecht in einer Gynaikokratie (da sitzen die Frauen auf den Hebeln der Macht) können den Phallus keinesfalls mißachtet haben. Sonst gäbe es weder den Ernest Borneman, noch die jede Männlichkeit scheel besehenden Emanzen, die ihm übel-

nehmen, daß er als Mann kluge Sachen über Frauengesellschaften schreibt, etwa in »Das Patriarchat«, 1979 im Fischer Verlag, Frankfurt, erschienen. Borneman geht besonders den Spuren der Ablösung von Mutterrecht durch Vaterrecht und deren Folgen nach. Er nimmt an, daß die ersten Menschen keine Sexualtabus kannten (wozu auch? Die wirtschaftlichen Folgen des Beischlafs waren ihnen unbekannt!). Und so hat er eine Vorstellung paradiesischer Zärtlichkeit: »*... eine noch nicht völlig genitalisierte, noch nicht auf die Dominanz der Geschlechtsteile ausgerichtete Sexualität; eine amorphe, alles Warme, Lebendige, Pulsierende umfassende Zärtlichkeit, ein friedliches Streicheln und Kosen, das völlig im Gegensatz zum späteren Kampf der Geschlechter steht...*«
Eine schöne und glaubwürdige Vorstellung! Hier spielt der Schwanz keine Hauptrolle. Hier steht er gleichberechtigt neben und manchmal in anderen Körperteilen. Hier quält ihn kein Leistungsdruck, kein Erfolgszwang.
»*Aus diesem Grund stellen auch die meisten phallischen Idole keine Beweise für die Existenz männlicher Vorherrschaft dar, sondern sind fast überall... weibliche Liebesbezeugungen an das Organ, das ihnen Freude... gab. Wie in Indien Lingam und Yoni zusammengehören, so auch in Europa Vulva und Phallus...*«

*

Den Phallus wollte die Vulva auch, als sie das Zentrum von Magie und Macht war. Nicht nur wir sind Beweise dafür.
Auf Malta beispielsweise gibt es in Tarxien Zeugnisse der Megalith-Kultur. Die große Göttin von Hal Tarxien schützte phallische Steine. In diesem Zusammenhang führt Sibylle von Reden im Buch »Die Megalith-Kulturen«, 1979 bei DuMont, Köln, aus:
»*In den Mutterkulten und Sagen der klassischen Griechen finden sich Hinweise auf eine mediterrane Urreligion, in der der Phallos als selbständige Wesenheit verehrt wurde. Wenn Demeter manchmal mit einem seltsamen Schwarm kleiner phallischer Geschöpfe, den Daktylen oder Fingerlingen auftritt, spiegelt sich darin wohl die Erinnerung an eine Ära, in welcher die Phantasie der Griechen noch nicht alle Götter vermenschlicht hatte und in der das männliche dem weiblichen Prinzip untergeordnet war. Bemerkun-*

gen in der griechischen Literatur deuten auch an, daß der zwielichtige Hermes einmal nur ein phallischer Stein war... Die Anbetung phallischer Säulen dürfte einer Stufe der religiösen Entwicklung entstammen, in der es noch keinen kriegerischen Vater- und Himmelsgott mit der Blitzaxt gab, sondern nur die Erdmutter, die Toten und mit dieser Welt verbunden den vieldeutigen Steinkult. Solche frühen Vorstellungen mögen auch der archaischen Wesensart der Urbewohner Maltas entsprochen haben, die ihrer Göttin keinen menschengestaltigen Partner zugesellten, sondern die unpersönliche Verkörperung der zeugenden Kräfte im heiligen Stein.«

*

Thesen, Thesen, nichts als Prothesen!
Welche der vorgeschichtlichen Pimmel-Darstellungen dem Lustorgan, welche dem erkannten Zeugungsorgan galten, läßt sich nicht mit Gewißheit feststellen. Fest steht allerdings, daß die Vagina der großen Urmutter nicht allesverschlingend war, daß ihrer Magie der Zauberstab der Männlichkeit nicht widerstrebte.
Vielleicht — das ist nur eine spinnige, spekulatiefe und wahrlich nicht belegbare, kaum haltbare Provokation von mir — entsprechen die Darstellungen des Penis pur aus irgendeiner Zeit den Darstellungen von gesichtslosen, nackten, auf Reize reduzierten Frauenkörpern an heutigen Kioskwänden, wo dann die Frau kein Mensch, nur Lustobjekt ist. Möglicherweise sind einige vorgeschichtliche Schwänze ohne Mann dran als Lustobjekte für herrschende (frauschende) Weiber entworfen, denen der Rest vom Typ gleichgültig war.
Daraus ergab sich — so dichte ich weiter — eine wilde E-Mann-Zipfelations-Bewegung, die schließlich zum Patriarchat führte.
Ein Gedankenspiel, das auch in umgekehrter Richtung zu Unerfreulichem führen würde.

Prähistorische Männlichkeit und Magie

1

2

3

1. Das rätselhafte Bild im Schacht der Höhle von Lascaux, etwa um 13 500 vor unserer Zeitrechnung entstanden.

2. Solche abstrahierten und mit viel Mühe in hartes Urgestein gepunzten Menschenbilder wurden viele gefunden.

3. Vielleicht aber sind es nicht Nachbarn, sondern Feinde, die so dargestellt wurden? Möglicherweise stellt dieses Felskunstwerk aus der Bronzezeit in Skandinavien sogar einen Gott mit mächtigen Waffen dar?

4

6

5

7

4. Trägt dieser punktköpfige Schwanzrecker eine übergroße Axt? Das ist wahrscheinlicher als die Annahme, daß er seiner Freundin eine hochgewachsene Glockenblume bringt.

5. Und was bedeutet das Spiralbild, das dieser Mann mit erigiertem Glied hochhält? Ist die Spirale ein magisches Zeichen? Vielleicht eines für Weiblichkeit? Oder ist es ein Schild?

6. Auch dieser in Simrishamn, Östergötland, entdeckte Typ hat etliche Auswüchse, sogar auf dem Kopf. Trägt er einen Wikinger-Helm? Wahrscheinlicher ist, daß er Hörner hat. Warum? Ist er ein übernatürliches Wesen? Oder ist er ein verkleideter Schamane?

7. Noch ein Kleinkopferter, dessen Axt die Richtungsweisung des Schwanzes verlängert.

8

9

10

8. Ebenfalls aus der nordischen Bronzezeit stammt das Felsbild, das als Gruppe von Lurenbläsern gedeutet wird. Luren waren damals bestimmt keine Instrumente für Unterhaltungsmusik. Der Klang dieser Bronzehörner diente wohl der Umrahmung sakraler Handlungen. Trug man bei heiligen Handlungen den Schwanz aufrecht? Gehörte vielleicht ein aufgerichteter Phallus zur Kleidung bei rituellem Tun? Oder trugen die Lurenbläser Penishülsen?

9. In der Höhle Trois Frères, von Cro-Magnon-Menschen gestaltet, tanzt auch dieser Bison mit Menschenbein und Männerglied.

10. Das ist »Der Zauberer« aus dem »Sanktuarium« der Grotte Trois Frères. Ist er Mischwesen, halb Mensch, halb Tier? Ist er ein verkleideter Zauberer, Schamane? Jedenfalls scheute der Gestalter dieses sicherlich heiligen Wesens sich nicht, ihm den dieses Mal nicht erigierten, mehr sogar nach hinten verkniffenen Penis zu lassen.

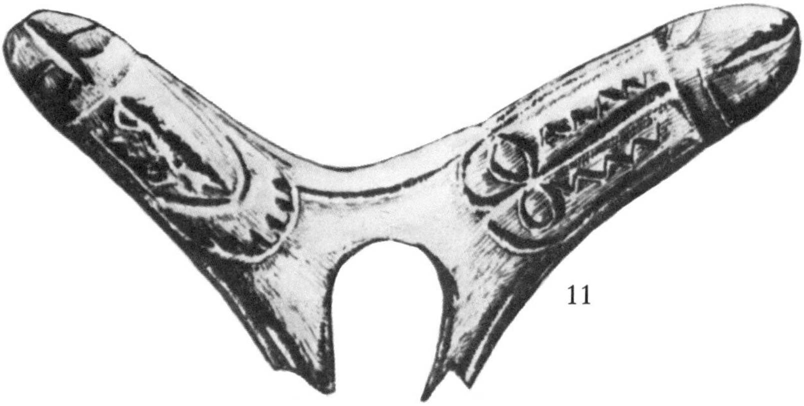

11

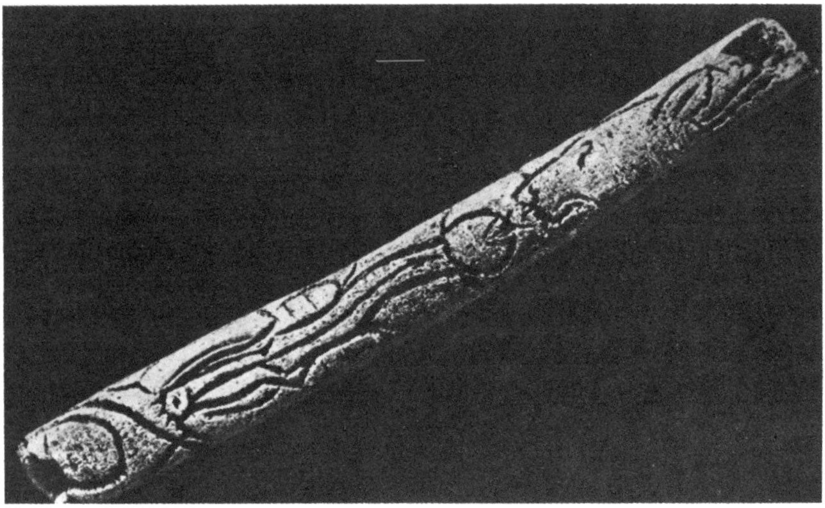

12

13

11. Diesen aus Geweihhorn geschnitzten Doppelphallus fand man in Gorge d'Enfer, Frankreich. Er stammt aus dem Paläolithikum.

12. Auf einem Knochen aus der Höhle La Madeleine sind ein Bärenkopf, ein Phallus und eine Vulva graviert.

13. Das ist die Nachzeichnung der Gravur vom vorangegangenen Knochen.

14

15

14. Eine der ältesten bekannten ithyphallischen (d. h. mit erigiertem Glied) Figuren, vor etwa zwanzig- bis dreißigtausend Jahren entstanden, aus der Höhle von Altamira.

15. Dieser gravierte Mann aus Mas d'Azil, Frankreich, zeigt, daß er auch vor einer Bärenpranke nicht den Schwanz einzieht. Warum hat er ein so tierähnliches Gesicht? Ist er ein maskierter Zauberer? Bedeckte man damals lieber sein Gesicht als sein Geschlechtsmerkmal?

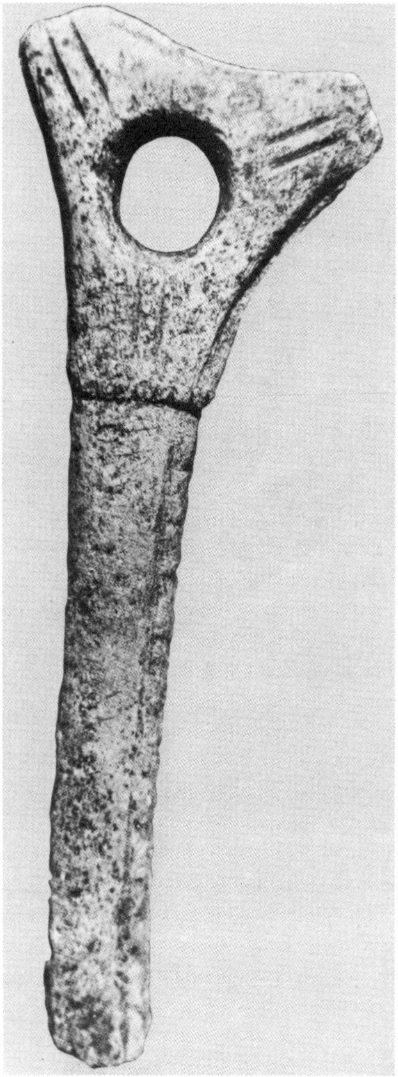

16

17

16. Den Lochstab, es sind viele davon gefunden worden, nennen einige Forscher »Kommandostab«, weil sie von einem militärischen Vorurteil gefangen sind. Offen aber bleibt, wie es sich für ein Loch gehört, die Frage nach dem Wozu. Der französische Illustrator archäologischer Werke, Pierre Laurent, fand in seinem Buch »Heureuse Préhistoire« eine die spekulierenden Archäologen verulken sollende Deutung der Lochstäbe: als Wurfringe auf Rhinozeroshörner. Ich biete kalauernd eine ebenfalls mögliche Brauchbarkeit der Lochstäbe: frühe Maßnahmen für Knabenpenisse.

17. Dieser bezipfelte Mensch ist auf einem Lochstab als Gravur in der Grotte von Gourdan gefunden worden.

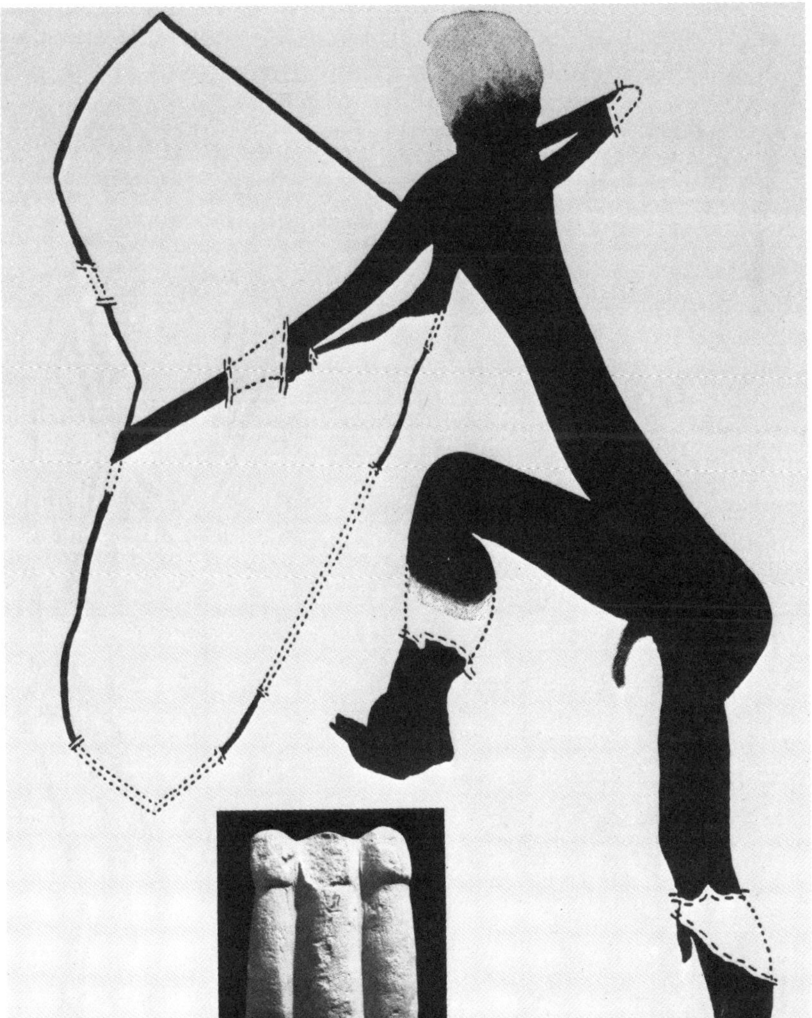

18 19

18. Hier sind die phallischen Idole aus Stein, die in der Megalith-Kultur auf Malta von der großen Göttin von Hal Tarxien behütet wurden.

19. Vor 4500 bis 11500 Jahren entstanden im Osten Spaniens Felsmalereien dieser Art.

20

21

20. Im 3. Jahrtausend vor unserer Zeitrechnung, wo sich Geschichte und Vorgeschichte berühren, wurde von einem sumerischen Künstler dieser Mann, möglicherweise ein Sportler (?), auf Kupfer in verlorener Form gegossen. Und auch dieser Kupfergießer verdrängte nicht, woran man den Mann erkennt.

21. Diese Bande mit Bögen wurde ebenfalls als die Felsmalerei auf einer Freilandfundstelle in der spanischen Levante entdeckt.

Zärtlicher Griff an die Eier

Zur Stählung von Thesen zur Prähistorie sollte man keine Modelle aus der Ethologie (Verhaltensforschung) befingern. Der Mensch unterscheidet sich nämlich von anderen Tieren.

Einen züchtigen Blick auf die Ethologie und einen zärtlichen Griff an die Eier der Evolution gestatte ich mir trotzdem. Immerhin gibt es ja zur sexuellen Aufklärung den legendären ethologischen Ansatz »Wie es die Bienchen mit den Blümchen machen, so treiben es die Männer mit den Frauen«.

Wo aber liegt, hängt, steht, schwebt, leuchtet der entscheidende Unterschied zwischen Mensch und Unmensch? Je nach Position und Konfession läßt sich da manches mehr oder weniger Haltbare aufzählen. Ich möchte zwei mir menschenwesentlich scheinende Merkmale bloßlegen:

1. der Mensch ist besonders zum Denken befähigt,
2. Menschen können's miteinander von vorne, hinten, seitlich, oben, unten, im Liegen, Sitzen, Stehen, schaukelnd, reitend, laufend, langsam, schnell, gemütlich, akrobatisch, himmlisch... — und zwar wegen des aufrechten Gangs und seiner Folgen, etwa wegen des in aufregendem Maße frei einsetzbaren männlichen Gliedes.

Von beiden genannten menschlichen Eigenschaften wird zuwenig Gebrauch gemacht!

Kein Tier kann's von vorne. Kein Tier hat so viele Möglichkeiten zum Koitus wie der Mensch. Deshalb ist jeder Blick auf den Verkehr der Tiere nutzlos. Der Mensch hat sich erotisch weit von allen Ahnen wegentwickelt.

Einige Frühmenschenkenner vermuten, daß die Objekte ihres Nachdenkens einmal fast alles Körperfell abgelegt hatten, daß sie sich das Schamhaar wieder zulegten, um die Reibung während des Geschlechtsverkehrs zu mindern. Und es gibt die Theorie, daß durch die Frontalstellung sowohl weibliche Orgasmen als auch Vergewaltigungen überhaupt möglich wurden — wieder ein Beispiel dafür, wie Erstrebenswertes und Verwerfliches aus einer Ursache erwachsen können.

Jedenfalls ist sogar für Affen nur das Hinterteil der Partnerin reizvoll, während die Äffinnen beim Akt von ihren Begattern gar nichts zu se-

hen kriegen. Für Menschenmänner aber hat üblicherweise die gesamte Vorderansicht der Frau eine schwanzerhebende Wirkung; die Länge (und damit Bewegbarkeit) ihrer Beine rührt an Erfahrenszentren, die selbst andere Primaten nicht haben.
Die Menschenfrau aber hat gegenüber ihrer äffischen Verwandten noch mehr gewonnen — sie kann ihren Partner sehen, während sie mit ihm fickt. So erlangte sie Maßstäbe, ihn zu prüfen, wenn er auf sie zukommt, ehe sie ihn einläßt. Ein großartiger und viel zuwenig beachteter Evolutionsfortschritt, der — um die Sache am Schwanz zu packen, um den es hier ja geht — den Pimmel für die Frau erst attraktief machte. Die erweiterte Kenntnis vom Kopulationspartner läßt Erotik aufkommen, verlängert das eigentliche Vorspiel, denn sogar bei unseren nahen Verwandten ist Sex eine kurze, rauhe und unziemlich trockene Angelegenheit.
Doch auch zwischen den nichtmenschlichen Primaten gibt es Unterschiede im Liebesleben, die durchaus die Frage interessant machen: welcher Affe war Adams Bruder? (Allerdings halte ich die Beantwortung der Frage dennoch nicht für sehr tiefschürfend, denn wahrscheinlich haben auch die Affen in den zirka zehn Millionen Jahren seit dem ersten Auftreten des Ramapithecus etwas dazugelernt.)
Zur Debatte stehen Gibbon und Schimpanse.
Onkel und Tante Gibbon leben monogam. Das kommt, so nimmt man an, daher, daß Tante Gibbon keinem Östruszyklus unterliegt, also nicht nur während des Eisprungs scharf ist, sondern wie das Menschenweibchen jederzeit Lust entwickeln kann. Folglich kann Onkel Gibbon, sobald ihn das Verlangen packt, seine Ehefrau bespringen.
Onkel Schimpanse dagegen muß es andauernd bringen, denn wenn eine der Damen aus seinem Verein mal für zwei Tage drauf ist, dann will sie die Zeit nutzen, dann läßt sie jeden Kollegen rein. Da heißt es für ihn wachsam und allzeit bereit sein. Logischerweise sind Schimpansen promiskuitiv.
Stammten wir vom Gibbon ab, wären unsere Vorfahren monogam gewesen und wahrscheinlich patriarchalisch. Uns scheint aber der Schimpanse näher zu stehen, wie Chromosomenzählungen und Blutproteinuntersuchungen, aber auch Intelligenztests ergaben. Es ist also anzunehmen, daß unsere Altvorderen ähnlich wie Schimpansen polygam waren, was das Mutterrecht annehmbar macht.
Jedenfalls — ich weiß es aus Erfahrung — ist Polygamie menschenmög-

lich und Monogamie ganz schön schwer. Unsere Kultur aber gab sich aus vielen Gründen die noch immer nicht geglückte Mühe, die wilden Schwänze und Fotzen einzufangen, zu zähmen und paarweise in Käfige zu sperren.

Wie er im Naturzustand wedelt

Auf den folgenden Seiten soll dem Weihewedel bei den sogenannten Naturvölkern nachgespürt werden. Sogenannte Naturvölker, weil auch diese sich vom Naturzustand um den gleichen Zeitraum entfernt haben wie jedes andere Volk. Sie sind nur nicht von den glänzenden Kolben der Technik gestoßen, was unsere obersten Techniknutten seit vielen Jahren so erregt, daß sie die »Primitiven« zur Ausbeutelung umerziehen, oder — wo das nicht gelingt — zum Abschuß freigeben wollen.
Wieder ist dieses Buch zu eng für die Fülle des Materials. Mit den mehr oder minder freien Lustknüppeln von nicht nach unserer Norm erzogenen Brüdern und Vätern könnte man Bände füllen — und das sollte getan werden, denn an einem gut untersuchten Zeugezeug kann man seine ganze Umwelt aufhängen.
In flott aufeinander folgenden Nummern werden die ausgewählten Schnibbel alphabetisch präsentiert:

1. Ahnen

Hier stellen wir einige Ahnenfiguren aus Naturvölkern vor, die manchmal unbefangen, manchmal absichtsvoll die Fruchtstiele zeigen, ohne welche sie niemals Ahnen geworden wären.

a) Dieser Ahn zeigte sich ungeniert auf der Türe eines Vorratsspeichers für Reis auf Sumatra; er kann zur Zeit im Koninklijk Museum voor de Tropen in Amsterdam besichtigt werden.

b) Unser insgesamt knapp 44 Zentimeter kleiner Herr, der einen noch kleineren, doch wohlgeformten Herrn vorweist, wohnt jetzt im Britischen Museum, London. Solche »Skelettfiguren« aus Holz entstanden auf den Osterinseln. Es waren Ahnenfiguren, die meistens in Rinden gewickelt aufbewahrt wurden. Zu Erntezeremonien und in Notzeiten trug der Eigentümer sie an den Hüften.

a

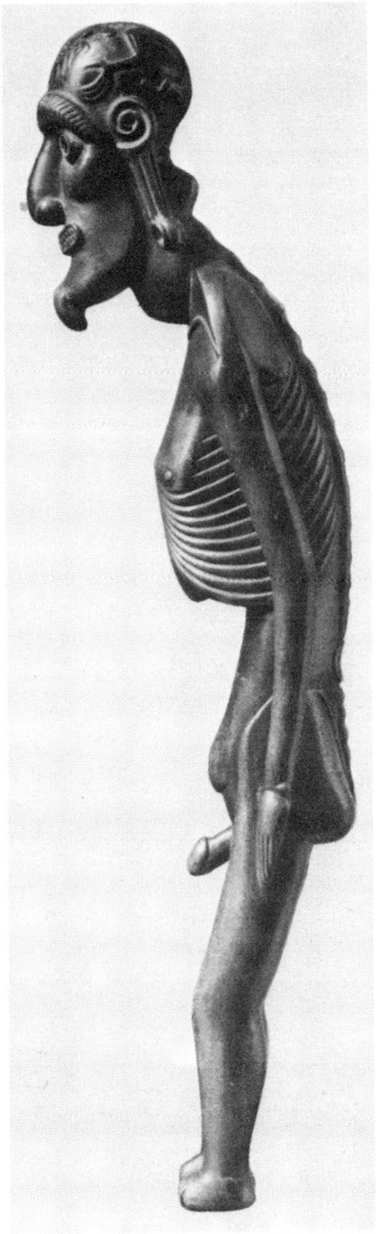
b

29

c) Hier zeigen gleich mehrere Ahnen aus einem heiligen Männerhaus in Abelem, Neuguinea, was sie zu bieten haben. Bizarr bunt sind diese Figuren bis zu den Spitzen. So ein Männerhaus war Treffpunkt der erwachsenen Männer eines Clans.

d

e

d) Ebenphalls aus Neuguinea kam dieser von einer Ahnenfigur gehaltene Stuhl ins Historische Museum von Bern. Er diente dazu, während hitziger Wortgefechte verprügelt zu werden.

e) Aus Neuirland, Melanesien, wurde diese Figur ins Hamburger Museum für Völkerkunde verschleppt. Der Typ gehört zur Familie der uli-Figuren, die nicht simple Ahnen verkörpern, sondern Häuptlinge und Helden. Frauen war nicht erlaubt, die Häuser, in denen uli-Figuren aufbewahrt wurden, zu betreten. Auch von den uli-Zeremonien waren Frauen ausgeschlossen. Ob man die Frauen nicht verschrecken wollte? Ob man ursprünglich die vielleicht noch immer mächtigen Frauen fürchtete? Immerhin hätten weise und starke Frauen diesem unterdrückenden Zepter ja eine gezahnte Vagina entgegensetzen können. Oder gar eine verschlossene. Aber das sind Gedankenspielereien. Konkret ist, daß die uli-Gestalten den Feind mit ihrer Sexwaffe belasten. Nach Douglas Fraser in »Die Kunst der Naturvölker«, auf deutsch bei Droemersche Verlagsanstalt Th. Knaur, München 1962, ist das Vorbild der mit ihrer Potenz protzenden Chauvis der Garuda. Er stammt aus der indischen Mythologie, ist ein Vogel-Mensch-Mischwesen, das dargestellt dauernd andere Wesen unter sich trampelt.

2. Anatomie

Schwänze sind keine Konfektionsware. (Es gibt lange, kurze, dicke, dünne, starke, schwache, fischige, vögelige, zackige, knackige, wackelige, knotige, kotige, rosige, vergilbte, blaugeäderte, ragende, zagende, listige, lustige, lästige, lüsterne, lausige, alabasterne, eiserne, schaumige, schnelle, langsame, besonnene, dumme, kluge, geschickte, gewitzte, wahnwitzige, weinselige, nasse, trockene, feuchte, glitschige, heiße, kalte, krumme, krümelige, schlanke, linkische, rechtslastige, entenschnabelförmige, spatelbreite, spaltenfüllende, leerläufige, hosensprengende, hemdversengende, singende, johlende, verkohlende, flüsternde, wispernde, mozarteske, wagnerianische, romantische, barocke, igelige, iltisartige, verinnerlichte, exhibitionistische, hervorragende, hineinkriechende, schlängelige, schlammige, warzenverzierte, tätowierte, jubeljauchzende, todtrübe, mütterliche, väterverratende, einfältige, vielfältige, nasenhafte, nuttenfreundliche, nuckelbare, ofenrohrvertretende, pickelige, pustelige, quellende, schrumpfende, rauhe, rohe, zarte, abgebrühte, unbenutzte, durchtrainierte, weiche, wuschelige, weinerliche, einschläfernde, aufweckende, hammerköpfige, zangengriffige, flötentönige, zipfelige, zappelige, sahnige, ekelerregende, zauberhafte...) Es gibt sie für jeden Geschmack. Dennoch tragen wir ein gewisses Vorbild in uns, wie er zu sein, in welchem Winkel er sich zu erheben hat. Es gibt aber Abweichungen von der DIN. Als ein Beispiel sei der Kalahari-Buschmann genannt. Seine Kalahari-Buschfrau hat üblicherweise einen für unsere Begriffe monströsen mons pubis, also einen steilen und schroffen Schamberg, zu dem man nicht mehr Hügel sagen kann. So benötigt der Mann einen fast horizontal vorstechenden Penis, wenn er die Höhle erreichen will. Dieser geradeaus statt himmelwärts weisende Zeiger ist — schreibt Reay Tannahill in »Kulturgeschichte der Erotik«, Zsolnay, Hamburg 1982 — *»eine immerwährende Zielscheibe für Witze bei den Nachbarstämmen und zweifellos ein Faktor, der zur Abneigung des Buschmannes gegen sie beiträgt«.*

3. Beschneidung

a) Die Rundumbeschneidung spricht man dem jüdischen Volk zu. Verbreitet ist sie auch in Australien und in Afrika südlich der Sahara. In Australien vervollkommnet man mancherorts die Vorhäutung durch eine Spaltung der Harnröhre.

b) Nicht ganz so rund geht es in Teilen Indonesiens und Ozeaniens, wo man nicht ab-, sondern nur ein-schneidet.

c) Dafür geht man in manchen Gegenden Ost- und Südafrikas, manchmal auch in Australien und Ozeanien, härter zur Sache: ein Ei kommt weg!

d) Gründlich trieb man's stellenweis im Orient, im alten China wie zur Kaiserzeit in Rom: Da hieß es oft für beide Hoden hops und ex.

4. Bisexualität

a) In vielen Mythen zeigen Götter und Helden beide Seiten. In einigen Kulturen (vor allem in afrikanischen) hat jeder Mensch außer der seinem Geschlecht entsprechenden Seele noch eine andersgeschlechtliche. Die männliche Seele der Frau wohnt in der Klitoris, die weibliche des Mannes unter der Vorhaut. Die Dogon begründen damit ihre Sitte der Beschneidung.

b) Bei den Indianern der westlichen Prärie hatten Transvestiten anerkannte Aufgaben — sie waren Unterhändler, Heiratsvermittler, Veranstalter für Feste. Bei den Zunis trugen die Frauen mit Zipfel Weiberkleider, konnten Männer heiraten, galten als begabte Ärzte und geniale Organisatoren. Sie wurden als Frauen angeredet, aber auf der Männerseite des Friedhofs begraben.

c) In Sibirien sah man Männer, die sich als Frauen gaben, gar als mit übernatürlichen Kräften ausgestattet an.

5. Couvade

Couvade, von couver (frz. für »brüten«), bedeutet Männerkindbett. Bei vielen Naturvölkern hat der Mann die Schmerzen der Geburt zu erleiden. Möglich, daß hier ein Zeugnis dafür ist, wie eine mutterrechtliche Kultur darauf reagieren kann, wenn dem Lustding die Unschuld genommen wird, wenn es per Erkenntnis vom Unnützling zum Kindermachestab wurde, wenn die Fehlleistung der Natur »Mann« als an der Arterhaltung beteiligter »Vater« überführt ist. Dann muß der Mittäter mitleiden, entweder zur Strafe oder als Beweis. So gibt es viele Variationen der Couvade. Bei den Karaiben von Cayenne dauert das Kindbett des Mannes länger als das der Frau. Sechs Monate muß der Vater fastend außerhalb des Hauses in einer Hängematte verbringen. Endlich darf er heim, doch da erwarten ihn Gäste, die ihn verletzen, in seine Hautwunden Pfeffer reiben. Anschließend verbringt der Geschundene einen weiteren Monat in seiner Hängematte, wo er in dieser Zeit nicht Vögel noch Fische essen darf.

6. Defloration

In vielen Kulturen wurde und wird die Defloration nicht durch das natürliche, sondern durch ein künstliches Werkzeug vollzogen. Manchmal ist das Hymen so heilig, daß Menschen es nicht verletzen dürfen; manchmal ist Scheidenblut so tabuisiert, daß Männer sich davor hüten müssen — um nur zwei Vorstellungen zu nennen.

a) In Goa wurden die Bräute durch das elfenbeinerne Glied eines Gottes entjungert.

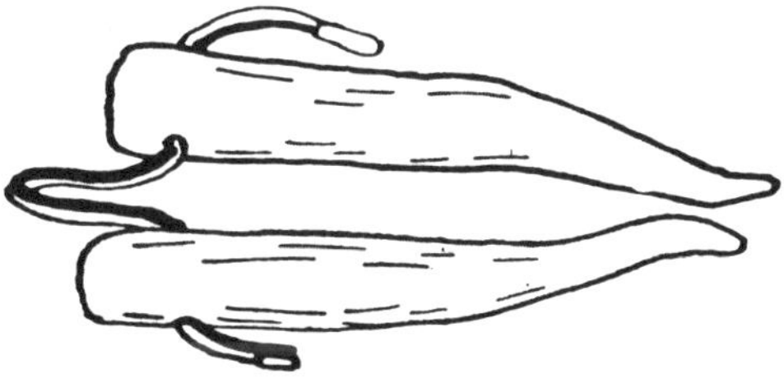

b) Die Gomo-Neger bereiteten dem Bräutigam den Weg mit Holzgeräten.

c) Bei etlichen australischen Ureinwohnern durchstießen Priester die Hymen mit Fingern.

d) Tibet, eines der Länder mit Vielmännerei, schätzte Fremde nur als Hymenaufreißer. Die Männer des Landes scheuten Deflorationsblut. War das Mädchen entjungfert, so stieg sein Wert. Noch wertvoller wurde es mit jedem weiteren Liebhaber. Nach vollzogenem Beischlaf mußte der Freund dem Mädchen ein Abzeichen für ihren Halsschmuck schenken. Damit wurden Wert und Erfahrung der Frau an ihrem Kettengehänge ablesbar.

a) Diese bezipfelten Burschen sind nicht vorgeschichtlich, sondern von Buschmännern in der Tsisab-Schlucht, Südafrika, gemalt.

b) Eine mehrfach geschwänzte Gruppe, die vor weniger als hundert Jahren in Neuguinea (Golf von Papua) auf Rinden gemalt wurde. Der Ethnologe Lommel sagt aus, daß hier geschmückte Maskentänzer dargestellt sind. Trotz aller Ähnlichkeit ist es gewagt, solche Bilder zur Deutung prähistorischer Werke zu benutzen.

8. Fadenspiel

Manche Fadenspiele bei Eskimos und anderen bedeuten Sex! Unser Beispiel ist der »Stachelrochen« der Warrau-Indianer. Der Schwanz des Stachelrochens gilt in Nord- und Südamerika als Symbol für den verführenden Penis.

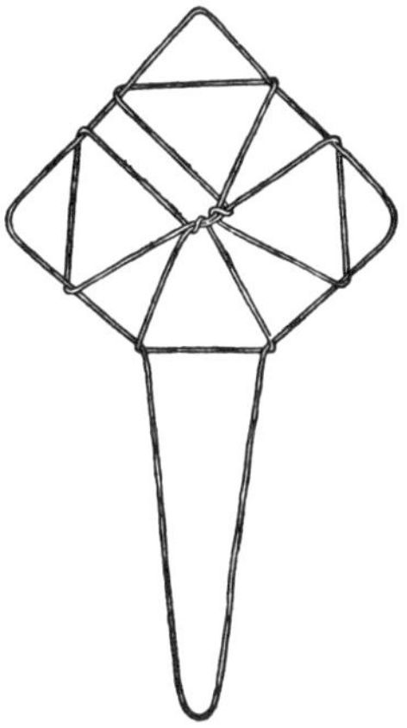

9. Fortpflanzung

a) Die Bellonesen auf den Salomoninseln waren bis zu ihrer Aufklärung durch Missionare nach 1930 eines der vielen Stammesvölker, die den Beischlaf nicht mit der Geburt verknüpften. Sie glaubten, Kinder würden von den Ahnengöttern ihrer Väter geschickt, während des männlichen Spielzeugs einziges Ziel sei, Vergnügen zu bereiten.

b) Die Anwohner des Tully River nahmen bis in die sechziger Jahre unseres Jahrhunderts an, daß eine Frau schwanger wird, wenn sie an einem Feuer sitzt, in dem ein Fisch brät, den ihr der künftige Vater brachte. Dieser Glaube erlaubt Schlüsse darauf, wie sich die Paare während der Garungszeiten ihrer Fische die Zeit vertrieben.

c) Zwar wissen die Papuas vom Hua-Stamm auf Neuguinea, wie Tiere sich vermehren. Aber sie sind sicher, daß ein Menschenmann schwanger werden kann, wenn er vom Fleisch einer Beutelratte ißt, und daß er bei der Geburt stirbt. Ihre Annahme ist nicht so komisch, wie sie wirken mag, denn das Schwellen der Bäuche und der darauffolgende Tod sind durch die »Kwashiorkor«-Krankheit verursacht.

d) Reay Tannahill berichtet in »Kulturgeschichte der Erotik«, daß ein Führer des indischen Semastammes gesagt habe, es sei lächerlich anzunehmen, »daß eine Schwangerschaft aus einem einzigen Koitus« erwachsen könne.

e) In Kiriwina auf den Trobriand-Inseln halten die Eingeborenen Pimmel für Schlüssel, mit denen Frauen eröffnet werden. Sie wissen, daß eine Frau sexuell verkehrt haben muß, ehe sie ein Kind bekommen kann. Aber neben der immerhin nützlichen Funktion des Aufschließens hat der Penis fürs Zeugen keine Bedeutung. Kinder bringt der »Baloma«, das ist, vereinfacht, ein Ahnengeist. Er kann etwa beim Baden in die eröffnete Vagina eindringen. Über die Vorstellungen auf den Trobriand-Inseln berichtet gründlich Bronislaw Malinowski, nachlesbar in »Magie, Wissenschaft und Religion«, Fischer, Frankfurt 1983.

10. GÖTTER

Bei den Naturvölkern mußten sich die Götter ihrer Hänger oder Ständer nicht schämen.

a) Von Mangareva, Polynesien, wurde diese Figur ins Museum of Primitive Art nach New York gebracht. Die Einwohner der Insel Mangareva sind bereits vor rund hundert Jahren christianisiert worden, doch haben die Missionare — was leider selten üblich war — die dortige Urkunst erhalten, selbst wenn sie das Unaussprechbare vorzeigte. Dieser nette, weiche, lockere Herr ist wahrscheinlich Rongo, der Gott des Ackerbaus. Rongo wurde, soweit bekannt, stets nackt dargestellt.

b) Das ist ein Gott der Aruak von Jamaika, der heute im Museum of Primitive Art die Zähne zeigt. Er ist aus Holz geschnitzt und mit Muscheln geziert, trug ursprünglich Goldschmuck, mindestens Ohrgehänge, doch die sind geklaut. Ganz realistisch sind Backenknochen, Augenbrauen, Nasenflügel, Augenhöhlen, Wirbel, Rippen, Gelenke,

a b c

Muskeln und natürlich auch der stolz gereckte Liebesstab. Bei den Aruak wie im Amazonasgebiet wurden die Zapfen der Männlichkeit stets erigiert gezeigt. Wofür dieser Gott zuständig war, weiß man nicht. Es gab Götter für Jäger, Ackerbauern, Fischer, Krieger und für die Potenz. Die Besitzer solcher Figuren versetzten sich vor ihnen durch Schnupftabak in Trance, nahmen die aufkommenden Halluzinationen als übernatürliche Botschaften, opferten zum Lohn den Figuren Nahrungsmittel.

c) Das ist Tangaroa, der höchste Gott Polynesiens, wie man ihn auf Rarotonga, Cook-Inseln, bei der Erschaffung anderer Götter sah. Er wurde ins Britische Museum umgezogen. Die Figur ist aus einem einzigen Block des ungeheuer harten Eisenholzes geschnitzt.
Tangaroa ist der Ordner der Welt. Vor seinem Eingreifen war sie ein totales Chaos. Er ist der Inbegriff des Schöpferischen. Aus sich gebiert er die anderen Götter. Er hat einen Phallus, aber er ist selbst phallisch — Triumph der Männlichkeit. Frauen hat er nicht nötig zum Zeugen! Er ist einer der Götter, die den Spieß umgedreht haben.
Für dieses Gebiet zuständige Ethnologen nehmen an, daß der Tangaroa-Kult von Eindringlingen nach Zentralpolynesien gebracht

wurde, dort die alten Gottheiten verdrängte. Auf Rarotonga gibt es eine andere Schnitzerei: Da steht der Gott am Ende eines vier Meter langen Eisenholzstabes, am anderen Ende sind etliche kleine Figuren und ein Phallus. Die wiegt der Siegergott auf.

d) Nur aus dem köstlichen Freudenspender bestehende Gottheiten gab es viele. Im alten Japan waren reine Schwänze ohne Mann dran anbetungswürdig. Der moderne Schinto hat damit nichts mehr zu tun.

e) Warum in die Ferne schweifen? Dieses Paar aus Holz steht drei Meter groß im Aukamper Moor bei Braak in Schleswig-Holstein. Vermutlich waren sie Götter, die zu einer Feuerkultstätte gehörten.

11. Infibulation

Bekannt ist, daß beispielsweise im Ostsudan und in Nordostafrika den Frauen die Schamlippen zugenäht wurden, um sie am Geschlechtsverkehr zu hindern. Aber auch Männer konnte ein ähnliches Schicksal treffen. Bei den Dayak in Indonesien etwa wird die männliche Vorhaut bis auf ein Pinkelöhr verschlossen.

12. Initiation

Initiationsriten sind für unser Thema besonders aufschlußreich und einer gründlichen Beachtung wert. Hier kann nur angetippt werden.
Die meisten Initiationsriten dienen dazu, den Knaben zum Mann zu machen, ihn sexuell zuzulassen, ihn als Schwanzschieber zu legalisieren, ihn vom kindlichen Zipfelspieler zum verantwortungsbewußten Ständerträger zu machen. Eine gängige Theorie sagt, daß dabei die Knaben sterben, um als Männer geboren zu werden, daß also die Initiation Symbol für Tod und Wiedergeburt ist. Wir können uns Weiteres überlegen:
Knaben werden von Müttern geboren. Sie sterben. Sie werden als Männer nicht mehr von Frauen geboren. Der Mann löst sich von den Frauen.
Möglicherweise wollten Urmänner, nachdem sie erkannt hatten, daß ihre Stäbchen etwas mit Zeugung zu tun hatten, eine eigene Menstruation. Ein Mädchen wird erkennbar durch die Blutung zur Frau. Beim Mann muß der Übergang vom Knaben künstlich manifestiert werden. Fließendes Blut spielt bei den meisten Initiationsriten eine wichtige Rolle. Ob nicht auch Beschneidungen hier ihre Ursache haben?
Die ebenfalls vorkommenden Initiationsriten für Frauen könnten als Antwort darauf entstanden sein, wenn es sie nicht schon vorher gab, wenn sie sich nicht aus Beratungen der weisen Weiber für werdende Weiber entwickelt haben.

a) In Zentralaustralien und Neuguinea wird während der Initiation die Unterseite des Penis, ausgehend von einem Punkt nahe am Hodensack,

b

aufgeschlitzt. In einigen Stämmen wird das dabei fließende Blut »Menstruation des Mannes« genannt, und die Männer müssen auch die Tabuvorschriften einhalten, die den Frauen während der Monatsblutungen auferlegt sind.

b) Dieser Dämon gehörte auf den Neuen Hebriden, Melanesien, zur Initiationszeremonie. Die Figur ist 1,06 Meter groß, aus Schilfrohr, bedeckt mit kunterbunt bemalten Pflanzenfasern, geschmückt mit Eberhauern.

13. Mode

Das Gebammel zwischen des Mannes Beinen, empfindsam und kaum kontrollierbar, wird, trägt man es frei durch die weibliche Natur, leicht von Pflanzensekreten gebrannt, von Dornen angebohrt, von Gegnern abgerissen, von Löwen abgebissen, von Steinen zerschürft, im Gebüsch gefangen. So wird wohl eines der ersten Kleidungsstücke der Menschheit etwas gewesen sein, womit man den Weichling am Körper festzurrte. Oder man hat ihn umhüllt, nicht aus Scham, nur um ihn zu schützen. Doch das Anhängsel sollte ja auch präsentiert werden, und so wurde die Penishülle in vielen Gegenden der Welt zum ersten und wahrhaft männlichen Modeartikel. Von den Hoden bis zur Nase reichen manche Futterale. Mit Bändern und Farben werden sie verziert. Hier zeigen Männer aus Neuguinea ihre vergleichsweise bescheidenen Penishalter. Sie sind leuchtendgelb wie die Mittagssonne, wie bienenlockende Blüten, wie verführerische Margarinereklamen.

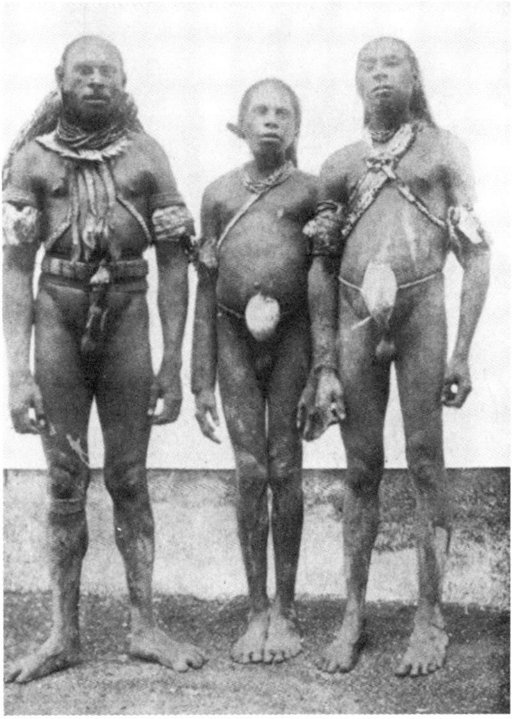

14. Mythen

Hier muß nicht geklärt werden, ob Mythen die kollektiven Träume der Menschheit sind, ob Welterklärungsversuche, Zeugnisse von Volksseelen, ob sie reale Kerne haben oder ihren Ursprung weniger im Denken als in der Sprache haben. Gleichgültig, von welchem theoretischen Ansatz aus man sie betrachtet, sie sind in jedem Fall spannend, und sie geben in jedem Fall Auskunft über eine Kultur. Damit verraten sie auch, welchen Stellenwert Sexualität in dieser Kultur hat. In Mythensammlungen aber werden die vorgestellten Geschichten häufig nicht nur kastriert — es wird ihnen der Schwanz abgehackt. Dabei spielt er natürlicherweise in den Vorstellungswelten auch der Naturvölker eine Rolle, wirft er Fragen auf: Wozu ist er da? Wo kommt er her? Wo will er hin? Im folgenden erzähle ich also auf meine Weise einige Mythen neu. Wer sie im Original nachlesen will, nehme sich die fünfbändige »Mythologica« von Claude Lévi-Strauss, 1976 bei Suhrkamp, Frankfurt, erschienen, vor. In diesem großartigen Werk analysiert Lévi-Strauss auf noch immer vorbildliche Weise südamerikanische Indianer-Mythen. Selbstverständlich zäumt er die Mythen nicht (wie ich in diesem Fall) vom Schwanz her auf, aber er läßt ihn da, wo er sich hineinhängt, vorstellt, aufrichtet, schlängelt, gründelt.

Wie die Schwänze an die Männer kamen*

Im Anfang unserer Zeiten brauchten die Frauen zum Vögeln keine Männer. Damals wuchsen und wucherten die Pimmel als wilde Pflanzen im Wald. In einem solchen Wald hatte sich eine schwangere Schildkröte verirrt. Schwer schleppte sie an ihren zwei befruchteten Eiern. Sie suchte einen warmen und geschützten Platz. Den Jaguar fragte sie in ihrer Not: »Weißt du kein Heim für mich?«
»Und ob ich ein Heim für dich weiß«, antwortete der Jaguar und fraß sie auf. Nur die beiden Eier ließ er liegen.
Aus den Eiern der Schildkröte schlüpften zwei Kinder, Mawari und Washi. Sie lagen hilflos im Wald und wären vielleicht umge-

***) (nach Lévi-Strauss, »Mythologica III — Der Ursprung der Tischsitten«, M 252, eine Mythe der Waiwai-Indianer: der erste Koitus.)**

kommen, hätte nicht eine alte Frau sich ihrer erbarmt. Die Frau nahm sie mit in ihr Haus und zog sie auf. Da wurden die Kinder groß und kräftig, es wuchs ihnen Haupthaar und Bart, und es wuchs ihnen Flaum zwischen den Beinen wie jeder anständigen Frau, aber sonst wuchs ihnen nichts da unten am Bauch.

Mawari und Washi durchstreiften den Wald, sahen die Blumen und Bäume, ernährten sich von dem, was sie fanden, waren glücklich. Wozu diese strammen, pilzähnlichen, in ihrer Blüte blaurot glühenden Pflanzen da waren, das wußten sie nicht, und es kümmerte sie auch nicht.

Natürlich verstanden die beiden die Sprache der Tiere. Eines Tages plauderten sie mit einem Vogel, und der klärte sie auf. »Diese steilen und dicken Gewächse, die sich überall aufrichten«, so erklärte der Vogel, »sind der Frauen Lust. Sie nehmen sie in ihre zweiten Münder und beißen sie ab, dabei jauchzen sie vor Freude. Hörbar und sichtbar schmeckt diese Frucht den Weibern, und manchmal füllen sie sich den Bauch so sehr damit, daß dieser anschwillt und dicker und noch dicker wird. Schließlich spucken sie dann aus ihren unteren Mündern Kinder in die Welt. So ist das«, pfiff ihnen der Vogel, dann flog er weg.

Mawari und Washi hätten ihn gerne mehr gefragt. Außer der alten Frau, die für sie gesorgt hatte, kannten sie auch keine Frauen, wußten nicht, was das sein sollte. »Frauen«, grübelte Mawari, »sind wohl nichts Eßbares, wahrscheinlich auch nichts Lebensnotwendiges, sonst wären wir sicherlich einigen begegnet.« Die Frauen lebten nämlich damals meistens in den Flüssen, kamen nur an Land, wenn sie begierig waren auf Fotzenfutter.

»Trotzdem«, verlangte Washi, »sollten wir die Dinger probieren. Mag sein, daß sie besonders sättigen, daß sie uns dick und rund machen, daß wir dann lange keine Nahrung mehr suchen müssen, daß wir dann auch Kinder spucken können, die uns bedienen müssen.«

Aber die beiden hatten nur je einen Mund, nämlich unter den Nasen. Also leckten sie an den Pimmeln, kauten darauf herum, lutschten die aus den kleinen Öffnungen sickernden Tropfen, und die schmeckten ihnen durchaus. Nachdem sie sich sattgeschlürft hatten, fühlten sie sich wohl, dehnten und streckten sich, waren müde, legten sich nebeneinander auf den Waldboden und schliefen ein. Ihre Träume waren seltsam und lustvoll. Sie spürten bisher nie gekanntes Sehnen zwischen den Schenkeln, sie sahen leuchtende, feuchte, rote Grotten, in denen Feuer flackerten. Und dann erwachten sie.

Sie sahen sich an.

Sie kamen sich neu und anders vor.

»Was ragt denn dir zwischen den Beinen?« fragte Washi den Mawari.

»Auch zwischen deinen Schenkeln ist ein Baum gewachsen«, sagte Mawari zu Washi.

Dann schaute jeder an sich selbst herab. Und jeder entdeckte bei sich angewachsen die Gewächse, die es bis dahin nur auf dem Waldboden gegeben hatte. Nur waren sie bei ihnen viel größer, länger als ihre Arme.

»Gut«, lachte Washi, »jetzt haben wir eine schmackhafte Nahrungsquelle immer bei uns.«

Der Mawari naschte an Washi, und es schmeckte ihm, aber auch dem Washi ward ganz wunderlich wohl.

Dann nuckelte der Washi an Mawari, und auch Washi grunzte vor Behagen, während dem Mawari lustvolle Schauer über den ganzen Körper zogen.

Die beiden Brüder erhoben sich, wollten wieder einmal durch den Wald schlendern, aber da waren ihnen die Gewichte zwischen den Beinen arg hinderlich. Sie schienen immer schwerer zu werden. Und sie wurden auch immer heißer. Und sie entwickelten irgendwie eigene Wünsche.

»Mein neuer Schwanz will irgendwo hinein«, verkündete Washi.

»Auch meinen Schwanz zieht es irgendwie in irgendein Loch«, gestand Mawari.

Da probierten die beiden Löcher. Die gegenseitigen Münder reichten nicht. Die hohlen Bäume waren nicht weich genug. Die Erdhöhlen waren nicht glatt genug. Ihre rückwärtigen Eingänge waren zu eng für das, was sie da schleppten. Ihre Not wuchs. Ihre Gier pulste und klopfte im neuen Körperglied. »Ich bin geil«, stöhnte Washi, und damit hatte er ein neues Wort erfunden, das von Mawari sofort verstanden wurde.

Mawari und Washi wandten sich dem Wasser zu, wollten ihre glühenden Ständer kühlen. Sie trafen einen Fischotter.

»Ich will dich stoßen«, keuchte Washi.

»Ich möchte dich vögeln«, verlangte Mawari, und vielleicht war ihm dieses neue Wort eingefallen, weil ja ein Vogel sie darauf gebracht hatte, die Schleckorgie zu veranstalten, die alles verursacht hatte.
Der Fischotter fühlte sich durchaus geschmeichelt und keineswegs grundsätzlich abgeneigt, erklärte dennoch aus Fairneß den beiden Brüdern, daß selbst er wohl auf Dauer nicht stillen könne, was die beiden beunruhige. »Ihr braucht«, sagte der Fischotter, »Frauen, richtige Frauen. Ihr solltet euch Frauen fischen.«
Mawari und Washi fischten, und es dauerte nicht lange, da hatte jeder von ihnen eine vor sich liegen. Schnell erkannten die Männer, wo das Ziel ihrer bislang unbekannten Wünschelruten lockte. Prachtvoll waren da vor ihnen leuchtende Löcher, nicht zu hart, nicht krümelig und kalt, weit genug und rosig wie die Morgensonne. Auch die gefischten Frauen brauchten durchaus Beherrschung, nicht sofort »Ja« und »Komm« und »Mach's« und »Tut's« und »Los« zu jubeln, denn ihnen gefiel, was sie sahen. Möglicherweise spielte Liebe mit, als sie warnten: »Unsere Vaginen haben Zähne. Wenn über unseren Verstand Wolken ziehen — und es ziehen Wolken darüber, wenn so ein Penis in uns zuckt — dann beißen wir zu, ob wir wollen oder nicht.«
»Egal!« stöhnte Washi, stürzte sich auf die gefischte Frau, rammte in sie, was er an Neuem zu bieten hatte, machte einen See aus dem gewonnenen Loch, hörte das Juchzen der Geliebten, juchzte, jubelte, jauchzte und — jaulte! Sie hatte zugebissen.
Au! Tat das weh!
Wau! Schmerzte das!
In die Haare biß er sein Weib. In die Erde bohrte er die Zähne. Jetzt, das spürte er, mußte er sterben.
Doch er starb nicht. Sein Penis verheilte, hatte seither die richtige Größe.
Mawari war scheuer gewesen. Als er den Bruder so leiden sah, wollte er sich den Schmerz ersparen. Er verweigerte sich vorerst die Erfüllung, zögerte den Fick noch hinaus, bat sein Weib zu warten. Und er zog in den Wald, suchte Kräuter, die wohlduftend waren, aber auch die Wirkung hatten, Zähne ausfallen zu machen. Mit den Kräutern kam er zurück.
Offen und erwartungsvoll lag seine Geliebte. Mawari strich und

streichelte sanftfingrig den Rand der Vagina, wagte sich vorsichtig weiter vor, tupfte zärtlich die Kräuter in die Muschel, hauchte hinein, sprach ihr zu, ließ seinen Speichel tief tropfen, saugte den Duft der Rose, die sich öffnete, führte die ganze Hand ein, löste die harten Zähne, spürte ein immer köstlicheres Beben, und dann drang er ein mit seinem harten, dicken, vor dem Platzen stehenden Glied, und sie biß nicht mit der Vagina, knabberte nur zärtlich an seinem Hals, und das Erlebnis war so schön, so groß, so wunderbar, daß er und sein Weib es nie mehr missen wollten.

WER DIE UNSCHULD VERLIERT, MUSS STERBEN*

In der Dämmerung zwischen schwarzer Vorzeit und heller Neuzeit schuf der bedeutende Gehilfe des Schöpfers den ersten Menschen. Gut ging es dem. Keine Begierde kannte er. Auch von irgendeiner Geschlechtlichkeit oder dem damit verknüpften Spaß hatte er keine Ahnung. Er lebte in blütiger Unschuld, kannte keine blutige Schuld, wußte weder vom großen noch vom kleinen Tod etwas, obwohl er einen Pimmel hatte. Und was für einen. Einen schön gewachsenen, kräftigen, strotzenden, saftvollen, hervorragenden — und genau das war sein einziges Problem. Immer und stetig stand dieses Ding ihm zwischen den Beinen, schien Wünsche in seinem kleinen, leuchtenden Kopf zu haben, schien Forderungen zu hegen in einer Welt, in der es eigentlich gar nichts zu wollen gab. Es stach und zielte irgendwohin, nirgendwohin. Der erste Mensch wußte nichts damit anzufangen. Ihn störte der ständige unanständige Ständer. Wie sollte er ihn klein kriegen?
Er versuchte, ihn weichzuklopfen.
Er versuchte, ihn mit wilden Schreien zu erschrecken.
Er versuchte, ihm mit der Faust zu drohen.
Er versuchte, ihn durch Bespucken zu erweichen.
Er versuchte, ihn in dicken, reifen Früchten zu verstecken.
Er begoß ihn täglich mit Maniok-Suppe, mal mit kalter, mal mit warmer, mal mit heißer, dann mit frischer, dann mit abgestande-

***) (nach Lévi-Strauss »Mythologica I — Das Rohe und das Gekochte«, M 77 (1), eine Mythe des Tenetehara-Stammes: das kurze Leben.)**

ner, mit besonders sämiger, mit lächerlich schlabberiger. Nichts half. Das Ding stand!
Endlich traf der erste Mensch mit seinem dauernd erigierten Penis einen Wassergeist, und dieser sprach: »Nur eines kann dir helfen in dieser grauen Welt. Du brauchst eine Frau.« Und dann verriet er dem ersten Menschen, wo er die erste Frau finden könne.
Naja, als der erste Mensch die erste Frau sah, verzweifelte er fast, zweifelte zumindest an der Aussage des Wassergeistes, denn sein Schwanz straffte sich mehr denn je, reckte sich länger, streckte sich drängender, schwoll knollig und rollig und kein bißchen drollig. Es schmerzte fast.
Aber die Frau war nicht dumm. Die Frau hatte ein Gespür für das, was man mit diesem Werkzeug anfangen könne. Sie spreizte die Beine, zeigte eine offene Blüte, meinte: »Da hinein solltest du das Ding stecken.«
Der erste Mensch steckte. Ja, das tut gut. Aber noch immer war das Ding hart wie ein Steinkeule.
»Beweg's hin und her«, riet die erste Frau.
Der erste Mensch bewegte hin und her, zögernd erst, dann schneller, und die erste Frau half, bewegte sich im Gegenrhythmus. Beide fanden es toll. Bald sausten ihre Arschbacken wie die Flügel eines Kolibris. Dann jauchzten beide. Der erste Mensch spürte, wie er in der ersten Frau explodierte, wie sein Pimmel zur Quelle wurde, wie er sich leerte, wie er erschlaffte.
Weich und schlaff zog er den Penis aus der Frau.
Da kam der bedeutende Gehilfe des Schöpfers vorbei, sah, daß zwischen des ersten Menschen Schenkeln hing, was ragen sollte, wußte natürlich sofort, was geschehen war, wurde wütend, grollte, brüllte: »Du hast gefickt! Von nun an sollst du einen weichen Penis haben, der nur manchmal aufsteht, und du wirst Kinder zeugen und dann sterben, und deine Kinder werden Männer werden, ebenfalls Kinder zeugen und ihrerseits sterben.«
Und auch dem Wassergeist, der die Pläne des bedeutenden Gehilfen des Schöpfers durchkreuzt hatte, ging es nicht gut. Erst wurde er kastriert, später getötet.
Und doch ist es eine Frage, ob sich das ewige Leben mit einem ständig erigierten Penis, von dem man nicht weiß, wohin damit, lohnen würde.

ALS DIE SCHLANGEN NOCH SCHWÄNZE WAREN*

Es gab eine Zeit, in der die Schwänze sich frei durch den Wald schlängelten. Das war, als die Schöße der Frauen noch so offen waren, daß die müden Söhne nach der Jagd in ihre Mütter zurückkehren konnten, um sich auszuruhen.

Damals waren die Männer wie Kinder, unschuldig und ohne Verlangen. Aber sie hätten auch nichts gehabt, das ihnen ein Begehren befriedigt haben könnte, denn ihr Bauch war gleichmäßig glatt, hatte keine Auswüchse, keinen Stiel, keine Glocken oder Nüsse. Nur der Gehilfe des Schöpfers hatte einen Penis, der zwar seltsam, aber ungemein praktisch war. Sein Penis war auch eine Schlange, und diese war mindestens einen Kilometer lang, konnte auftauchen, wo ihr Herr sie hinschickte, konnte sich anschlängeln und einschwänzen und Lust machen, ohne daß die beglückten Frauen merkten, wer hinter dem stand, was da in ihnen steckte.

Damals geschahen die seltsamsten Geschichten. So gab es ein kleines Mädchen, das immerzu menstruierte. »He«, wurde es von seiner weisen Großmutter gefragt, »hört denn dein Bluten nie auf?«

»Nur wenn mein Mann mich glücklich macht«, antwortete das Mädchen.

Aber es verriet nicht, wer dieser Mann war.

Nun beobachteten die Frauen der Familie das Mädchen, und sie entdeckten, daß es häufig über einem Loch in der Hütte hockte und dabei selig lächelte. In dem Loch aber hauste der Mann des Mädchens, und dieser war eine Python-Schlange.

Traurig endete diese Geschichte, denn die anderen Weiber — waren sie neidisch? — stellten diesem rein-phallischen Mann eine Falle und ermordeten ihn. Und als das Mädchen sechs kleine Schlangen gebar, brachte man auch diese um. Da verwandelte sich das Mädchen in einen Leguan.

Aber auch anderen Frauen genügten die Schlangen, diese Phallen ohne unnützes Drumherum. Eine Mundurucu-Indianerin ging täglich in den Wald, um die Früchte des Sorveira-Baumes zu pflücken, und sie brachte auch immer viele Früchte heim.

*) (nach Lévi-Strauss »Mythologica I«, M 49, M 50, M 79 und M 80, Mythen der Mundurucu, Toba-Pilaga, Tenetehara und Urubu — die ich auf wissenschaftlich unhaltbare Weise zu einer Geschichte vermixt habe, die dennoch alle Wahrheiten enthält.)

Aber sie brachte nichts anderes. War sie süchtig?
Und außerdem wurde sie schwanger.
Das machte ihren Bruder stutzig. Er schlich ihr eines Tages nach, voller Vorsicht natürlich, denn es war schon etwas ungehörig, einer Frau nachzuspionieren.
Zielstrebig ging seine Schwester zu einem Sorveira-Baum. Der Bruder versteckte sich in der Nähe. Er konnte sie nicht sehen, aber plötzlich hörte er sie seufzen, stöhnen und dann glucksend schreien: »Bring mich nicht so zum Lachen, Tupasherébé! Du bringst mich so zum Lachen, daß ich pissen muß!«
Da wußte der Bruder, daß seine Schwester einen Liebhaber mit Namen Tupasherébé hatte, und er sprang auf, schaute hin. Da lag sie unterm Sorveira-Baum mit weit offenem Schoß, und vom Baum herab war ihr Liebhaber in sie eingedrungen. Es war eine Schlange. Es sah aus, als ob der Baum sie vögele.
Der Bruder tötete die Schlange. Das war nicht gut für ihn. Erstens hatte die Schlange seiner Schwester nach einem Tag voll Liebeslust so viele Früchte vom Baum geworfen, bis ihr Korb gefüllt war. Nun gab es weniger Früchte. Und zweitens kriegte die Frau einen Sohn, der später seinen Vater Tupasherébé gerechterweise rächte.
Irgendwann muß ja nun dieses lustige Schlangenleben endgültig aufgehört haben. Das war, als die Männer endlich selber Schlangenverwandtes aufweisen konnten. Nachdem nämlich irgendeine der letzten Schlangen, die zum Frauenbeglücken fähig waren, getötet war, da schnitt der Gehilfe des Schöpfers sie in Stücke, und diese Stücke verteilte er als Schlangenersatz an die Männer. Möglicherweise hatte er sogar seinen eigenen Penis auf diese Weise an die Menschen verteilt. Tja, daraus entstand viel Freude. Aber — wie das bei Mythen so ist — ebenso kam Pein auf die Welt, denn die dummen Männer kannten nur einen Weg für ihre neuen Organe, und nun mußten alle Frauen die Kinder in ihren eigenen Bäuchen empfangen und austragen und unter Schmerzen gebären. Vorher hatten sie nämlich die Kinder in einem Topf und holten sie raus, wenn sie groß genug waren für diese Welt.
So schließt sich der Kreis zwischen Mythe und Retortenbaby.

DIE FOLGEN DES MONDFICKS *

Natürlich gehörte die Baumwollpflanzung der Frau. Männer besaßen damals sowieso nichts. Und die Baumwollpflanzen wuchsen gut. Die Frau hätte sich auf die Ernte freuen können, wären nicht in jeder Nacht etliche Pflanzen geklaut worden. Jeden Morgen mußte sich die Frau ärgern.
Da hielt der Mann Wache. Versteckt lag er. Lange blieb alles still. Dann hörte er Kichern und Lachen. Dann sah er die Diebinnen. Es waren Schwestern. Es waren Mond und Morgenstern.
Beide waren schön. Ihre Brüste schimmerten. Der Mann glotzte. Zuerst begehrte er beide. Dann wurde ihm klar, daß die Maid Mond reifer und runder war, daß sie vollkommen war, daß er sich verliebt hatte.
Beinahe wären die Schwestern ihm mit Armen voll Pflanzen entkommen. Im letzten Augenblick schrie er: »Halt!«
Da standen die Ertappten erstarrt. Er versuchte, locker und entspannt auf die beiden zuzuschlendern. Aber sein Hahn wollte nicht locker sein, dazu war das Himmelfleisch zu verlockend. Sein Hahn war gespannt.
Morgenstern errötete ein wenig. Vor Schreck? Aus Scham? In Erwartung?
Mond aber stand kalt da, schaute ihm entgegen. »Was willst du?« fragte sie.
»Dich«.
Da lachte Mond licht und laut. »Du Menschenmann willst mich? Nimm Morgenstern, die ist williger.«
Die Weigerung reizte ihn noch mehr, heizte ihm den Stab, schärfte ihm die Waffe, spitzte ihm den Speer.
»Dich will ich«, forderte er.
»Aber ich will dich nicht«, strahlte Mond. »Ich rate dir, begnüge dich mit meiner kleinen Schwester. Sie ist funkelig und dabei sanft, sie ist eng genug gebaut für deinen kleinen Pfeil.«
»Ich liebe aber dich. Bitte, schlaf mit mir«, flehte der Tacana-Mann.
»Junge«, sagte Mond ein wenig gerührt, »schau dir das an«, und da-

***) (nach Lévi-Strauss, »Mythologica II — Vom Honig zur Asche«, M 256, Tacana-Mythe: der Liebhaber von Mond.)**

bei zeigte sie ihm ihre weite, wilde, milchige Mondmöse. »Ist dir das nicht zuviel?«
»Nein!« schrie er, konnte sich und seinen Saft kaum halten. »Laß mich rein!«
»Ruhig«, sagte Mond, die von seiner Leidenschaft doch etwas erregt war. »So einfach geht das nicht. Ich rate dir, einen großen Korb zu flechten, ehe du mich besteigst.«
»Wozu?«
»Tu's!«
Und er holte sich Zweige, flocht mit zitternden Fingern, dabei war sein schwellender Ast ihm ständig im Weg. Doch er flocht geschickt und flink. Mond feuerte ihn an: »Größer muß er sein, dein Korb.«
Endlich war er fertig, der riesige Korb.
Da breitete sich Mond vor ihm aus, ging auf, nahm ihn, und das Schwesterlein schaute seufzend zu.
Er aber war geil wie nie, vögelte mit all seinen Künsten, Mond lehrte ihn sanft mehr, dabei brodelte es in ihr, so daß sie seinen Schwanz richtig kochte, während Morgenstern ihm sanft die Nüsse streichelte mit Rosenfingern. Dauernd wollte er spritzen, doch Mond gurrte: »Langsam, Freund. Mehr, Freund. Tiefer, Freund. Laß ihn wachsen, laß ihn schwellen. Noch immer stößt du bei mir nicht auf Grund.«
Und so schwoll ihm der Penis. Und so wuchs ihm der Penis. Und nach so etwa zwei bis drei Stunden wisperte Mond: »Es ist genug, du niedlicher Mann. Meine Schwester und ich müssen nach Hause.«
Sie verließen den erschöpften Menschen, der ganz plötzlich wußte, wozu er den Korb hatte flechten müssen. Sein Penis war untragbar groß geworden, ragte hölzern wie ein Baum, war unendlich hungrig.
Der Mann zwängte ihn in den Korb, da ringelte sich der Schwanz wie eine Schlange. Mit Mühen schleppte der Tacana-Indianer seine Last ins Dorf, erzählte den Neugierigen, was geschehen war, und verschlief den Tag.
In der folgenden Nacht aber erhob sich der unbefriedigte Schlangenschwanz, schlich durch das Dorf, schnüffelte nach Weiber-

fleisch, wollte sich in Fotzen zwängen, zwischen Schenkel drängen, stoßen, ficken, vögeln, spucken.
Der Mondsüchtige konnte seinen Pimmel nicht bändigen. Die anderen Dorfbewohner hatten Angst. Väter hockten vor den Hütten ihrer Töchter, um Wache zu halten.
In eine solche Hütte kroch der Phallus, und kaum war seine Spitze in dem Raum, da schnitt der wachende Vater ihm den Anfang mit der Eichel ab, und der wurde zur Schlange mit glühendem Kopf und pfiff und spuckte und raste davon.
Unser Mondliebhaber starb daran.
Die Schlange aber kann man noch heute pfeifen hören.
Und aus ihrem fruchtbaren Speichel waren die Termiten geworden.

WOHIN DIE GEILHEIT FÜHREN KANN*

Ein Munducuru-Jäger war andauernd geil. Was er sah, wollte er ficken. Manchmal fand er ein Weib ungeheuer begehrenswert, überredete sie, nahm sie, und wenn er sich ergossen hatte, erkannte er, daß er in einem uralten und häßlichen Leib herumgefuhrwerkt hatte. Aber das änderte ihn nicht.
Eines Tages war er in der Nähe eines Tümpels auf der Jagd. Da sah er am Rand des Wassers eine Frau, die er sofort haben wollte. Sie zierte sich nicht, sie wehrte sich nicht, sofort war sie bereit, machte die Beine breit, ließ ihn sein Glied in ihre Öffnung pressen.
Was für ein Loch!
Eng und geschmeidig, muskulös und kräftig, massierte es ihm den Stab mit Erfahrung. Schon kam es ihm. Das Gesicht des wunderschönen Weibes tauchte unter in rotem Nebel, und als sich das Feuerwabern vor seinen Augen verzog, tauchte seine Beischlafpartnerin wieder auf vor seinem Jägerauge. Es war eine Kröte.
Die hatte seinen Penis in ihrer Vagina.
Die ließ nicht locker, ließ nicht los.

*) (nach Lévi Strauss, »Mythologica II«, M 248, Mundurucu: die Heilung durch die Fischottern.)

Er zerrte, sie hielt.
Sie zog seinen Pimmel lang und länger, hüpfte ins Wasser, das zischte, der Jäger krümmte sich vor Schmerz, doch weiter schwamm die Kröte mit dem Zipfel ihrer Erorberung, den sie festgeklemmt hielt, den sie streckte. Erst am anderen Ufer, weit über hundert Meter von seinem Sack entfernt, hatte sie genug, ließ sie sich sein Ding entschlüpfen.
Das saß unser Jäger, ließ seinen Superwurm im Wasser hängen, damit er etwas abkühle. »Wer kann mir helfen", stöhnte er.
»Ich«, kicherte die Fischotter und tauchte vor ihm auf.
»Tu's«, bat der Jäger.
Da schwamm die Fischotter zu seiner Penisspitze, nahm sie in ihre Vagina und knabberte sich langsam voran. Kürzer und kürzer wurde sein überstrapaziertes Glied. »Mach' weiter«, rief der Jäger.
Die Fischotter ließ ihre Muschel sich voranbeißen, kam ihm näher und näher.
»Genug«, rief der Jäger.
»Für mich nicht«, lachte die Fischotter, nahm noch einen Haps, nahm noch einen Schluck, und dann saß unser Jäger da am Rande des Tümpels mit einem niedlichen Kinderpillemännchen.

Genug von Lévi-Strauss und den südamerikanischen Mythen, obwohl es noch genug gäbe. Genug auch von meinem die Geschichten auf einen Mittelpunkt des männlichen Körpers hin vergewaltigenden Erzählen. Eine mythische Geschichte noch aus Afrika, von der Nupe am Niger mitgebracht durch Leo Frobenius, hier übernommen aus »Die wilde Frau — Mythische Geschichten zum Staunen, Fürchten und Begehren«, gesammelt und herausgegeben von Claudia Schmölders im Diederich Verlag, Köln 1983:

Die Amazonensage

In alter, alter Zeit waren die Frauen in einem Lande für sich und die Männer in einem Lande für sich. Die Stadt der Männer war sehr, sehr groß. Die Stadt der Frauen war sehr, sehr groß.
Einmal ging ein Jäger aus. Er ging weit durch das Land. Er kam in

das Land der Frauen. Die Frauen sahen den Mann. Die Frauen fielen über den Mann her, und die Frauen schlugen den Mann. Der Mann rannte schnell fort. Der Mann flüchtete in seine Stadt. Der Mann lief zu seinem König und sagte: »Ich bin weit, weit fortgegangen. Ich bin in ein anderes Land gekommen. In dem anderen Land fielen die Menschen über mich her und schlugen mich. Ich rannte, so schnell ich konnte, von dannen.« Der König fragte den Jäger: »Wie waren denn die Leute, die dich wegtrieben?« Der Jäger sagte: »Die Leute waren anders als wir. Sie hatten hier (auf eine Brustseite zeigend) ein Stück Fleisch und hatten hier (andere Brustseite) ein Stück Fleisch. Dann hatten die Leute lange, lange Haare (!). Es war ein schönes, schönes Volk.«
Der König sagte zu dem Jäger: »Ich möchte dieses Volk sehen. Wie kann ich dieses Volk sehen?« Der Jäger sagte: »Man kann die Leute nicht sehen. Jeder Mann, der nur immer dort hinkommt, wird von diesen Leuten geschlagen und vertrieben werden.« Der König sagte: »So fangt doch einige und bringt mir diese hierher!« Der Jäger sagte: »Mein König! Das ist nicht möglich. Das ist nicht möglich!« Der König sagte: »So kämpft mit ihnen. Kämpft oder tut mit ihnen, was ihr wollt. Ich muß aber einige von diesen Leuten sehen!« Der Jäger sagte: »So werden wir es auch nicht können, denn diese Leute sind wohl stärker als wir. Laß mich aber jetzt gehen. Ich will diese Sache bis morgen bedenken und dann wiederkommen.« Der König sagte: »Das ist gut.« Der Jäger ging nach Hause.
Am anderen Tage kam der Jäger wieder zum König und sagte: »Du willst einige von diesen Leuten sehen?« Der König sagte: »Ja, ich will einige von diesen Leuten sehen!« Der Jäger sagte: »Wenn du mir guten Honig und Zuckerrohr besorgen kannst, will ich einen Versuch machen, dir diese Leute oder einige von ihnen herzubringen.«
Der König sagte: »Honig und Zuckerrohr sollst du haben. Ich werde sogleich danach senden.« Der König sandte zwei Leute in den Busch. Die Leute fanden Honig. Sie brachten eine große Kalebasse voll Honig zum König. Der König sandte Honig zu dem Jäger. Der Jäger kochte den Honig mit Wasser. Er nahm auch gefüllte Waben, und steckte sie in seine Schultertasche. Das Honigwasser gab er aber dem König. Dann ging der Jäger hinaus und schnitt sehr süßes Zuckerrohr ab. Das Rohr schnitt er in kleine Stücke und steckte sie

in seine Schultertasche. Damit machte sich der Jäger wieder auf den Weg.

Der Jäger ging denselben Weg, den er zuerst gegangen war. Der Jäger kam wieder in das Land der Frauen. Die Frauen sahen den Jäger, sie liefen auf ihn zu. Sie wollten ihn fangen und schlagen. Der Jäger rief: »Schlagt mich nicht! Ich habe etwas ganz Besonderes. Ich habe etwas sehr, sehr Süßes, das will ich eurer Königin geben. Ich bin geschickt von einem anderen König!« Die Frauen sagten: »Der andere König ist uns ein Nichts. Zeige aber einmal das sehr, sehr Süße her. Denn wenn wir dich zur Königin bringen und die Sache ist dann nicht so süß und unwahr, dann tötet die Königin dich und wird auch über uns unwillig!« Der Jäger sagte: »Ich will euch gern ein wenig geben, denn ich habe genug davon bei mir.« Der Jäger brach ein wenig von der gefüllten Wabe ab und gab es den Frauen. Die Frauen nahmen es. Die Frauen versuchten es. Die Frauen sagten: »Das ist wahr! Das ist ganz ausgezeichnet.« Die Frauen kosteten noch ein wenig davon und fragten: »Was ist das?« Der Jäger sagte: »Das ist der Schmutz vom Penis meines Königs. Den soll ich eurer Königin bringen.« Die Frauen fragten: »Hast du denn den Eba deines Königs auch bei dir?« Der Jäger sagte: »Ja, den Penis meines Königs habe ich auch bei mir. Der ist hier oben in der Schultertasche und macht da seinen Schmutz. Er macht da den Schmutz, den ihr eben versucht habt.« Die Frauen sagten untereinander: »Dann wollen wir diesen Mann zu unserer Königin bringen. Denn was er da von seinem Könige bringt, ist so gut, daß unsere Königin es unbedingt versuchen muß.« Die Frauen sagten untereinander: »Ja, unsere Königin muß den Penis des Königs und seinen Schmutz versuchen.«

Die Frauen sagten: »Komme mit uns!« Die Frauen nahmen den Jäger in ihre Mitte und brachten ihn in die Stadt. Sie brachten ihn in das Haus der Königin. Die Königin sagte: »Was ist das für ein Mensch? Was willst du?« Der Jäger sagte: »Ich bin aus einem anderen Lande. Mein König sendet dir, der Königin, ein Geschenk. Ich bringe dies Geschenk. Das Geschenk ist sehr süß.« Die Königin sagte: »Was ist das?« Die Frauen, die den Jäger gebracht hatten, sagten: »Töte ihn nicht, denn sein Geschenk ist in der Tat sehr süß. Er hat den Eba seines Königs mitgebracht. Den Eba hat er in seiner Tasche. In der Tasche macht der Eba seinen Schmutz. Wir haben nur

den Schmutz versucht. Aber auch dieser Schmutz übertrifft an Süße alles, was wir essen. Töte den Mann nicht!« Die Königin besah den Jäger.
Die Königin sagte zu dem Jäger: »Dann gib her, was dein König mir Süßes schickt. Ich will es versuchen.« Der Jäger sagte: »Meine Königin, laß uns in das Haus gehen.« Die Königin sagte: »Es ist gut, wir wollen in das Haus gehen! Ihr Frauen könnt im Durchgangshaus bleiben.« Die Königin ging mit dem Jäger in ihr Haus. Die Königin setzte sich auf ihr Bett. Der Jäger setzte sich neben sie auf das Bett. Die Königin sagte: »Nun gib her.« Der Jäger sagte: »Versuche den Schmutz!« Der Jäger brach ein gutes Stück Wabe ab und gab es der Königin. Die Königin nahm es in den Mund. Die Königin sagte: »Das ist sehr süß.« Die Königin kaute es. Die Königin sagte: »Das ist ausgezeichnet. Gib mir mehr!« Der Jäger gab der Königin den Rest der Wabe. Die Königin aß die Wabe auf. Die Königin sagte:
»Das ist ausgezeichnet. Das ist also der Schmutz des Eba! Was ist nun ein Eba? Kann ich nicht einen Eba bekommen?« Der Jäger sagte: »Du willst einen Eba versuchen? Gewiß habe ich Eba bei mir. Bei uns hat jeder einen Eba. Ich habe aber auch die Eba meiner verstorbenen Großväter bei mir! Versuche erst einmal die Eba der Ahnen.« Die Königin sagte: »Es ist recht! Gib mir nur her!« Der Jäger griff in seine Tasche und nahm ein Stück Zuckerrohr heraus. Die Königin nahm das Zuckerrohr und kaute es. Die Königin sagte: »Das ist gut. Das ist sehr gut. Das ist süß. Gib mir mehr davon.« Der Jäger gab der Königin alle Zuckerrohre, die er bei sich hatte. Die Königin aß alles auf. Die Königin kaute alles Zuckerrohr. Sie sagte: »Gib mir noch mehr Eba.« Der Jäger sagte: »Mehr Eba habe ich nun nicht bei mir. Denn jeder meiner Ahnen hat nur einen Eba gehabt, wie ein jeder Mensch bei uns nur einen Eba hat und nicht mehr.«
Die Königin sagte: »Jeder Mensch hat bei euch einen Eba, den man essen kann?« Der Jäger sagte: »Ja, jeder Mensch hat bei uns einen Eba, den man essen kann. Man kann den Eba eines Menschen aber nicht nur einmal essen. Sondern man kann den Eba immer wieder essen, jeden Tag einmal oder zweimal.« Die Königin fragte den Jäger: »Hast du denn auch einen Eba?« Der Jäger sagte: »Ja, ich habe auch einen Eba.« Die Königin sagte: »Kann ich nicht deinen Eba auch einmal essen?«

Der Jäger sagte: »Du kannst meinen Eba einmal essen. Aber man ißt den Eba eines lebenden Menschen anders.« Die Königin fragte: »Wie ißt man den Eba eines lebenden Menschen?« Der Jäger sagte: »Soll ich es dir zeigen?« Die Königin sagte: »Ja, zeige es mir!« Der Jäger sagte: »Dann lege dich auf das Bett.« Die Königin legte sich auf das Bett. Das Bett der Königin war sehr schön. Der Jäger legte sich zu der Königin. Er legte sich neben die Königin (die Nupe führten in alten Zeiten den Beischlaf *nur* in der Seitenlage aus). Der Jäger sagte: »Schlage deine Beine über mich.« Die Königin legte das eine Bein über den Jäger. Der Jäger sagte: »Fühle hierher.« Die Königin faßte den Eba des Jägers. Die Königin führte den Eba des Jägers in ihre Vagina. Der Jäger beschlief die Königin. Die Königin sagte! »Ist das süß! Ist das süß!« Die Königin sagte: »Das übertrifft die Süßigkeit aller Ebas deiner Ahnen! Laß mich deinen Eba noch einmal essen!« Darauf beschlief der Jäger die Königin noch ein zweites Mal.

Die Königin sagte: »Bei euch hat ein jeder solchen Eba? Und man kann ihn immer wieder genießen?« Der Jäger sagte: »Ja, bei uns hat ein jeder einen solchen Eba. Der Eba meines Königs ist aber noch viel süßer als der meine.« Die Königin sagte: »Ich möchte den Eba deines Königs auch einmal essen.« Der Jäger sagte: »Wenn du den Eba meines Königs essen willst, so komme zu ihm. Ich will morgen sogleich zu ihm gehen und sagen, daß du kommst!« Die Königin sagte: »Ja, du kannst zu deinem König gehen und kannst ihm sagen, daß ich mit meinen Frauen zu ihm kommen will, seinen Eba einmal zu essen. Bleibe erst aber noch bei mir, denn ich will noch einige Male deinen Eba essen.« Der Jäger blieb noch zwei Nächte bei der Königin und beschlief sie jede Nacht.

Der Jäger sagte: »Nun will ich zu meinem König zurückgehen.« Die Königin sagte: »Bleibe noch zwei Nächte bei mir, damit ich deinen Eba noch essen kann.« Der Jäger sagte: »Ich kann nicht länger bleiben. Sonst wird mein König über mich böse. Mein König wird mich dann strafen. Willst du, daß mein König mich straft? Habe ich dir nicht Süßes gebracht?« Die Königin sagte: »Du hast mir mehr Süßes gebracht, als ich vorher wußte. Ich will nicht, daß dein König dich straft, aber bleibe noch bei mir.« Der Jäger sagte: »Kannst du nicht leicht zu uns kommen? Wirst du dann nicht noch mehr Süßes haben als von mir?« Die Königin sagte: »Es ist gut, gehe also zu deinem König zurück. Ich will mit dir gehen!« Der Jäger sagte: »Laß mich vorausgehen und dem Könige sagen, daß du kommst.« Die Königin sagte: »Es ist gut, geh voraus und sage zu deinem König, daß ich komme. Sage ihm, daß ich mit meinen Frauen komme. Sieh zu, daß meine Frauen auch den Eba kennenlernen, denn bei euch hat ja ein jeder seinen Eba.« Der Jäger sagte: »Jede deiner Frauen soll einen Eba versuchen. Es hat keine Schwierigkeit. Wir haben genug davon.« Die Königin ging zu ihren Frauen heraus und sagte: »Ich habe den Eba versucht. Er übertrifft an Süße alles. Der Jäger geht nun voraus und sagt seinem Könige, daß ich komme und euch mitbringe. Der Jäger wird für jede von euch einen Eba haben, wenn wir kommen.« Die Frauen riefen: »Jede von uns wird einen süßen Eba haben! Jede von uns wird einen Eba haben!« Der Jäger ging.

Der Jäger ging über das Land zurück. Der Jäger kam wieder in seine Stadt. Der Jäger ging zu seinem Könige. Der Jäger sagte zu seinem König: »Ich bin wieder bei diesen Leuten gewesen.« Der König sagte: »Werde ich diese Leute sehen können?« Der Jäger sagte: »Ich habe mit diesen Leuten Freundschaft geschlossen. Die Königin will mit ihren Frauen kommen. Die Königin will deinen Penis essen. Die anderen Frauen wollen auch Penisse kennenlernen. Sorge also, daß, wenn die Leute kommen, jeder von unseren mit einer von denen zur Seite gehen und daß die zwei dann ungesehen von den anderen miteinander schlafen können. Das andere wird dann alles werden. Es ist ganz einfach und sehr angenehm.« Der König sagte: »Hast du es versucht? Ist es nicht unangenehm?« Der Jäger sagte: »Es ist sehr angenehm. Es ist so angenehm wie sonst nichts.« Der König sagte: »Dann will ich alle Leute zusammenrufen und es ihnen sagen, wie du angabst. Wann kommen die Leute?« Der Jäger sagte: »Ich kann sogleich zurückgehen und sie rufen!« Der König sagte: »Ja, gehe nur schnell.« Der Jäger ging .

Der Jäger kam wieder zu den Frauen: »Mein König bittet euch, nun zu ihm zu kommen. Eine jede von euch wird nicht nur den Schmutz des Penis, sondern einen eigenen Penis erhalten.« Die Königin sagte: »Es ist gut. Wir wollen jetzt schnell gehen.« Die Frauen sagten: »Jede von uns wird einen süßen Eba haben! Jede von uns wird einen süßen Eba haben!« Die Königin sagte: »Wir wollen zwei Monate lang bei den Männern bleiben, dann werden wir wieder

zurückgehen!« Die Frauen packten ihre Kalebassen, und der Jäger ging mit den Frauen fort.
Der Jäger kam mit der Königin und den Frauen in die Stadt des Königs. Der König empfing die Königin. Alle Männer waren mit dem König. Der König führte die Königin in sein Haus. Jeder Mann nahm eine Frau mit in sein Haus. Der König beschlief die Königin. Jeder Mann beschlief eine Frau. Die Frauen sagten: »Das übertrifft an Süße alles andere.« Die Königin sagte zum König: »Ich will zwei Monate lang bei dir bleiben, dann will ich mit meinen Frauen wieder zurück in meine Stadt gehen.«
Die Königin blieb mit ihren Frauen zwei Monate lang in der Stadt der Männer. Als die zwei Monate vorüber waren, sagte die Königin: »Wir wollen noch zwei Monate hier im Lande bleiben. Dann will ich mit meinen Frauen wieder in unsere Stadt gehen.« Die Königin blieb mit ihren Frauen noch zwei Monate in der Stadt der Männer. Als die zwei Monate verstrichen waren, sagte die Königin: »Wir wollen noch zwei Monate bleiben.« Die Frauen blieben noch im Lande der Männer.
Die Frauen wurden schwanger. Die Frauen gebaren Kinder. Die Kinder wuchsen heran. Die Kinder schliefen auch wieder miteinander und gebaren Kinder. Es blieb so. Männer und Frauen gingen nicht wieder auseinander. Die Frauen gingen nicht wieder von den Männern fort.

15. Olisbos

a) Bei den Shoshone-Indianern gibt es eine alte Mythe, die damit beginnt, daß eine Frau mit einem künstlichen Phallus onaniert.

b) Einen solchen künstlichen Phallus, den Frauen zur Selbstbefriedigung oder zu lesbischen Spielen benutzen, nennt man Olisbos oder Dildo, Parapilla, Godmiché, Bienfaiteur, Ladies' friend, Samthans, Gummipeter, Tröster … — liebe Kinder haben viele Namen. Solche Vorläufer des Vibrators gab es zu allen Zeiten unserer Geschichte, in allen Kulturen, auch bei den Naturvölkern. Sie können aus jedem nur irgendwie geeigneten Material gemacht sein. Aristophanes beschrieb einen als *»viriles Götzenbild aus gekochtem Leder, dessen sich die Frauen von Milet bedienen«*. Die Eingeborenenfrauen Patagoniens benutzten einen, der aus einem kleinen Kranz von Haarbüscheln aus dem Schwanz des Maulesels gefertigt ist; diesen nennt man Guesquel.

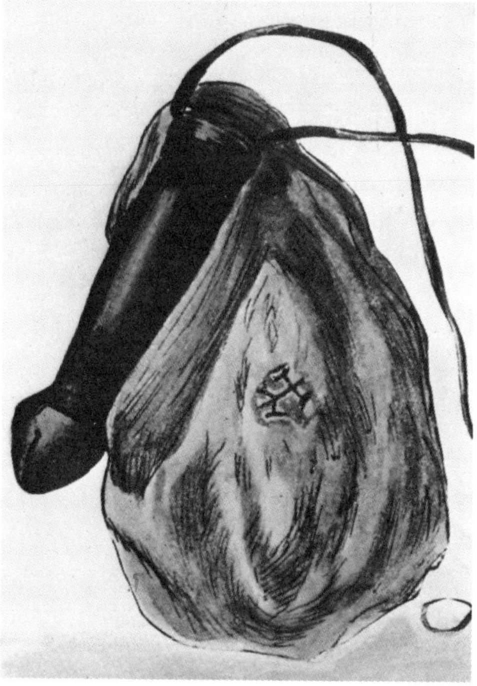

c) Diesen kennen in Innerafrika die Mandingo-Frauen. Seine Hoden sind meistens aus Schweinsblasen gemacht und werden mit Reiswasser gefüllt.

16. PENISJAGD

Von der Kopfjagd darf jedermann manchmal gar im Fernsehen wohlig gruselnd erfahren. Übers Skalpieren ist jeder jugendliche Karl-May-Leser bestens oder schlechtestens informiert. Penisjäger aber waren auch so selten nicht. Die alten Ägypter hackten ihren toten Feinden Phallus und rechte Hand ab. Gefallenen Feinden wurden die körperverwachsenen Speere auch in Galla und Somal (Nordostafrika), im Reich des Monomotapa (Südrhodesien und Portugiesisch-Ostafrika) und anderen Gegenden der Welt abgeschnitten. Man kann sie essen, um des Feindes Fruchtbarkeit zu übernehmen; man kann sie seinen Frauen schenken, um zu zeigen, daß man mehr hat; man kann sich und sein Heim damit schmücken, um zu zeigen, welch prachtvolle Gegner man erlegte; man kann sie als Auszeichnungen und Orden sammeln und mit der Abschußquote protzen. Sie wurden auch in Kupfer, Gold und Silber nachgebildet. Natürlich hat so ein Feindespimmel magische Bedeutung. Unsere heutigen Orden sind nichts anderes als Symbole für abgehackte Nasen, Ohren, Köpfe, Skalpe, Pimmel. Auch die für die Betroffenen keinesfalls so unerfreulichen Sitten der Groupies in unseren sechziger Jahren können dem Kenner einfallen.

17. Phallusfeld

In Sidamoland (Südwestabessinien) gibt es weite Felder mit phallischen Steinsetzungen.

18. Phalluskrone

Die Kaiserkrone von Kaffa (Nordostafrika) wird von einem goldenen Phallus geziert. Dort trug man auch die Kallatscha als Würdezeichen = Stirnbänder mit symbolischem Pimmelgebimmel.

19. Prüderie

Nicht alle Naturvölker sind unbefangen, frei, fickfreudig, mösenmunter oder pimmellustig. Manche sind prüde wie unsereins. Geradezu griesgrämig könnte man die Bewohner des melanesischen Dobu-Island nennen. Ist es nun seltsam oder typisch, daß gerade dort großer Wert auf sexuelle Technik gelegt wird? Die Dobu-Frau geht mit dem Leitsatz in die Ehe (nach Ruth Benedict in »Urformen der Kultur«): *»Wenn du deinen Mann halten willst, dann sorge dafür, daß er immer möglichst ausgepumpt ist!«* (Ähnlich dachte Maria Theresia im zivilisierten Österreich.)

20. Schmuck

a) Man trägt Schmuck nicht nur um Arme, Beine, Hälse, nicht nur auf Köpfen, Schultern, Ärschen, nicht nur an Fingern, Ohren, Nasen, sondern auch an sämtlichen Geschlechtsteilen. Die Dajak von Borneo beispielsweise kennen den »Ampallang«, der auch den Frauen mehr als ästhetischen Genuß bereiten soll. Er ist ein Stäbchen von 4 Zentimeter Länge aus Kupfer, Silber, Gold oder Bambus, mit Borsten schön und kitzlerkitzelfreudig gemacht. Damit wird die Eichel durchbohrt.

b) Die Batta von Sumatra legen Intarsien aus dreieckigen Steinchen, Gold- oder Silberstückchen in die Oberhäute ihrer Penisse. Muster aller Art, etwa aufsteigende Spiralen, sind möglich. Jedenfalls muß die Penishaut eingeritzt werden, damit die Einlegearbeit ausgeführt werden kann. Vielleicht ist solch ein knubbeliger Schaft für Frauen nicht nur Augenlust.

c) Hauptsächlich Augenschmaus dürfte dagegen das von einigen Naturvölkern geübte Tätowieren der Männlichkeit sein, wenn die Magie erst abhanden kam.

21. Symbole

Mit Sexualsymbolen, sogar nur mit Pahllussymbolen, wäre mühelos eine Buchreihe zu füllen. Hier seien zwei hübsche und komplexe genannt:

a) Bei Puebloindianern (Hopi und Zuni) wird das männliche Prinzip durch einen zylinderförmigen Gegenstand vertreten, das weibliche durch einen Reifen. Man kann den Zylinder durch den Reifen schieben.

b) Bei den Hopi gibt es einen Tanz für Frauengesellschaften, bei dem Mädchen in Männerkleidung auftreten. Zwei der Mädchen sind »Lanzenträger«. Sie haben jede einen langen Stab und einen Reifen, und sie schleudern ihre »Lanzen« durch die rollenden Reifen.

22. Wettrennen

a) In Peru gab es Wettläufe zwischen Männern und Frauen, die zu einem Fruchtbarkeitsritus gehörten. Die nackten Männer mußten jede Frau vor dem Überholen »vergewaltigen« — wobei ich denke, daß man solche rituellen Zwangsverkehrsregeln nach Absprache nicht mit den Vergewaltigungen in unserer Zivilisation vergleichen kann.

b) Zeremonialwettläufe kennen auch die Puebloindianer. Bei den Zuni laufen Männer und Frauen aufeinander zu, die Männer stoßen mit den Füßen Stäbe vor sich her, die Frauen Reifen. Die Frauen müssen gewinnen, sonst bewirkt die Zeremonie nicht die angestrebte Fruchtbarkeit.

(Die beiden hier genannten Wettlaufmuster sind verwandt. Ruth Benedict unterscheidet in »Urformen der Kultur«, Rowohlt, Hamburg 1955, zwischen dionysischer und apollinischer Ausführung eines Modells = da ist die peruanische Fassung dionysisch, die der Zuni apollinisch.)

23. Xalpen
Eine Zeremonie

Wild und wüst ist die Xalpen, wenn sie die Selknam auf Feuerland heimsucht. Sie haust in der Erde und haßt die Männer. Manchmal kann sie ihren Haß nicht mehr halten, dann kommt sie tobend nach oben, packt nach allem, was zwischen Schenkeln bimmelt und bammelt, kreucht und sich krümmt. Sie zerrt und quält und kratzt und keucht und reißt und beißt, läßt Blut springen, läßt Samen spritzen, läßt Pisse sprudeln, zwingt die sich widerwillig erhebenden Zipfel als bebende Zapfen in ihre unersättliche Ritze. Hat sie ein Opfer leergeschwengelt, dann frißt sie es auf mit Haut und Haar, mit Sack und Kack, mit Bauch und Schlauch, diese rachelüsterne, abgesetzte Muttergöttin. Dann knackt sie das nächste Opfer. Und das nächste...

Endlich wählt sie zwei, drei der Überlebenden, zerrt sie mit sich in ihr Reich. Dort zwingt sie die armen, staubfressenden, krumekauenden Männlein in ihr abgrundtiefes Loch, preßt sie leer, pumpt sich voll, schwelt und schreit vor Lust, treibt sie an und treibt's mit ihnen, bis Xalpen schließlich das Geistkind Keternen gebiert, ein haariges Bündel.

Die männervergewaltigende Xalpen hat auch einen Gatten, der ist, wohl angesteckt, auch kein zahmer Geselle. Er jagt, ehe sein Weib die Männer wie Fallobst vernascht, deren Weiber in den Hütten zusammen, prügelt sie, klaut ihr Geschirr — ist ja klar, daß er bei solcher Gefährtin zum Frauenfeind werden mußte.

Soorte heißt dieser Hahnrei, dieser tausendfach gehörnte Wildfang. Manchmal ist er sogar siebenfach, müßte es seiner Xalpen eigentlich ausreichend besorgen können. Aber die ist emanzipiert und nymphoman, hat — nur bildlich gesprochen — die Hosen an. Während sein Weib wie zwölf Berserker vögelt, tut Soorte sein Werk nicht allein. Ihm hilft eine Dienerschaft, die jeder Beschreibung spottet. Bucklige, knollige, tölpige Typen sind das, die sich exhibitionieren, masturbieren, sich ihre dicken, derben, dummen Scherze gönnen.

So geht es zu beim Klóketen (Männerfest) der Selknam, und weil Xalpen, Soorte mit Dienern und das Geistkind Keternen nicht mehr wirklich kommen, spielen die Männer sich mit Masken das gruselig-sadomasochistische Drama vor.

24. ZAPFEN

a) Eine Zeremonialtafel aus Neuguinea, jetzt in der Sammlung Eckert, Basel. Die vier Zapfen unten weisen darauf hin, daß dieses Kunstwerk aus der »Haken-Tradition« entwickelt ist. An solchen Haken wurden in Vorratshäusern Bündel von Nahrungsmitteln gehängt, damit Ratten, Mäuse, Ungeziefer und Bodenfeuchte sie nicht verderben.

b) Diese geschnitzte Gruppe aus Nordneuguinea (Jatmül), zur Zeit im Museum of Primitive Art, möchte ich den geschätzten Fantasien meiner hoffentlich angeregten Leser überlassen.

25. Zugaben

a) In Sardinien, auf dem Vorplatz zum romanischen Kirchlein von San Lorenzo bei Silanus, standen bis vor kurzem fünf phallische Menhire (Steinmonumente aus der Megalith-Kultur), die wahrscheinlich von einer prähistorischen Kultstätte stammen, bestimmt einiges mitmachen durften, ehe sie vom heiligen Lorenz adoptiert wurden.

b) Nicht alle Menhire sind phallisch. Einige aber sind es gewiß. Christen wurden von diesen ragenden Steinen verlockt, auf deren Spitzen Kreuze zu stellen. So gibt es sicherlich etliche christianisierte Phalli.

HOCHKULTUREN

Verzeiht mir das Wort »Hochkulturen«. Eine Leiter der Kulturen, bei der die unsere oben sein soll, scheint mir ein wackeliges Gerüst. Heißen sie so, weil man darin die Nasen höher trägt? Ich benutze das Wort »Hochkulturen« nur, um eine Gliederung des Materials durchführen zu können. Anerkannterweise wird der zweifelhafte Begriff folgendermaßen definiert:
Hochkulturen sind die entwicklungsgeschichtlich jüngsten Kulturen. Sie haben einen ideologisch ausgebildeten Staatsgedanken, sind hierarchisch gegliedert, produzieren Überschuß, kennen Schrift, neigen zu Machterweiterung. Liest man so gebündelt die Meinungen der Theoretiker, erkennt man die Basis aller Perversionen unserer Gesellschaft. Aber unsere Kultur ist nicht die einzige, die in der Fachliteratur als »Hochkultur« bezeichnet wird.
Für unser Thema picke ich willkürlich einige heraus und an. Wenden wir uns zuerst gen Osten:

1. CHINA

Geist und Verhalten in einer Kultur haben vielfältige Quellen. Hier können nur wenige hervorgehoben werden. Immer spielen Religionen bei der Gestaltung von Kultur eine Rolle. Das Verhältnis der Chinesen zum Penis (und darum geht es noch immer in diesem Buch) ist taoistisch mitgeprägt. Vor allem sind die Vorstellungen von Yin und Yang bestimmend. Einige Erläuterungen:
Tao ist der Weg, der richtige Weg, der harmonische Weg, der höchste Weg der Natur. Zu diesem Weg gehört Sexualität. Sex ist nicht Sünde, sondern Bestandteil des Weges. Genitalien können nicht sündhaft sein, denn sie helfen, uns auf den rechten Weg zu bringen.
Der ganze Kosmos, die Welt, der Mensch bestehen aus Yin und Yang. Yin und Yang müssen stets in Gleichklang zueinander sein, müssen sich gegenseitig stärken, brauchen sich. Das Zusammenspiel von Yin und Yang gibt dem Atem des Lebens Energie.

Yin ist Mond und Winter, ist passiv, dunkel und weiblich, ist Erde, ist das Vaginalsekret.
Yang ist Sonne und Sommer, ist aktiv, hell und männlich, ist Himmel, ist Samen.
Es gibt kein Yin ohne Yang. Es gibt kein Yang ohne Yin. *»Das Wirkliche ist leer und das Leere wirklich.«* (Kuan-yin-tzu)
Natürlich hat jeder Mann Yang und benötigt Yin.
Natürlich hat jede Frau Yin und benötigt Yang.
Der Mann ist nämlich kein reines Yang, sondern ein geringeres Yang.
Die Frau ist nämlich kein reines Yin, sondern ein geringeres Yin.
Frau und Mann holen sich beim Geschlechtsverkehr, was ihnen zur Vollkommenheit fehlt. Allerdings ist Yin unerschöpflich, mit Yang dagegen muß man haushalten. Deshalb muß die Frau fließen, der Mann seine Ejakulation zurückhalten.
Dazu gaben die Religionslehrer Anweisungen, schlugen Beischlaftechniken vor, empfahlen den häufigen Koitus.
Und so konnte sich keine Pornografie im alten China entwickeln, denn in Wissenschaft, Kunst, Poesie durfte alles gezeigt werden, was der Frau-Mann-Harmonie dienlich war.
Damit das wichtige »Wolken-Regen«-Spiel nicht langweilig wurde, erfand man Stellungen, Gruppierungen.
Weil das Yin unerschöpflich ist, durften Frauen lesbisch miteinander verkehren, künstliche Glieder benutzen, masturbieren. Verkehr zwischen Männern gab es auch zeitweise, doch paßte er nicht so recht ins Prinzip. Onanieren aber sollten Männer nun wirklich nicht, weil dabei das kostbare Yang verlorengegangen wäre.
Bräute bekamen vor ihrer Hochzeit Lehrbücher der Liebe, in denen die kosmische Bedeutung des Aktes erklärt wurde, Empfehlungen für das Vorspiel, für Praxis, Technik des Beischlafs, Stellungen, anregende Bilder gegeben wurden, weiterhin der Wert der Sexualität für geistige, seelische, körperliche Gesundheit, luststeigernde Rezepte, Empfehlungen vermittelt wurden, schließlich Ratschläge fürs richtige Zeugen und die Schwangerschaft.
Selbstverständlich fand diese Kultur poetische Bilder für die Werkzeuge zur Tür des Paradieses. Einige seien hier genannt:
Jadestiel (natürlich ist nicht die grüne Jade, sondern die wertvolle »weiße« gemeint), Roter Vogel, Korallenstamm, Himmlische Drachensäule, Anschwellender Pilz, Positiver Gipfel, Kraftvoller Gipfel...

Leider wurde der sanften Lustfreundlichkeit durch den staatserhaltenden Konfuzius bitterer Wermut der Prüderie beigemischt. Die Konfusion durch den Meister gab dem köstlichen Jadestiel einen Beigeschmack, konnte ihn aber nicht mehr abbrechen. Tao und Konfuzianismus lebten in China lange gemeinsam wie Yin und Yang.
Aufklärung schien auch noch wichtig, als die Lehrbücher der Liebe nicht mehr selbstverständlich waren. Selbst heilige Häuser dienten ihr. In der »Halle der freudigen Buddhas«, berichtete Shen Te-fu, ein Gelehrter der Ming-Zeit (1368 — 1644), gab es Buddhas beider Geschlechter mit deutlichen Sexualorganen, die für die Besucher demonstrierten, wie das »Wolken und Regen«-Spiel geht, und die Himmlischen Drachensäulen waren beweglich, konnten, sollten befühlt werden, ja, von prinzlichen Bräuten mußten sie befühlt werden, damit sie den rechten Umgang mit dem Korallenstamm lernen.
Leben wie Gott in Frankreich, sagt man, soll etwas Feines sein. Leben wie der Rote Vogel zur taoistischen Zeit in China scheint mir ein noch höherer Genuß. Das sollen die folgenden Bilder beweisen.

1. Der schmackhafte Anschwellende Pilz steht auf altchinesischen Bildern seltenst alleine herum, wird meistens freundlich bedient.

2. Oft kümmern sich auch mehrere Menschen liebevoll um den Kraftvollen Gipfel.

3. Dabei ist er kein Pascha, sondern ein Freund des Nehmens und Gebens, und zwar allerorten: in der Kammer, im Bett, im Bad, auf der Schaukel, in der Kutsche, zu Pferd, im Wald und auf der Heide, aber auch zu Wasser und zu Lande, zwischen Berg und Tal, auf Tischen und Treppen, in Tempeln und Tümpeln...

4. Er hat nichts Bedrohliches, wie manchmal in anderen Kulturen. Aber er darf sein Yang nicht verschleudern, soll bis zu zehnmal in einer Nacht in die Goldene Lotosblüte, Empfängliche Vase, durchs Zinnoberrote Tor einziehen können. Da bedarf es hin und wieder einiger Hilfsmittel, etwa des pressenden Penisrings oder des schnürenden Seidenbands.

5. Natürlich gab es Händler für Hilfsmittel. Die Frauen kauften Dildos, Männer und Frauen brauchten Aphrodisiaka.

6. Die Frauen benutzten den Dildo allein, um sich bereit zu machen, für andere, oder...

7. ... mit andereren gleichen oder unterschiedlichen Geschlechtes.

Zum Nachtisch

Ein Rezept

Vielleicht mußte eine Chinesin den Dildo benutzen, weil der Jadestiel des Partners für ihre Rote Grotte zu klein war. Über das Zusammenpassen von der Goldenen Spalte und dem Kraftvollen Gipfel machten Taoisten sich durchaus Gedanken. War so ein Gipfel nicht kraftvoll genug, so half »boschniakia glabra« und Seegras pulverisiert und gesiebt, vermischt mit dem Extrakt der Leber eines bei Neumond getöteten Hundes. Dreimal in der Nacht soll dieses Mittel der zu kleinen Säule eingerieben werden. Wird dann am Morgen der Korallenstamm mit klarem Brunnenwasser gewaschen, so wächst er um mindestens sieben Zentimeter.

Ein Olisbos

Es gab mannigfache Arten von künstlichen Drachensäulen. Die Lehrbücher warnten allerdings vor übertriebenem Gebrauch, weil sie die Gewebe der Offenen Pfingstrosenblüten verletzen konnte. Das mag bei den gerippten Stäben aus Holz oder Elfenbein möglich gewesen sein. Die »Kantonrippe«, die in der chinesischen Literatur erwähnt wird, war vielleicht nicht so gefährlich. Das soll eine Pflanze gewesen sein, die phallusförmig wuchs, in heißem Wasser anschwoll, einen vorzüglichen Hilfsjadestiel ergab.

Der Rote Tao

Die Zeitung Kuang-ming-jih-pao berichtete im kommunistischen China der 50er Jahre von einem taoistischen Geheimbund, dessen »schamlos lüsterne Führer« den Mitgliedern verkündeten, daß promiskuitiver Geschlechtsverkehr ein Weg zu Gesundheit und Unsterblichkeit sei.

Die Droge des kahlen Huhns

Ein im alten China bekanntes Mittel zur Steigerung der Leistungsfähigkeit des Jadestiels hieß »Droge des kahlen Huhns«. Da war nämlich ein Beamter gewesen, der diese Droge regelmäßig einnahm. Unermüdlich ließ er seinen Korallenstamm blühen. Noch mit mehr als siebzig Jahren zeugte er drei Söhne. Ja, das Mittel war gut.

Vielleicht war es sogar etwas zu gut. Die Juwelenterrasse seiner Frau war abgeschliffen, ihre Goldene Spalte klaffte und schmerzte, ihre Offene Lotosblüte war zerrupft und zerzaust, die Empfängliche Vase hatte Sprünge, das Zinnoberrote Tor quietschte in den Angeln, schlug im Wind gegen die Pfosten, war röter als zinnoberrot, hielt das Hacken des Roten Vogels nicht mehr aus, fühlte sich vom ständig Anschwellenden Pilz gesprengt.

Die arme Frau konnte nicht mehr laufen, konnte nicht mehr sitzen, konnte nicht mehr liegen, konnte nicht mehr schaukeln, konnte vor allem das Wolken-und-Regen-Spiel nicht mehr ertragen. Und weil ihr Mann sie liebte, warf er schließlich das ihn mit über siebzig Jahren noch immer unersättlich machende Zeugs weg. Auf den Hof. Da fraß es der Hahn.

Kaum hatte der Hahn das Mittel geschluckt, krähte er kurz auf, reckte den Hals, schaute sich um, erblickte die ihm am nächsten scharrende Henne, bestieg sie. Nett fand die Henne das anfangs. Aber der Hahn stieg nicht mehr ab. Die Henne wollte fortlaufen. Er hockte auf ihr. Die Henne versuchte, sich einzugraben. Ihr Hahn trat sie weiter. Tag und Nacht. Und dabei hackte er ihren Kopf, bis sie völlig kahl war.

Daher hat das Mittel seinen Namen.

Und der Hahn konnte wirklich nichts dafür, denn wenn ein Mann die »Droge des kahlen Huhns« dreimal täglich zwei Monate lang eingenommen hatte, dann konnte er leicht vierzig Frauen hintereinander befriedigen. Oder mehr. Das war dann nur noch ein Beschaffungsproblem und eine Frage der verfügbaren Zeit.

2. Indien

In Indien wollen wir uns dem Lingam von drei Ausgangspunkten nähern:

1. Hinduismus

Die Hindureligion ist eine Art ökumenischer Zusammenschluß mehrerer Glaubensgruppen, denen die Kenntnis der Weden (die älteste religiöse Literatur der arischen Inder) gemeinsam war. Da kamen viele Götter und Vorstellungen in einen Topf ohne Deckel. Einer der wichtigsten Götter ist Schiwa, der in Gestalt des Lingam verehrt werden kann, oder als Lingambesitzer, oder er wird verehrt und gleichzeitig sein Lingam. Schiwa ist der Weltzerstörer.
Der Hinduismus ist keinesfalls antisexuell, ist aber hauptsächlich männlich orientiert. Zwar gehört das Lingam in die Yoni, aber Lingam und Yoni gehören nicht zueinander wie im alten China Yin und Yang. Die Hindu-Götter ficken gerne und ausdauernd. Das wird auf vielen Skulpturen und Bildern auch und vor allem in Tempeln dargestellt. Dabei haben die männlichen Wesen furchteinflößend dicke Stengel, sind erkennbar herrschend. Frauen wie Göttinnen haben der männlichen Lustbarkeit dienende Funktionen.
Heute noch pilgern alljährlich im August rund 20 000 indische Hindus durch das Hochgebirge West-Kaschmirs zur Felsenhöhle von Amarnath, wo ein übermannshoher Eisstalagmit aufragt: der Lingam Schiwas.
Allerdings rufen die Pilger beim Anblick des heiligen Pimmels »Parvati! Parvati!«, also die Frau Schiwas, eben weil der Lingam die Yoni braucht. So kommt also auch das Weibliche mittelbar in den Genuß von Verehrung.
Immerhin ist diese männlich strukturierte Nomadenreligion tolerant. Mit dem Buddhismus vertrug sich diese Religion gut.

2. Kamasutra

Karma, Seelenwanderung, die Reinkarnation jedes lebenden Wesens nach dem Tod in eine höhere Ebene, wenn das Leben richtig gelebt worden ist, gehört zum hinduistischen Glauben. Zum richtigen Leben gehören Dharma (Erfüllung religiöser, sozialer, moralischer Verpflichtungen), Artha (materielles Streben), Kama (Vergnügen, Lust, Liebe). Kama gehört zum heiligen Leben, deshalb ist das Kamasutra, das weltberühmte Lehrbuch des Sex, eine heilige Schrift. Es soll vom Weisen Vatsyayana verfaßt worden sein.

Es entbehrt der Poesie der taostischen Schriften, es lehrt das Anmachen von Frauen ohne Zynismus, es klassifiziert Männer, Stellungen, Frauen. Männer beispielsweise sind nach Schwanzgröße zu katalogisieren: es gibt den Hasenmann, den Stiermann, den Pferdmann.

Hinduismus und Buddhismus trafen sich auch in ihrem Hang zu physisch gestützten Meditationsübungen, in ihrer Ausübung von Yoga-Praktiken. Logisch, daß das Kamasutra Stellungen und Verrenkungen der Liebe anbietet, die selbst Artisten ratlos machen können.

Jedenfalls lehrt das Kamasutra weniger die gemeinsame Freude, mehr Eroberungstaktiken und Vollzugstechniken, dazu, wie die Frau es dem Manne richtig zu besorgen hat.

Zum Abschluß wenigstens ein Rezept aus dem letzten Teil des Kamasutra:

Wenn ein Mann eine Frau mit einer einzigen körperlichen Vereinigung völlig unterwerfen will, wenn er sie durch einen Fick in seinen Besitz bringen will, so reibe er vorher seinen Lingam mit einem Gemisch aus den zerstoßenen Früchten des Stechapfels, schwarzem Pfeffer und Honig ein.

3. Tantra

Tantra bedeutet etwa »Gewebe«, ist ein Netz aus hinduistischen, buddhistischen und noch mehr Gespinsten, vielleicht eine Protestbewegung gegen asketische Strömungen. Im Tantrismus gehört der Akt zum Ritus, ist der Koitus heilige Handlung. Auch hier geht es mehr um Männer als um Frauen. Das Vermeiden der Ejakulation und die Umsetzung des Samens in geistigen Stoff, dazu das Aufnehmen weiblicher Sekrete durch den Lingam, um die männliche Kraft zu mehren, sind von Bedeutung. Auch hier inspiriert die Yoga-Erfahrung zu gewagten Positionen. Die sexuelle Vereinigung führt zu innerer Erleuchtung und Erlangung höchster (mystischer) Glückseligkeit.

Yab (Vater) und Yum (Mutter) gehören zusammen. Im Tantra ist Yum das mehr aktive, körperliche Element, Yab ist passiv und intellektuell.

Die fünf Panchamakara führen den Tantriker ins Nirvana, zur Erlösung. Es sind dies Matsya = Fisch; Mamsa = Fleisch; Madyha = Rauschtrank, Wein; Mudra = Getreide und Magie (das Wort kann beides bedeuten); Mithuna = Geschlechtsverkehr.

Zur Magie gehört vieles, Farbsymbole, Yantras (mystische Diagramme, die meistens phallische Bedeutung haben), Mantras. Mantras sind aus dem Buddhismus bekannt, es sind tönende Meditationsformeln. Das bekannteste Mantra ist das vieldeutbare »Om mani padme hum«. Eine der Bedeutungen ist dem Tantriker die wichtigste: Das Juwel ist in der Lotosblüte. Om nämlich ist der zentrale Laut der Erleuchtung, Mani bedeutet Juwel und ist Symbol für den Lingam, Padme heißt Lotosblüte und gleichzeitig Yoni, Hum schließlich ist ein Laut der Macht, der das Mantra zur Wahrheit werden läßt, vergleichbar der Bedeutung von Amen.

Om mani padme hum!

1

2

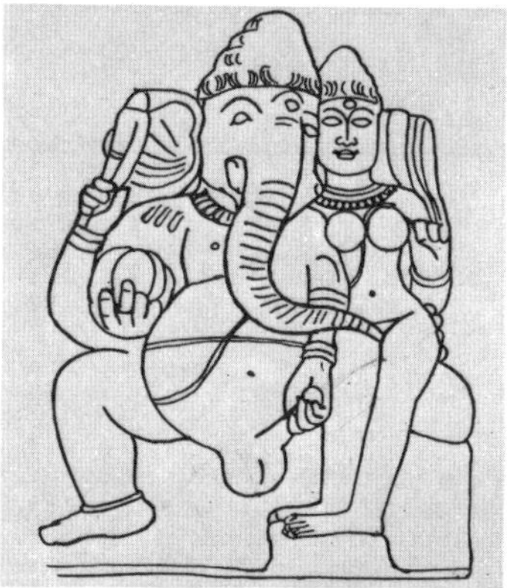

3

4

5

1. Das Lingam des Schiwa.

2. Der von seiner Frau Parvati erregte Schiwa.

3. Ganesha, der rüsselige Sohn Schiwas, mit seiner Frau Shakti.

4., 5. Zwei weitere Glieder der indischen Herrlichkeit in Aktion.

7

6

8

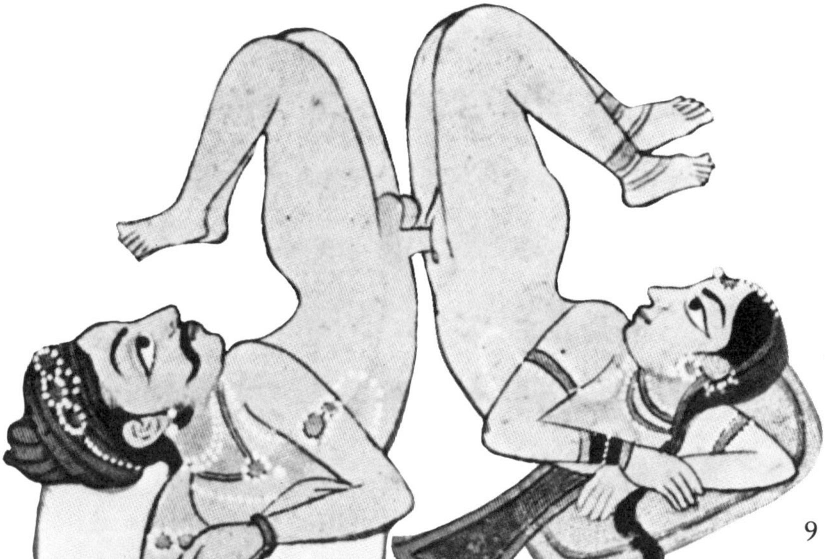
9

6. Zwei Liebesbäume von einer altindischen Münze.

7., 8. Mulabandha — eine tantrische Vereinigung, geübt im 19. Jahrhundert wie vor dreitausend Jahren.

9.—14. Akrobatik am Barren oder mit Keule von geübten Kurtisanen, Kamasutra-Kennern und Tantrikern.

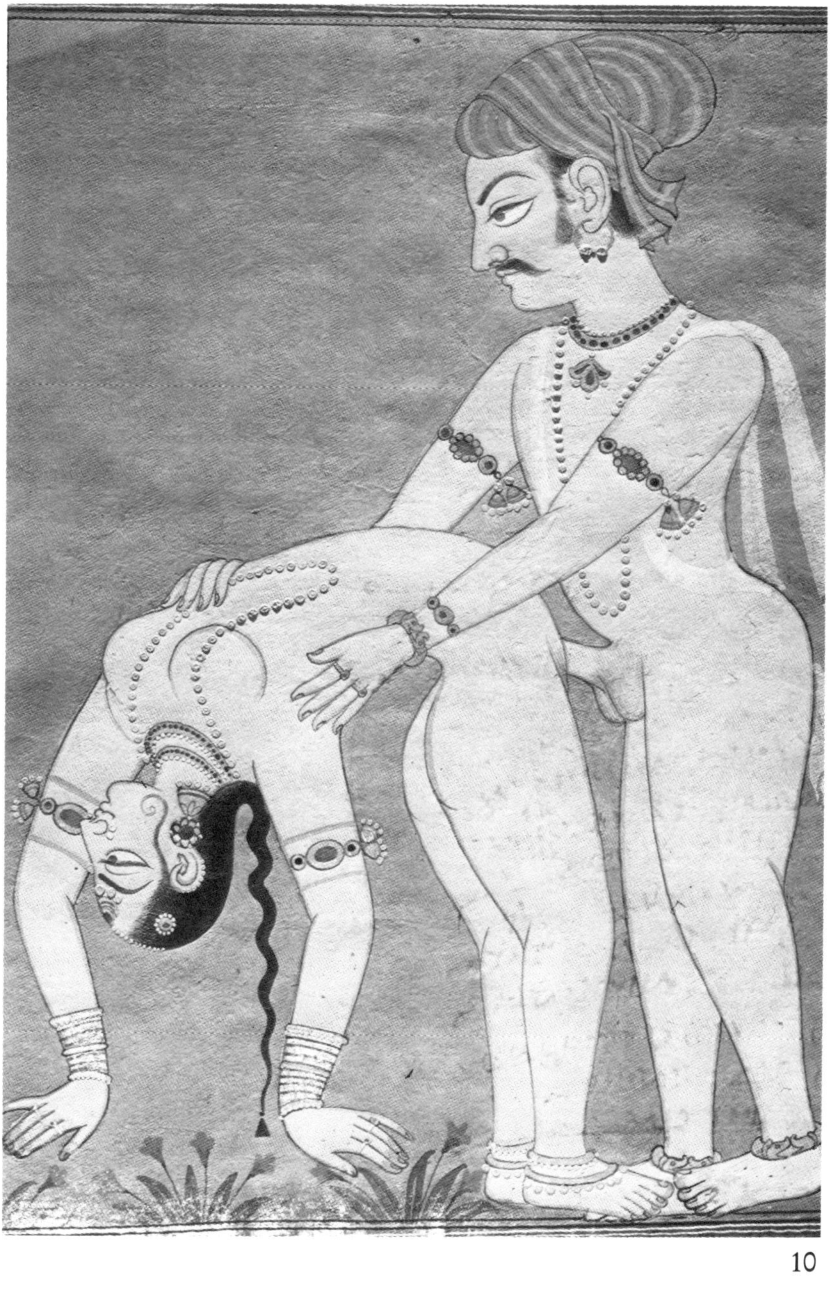

10

11

12

14 13

ZUM NACHTISCH
EINIGE LINGUALE ÜBUNGEN AM DELECKTANTEN LINGAM

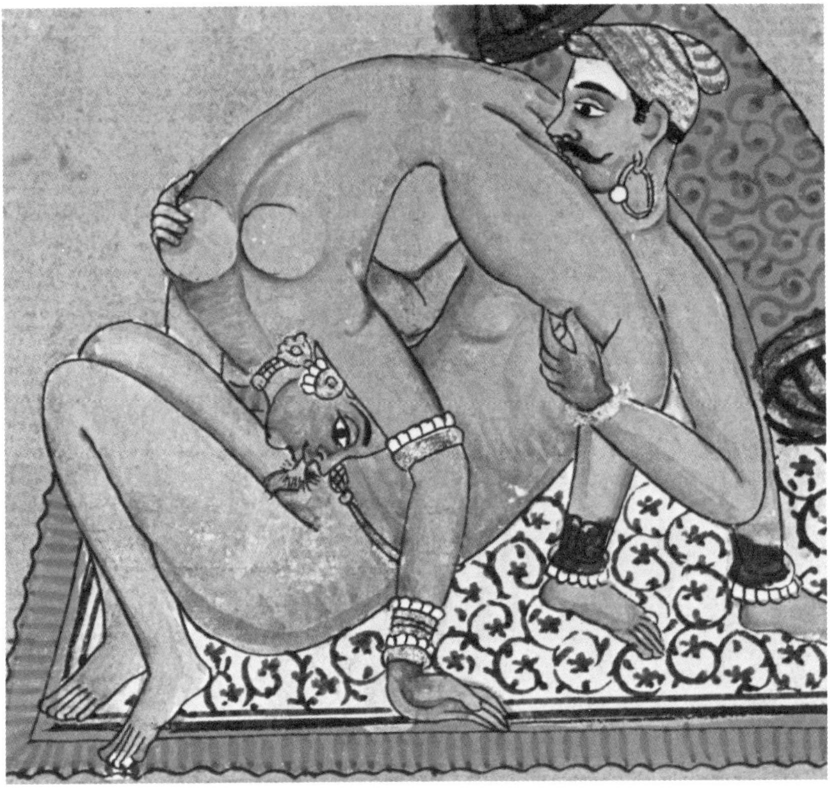

Aus dem Rig-Weda (3000 Jahre alt)

»Das Zugpferd wünscht den leichten Wagen, das Glied die behaarte Spalte, Wasser wünscht der Frosch.«
»Der kann nicht, dessen Glied schlaff zwischen den Schenkeln hängt. Der aber kann, dem sich das Haarige spannt, wenn er sich niederläßt.«

Vom Zepter des Königs

(Nach einer Geschichte aus dem »Mahábhárata«, die — etwas vornehmer übertragen — im Nachwort zu »Erotische Kunst aus Indien«, 1981 bei Harenberg, Dortmund, zu finden ist.)

Ein König aus der Kuru-Dynastie war auf die Jagd gegangen. Er war so kräftig und jagte so wild, daß ihm sein Roß vor Erschöpfung starb. Er ging zu Fuß weiter, da sah er plötzlich vor sich stehn ein junges Weib, schön anzusehn. Das Weib war niemand anders als die gerade mannbar gewordene Tochter des Sonnenkönigs. Aber das wußte unser König aus der Kuru-Dynastie nicht. Er ging auf sie zu. Er starrte sie an. Sie waren allein. Sein Zepter zeigte gebieterisch auf sie. Ihn stachelten die Pfeile des Liebesgottes. Sein eigener Pfeil zielte scharf auf die Frau. Sie wich nicht zurück. Das machte ihn verlegen. Er sagte: »Wer bist du, deren Schenkel den Stämmen von Bananenbäumen gleichen? Alle Frauen, die ich gesehen habe, gleichen nicht dir, du berauschende Frau mit den schwarzen Augenwinkeln. Liebe mich! Ich liebe dich, und ich sterbe!«

Sie antwortete, daß sie ihn ebenfalls liebe und begehre, daß sie als Tochter des Sonnenkönigs sich ihm aber nicht einfach so hingeben könne. Er müsse eine Weile enthaltsam leben und treu auf sie warten, vielleicht, daß ihr dann ihre Vereinigung erlaubt sei.

Da ließ unser König auf lange Zeit seinen Zepter vollkommen unberührt, trieb Askese, und siehe, der Sonnenkönig gab ihm das wunderbare Weib zur Frau. Sie wurden einander gegeben auf dem Berg, auf dem sich Götter und Elfen aufhalten, und unser König, der lange darauf gespart hatte, vögelte wie ein Unsterblicher. Zwölf Jahre lang ließ sein Königsstab sich nicht erweichen.

In diesen zwölf Jahren aber ließ es Gott Indra nicht regnen. Die Leute wurden matt, starben Hungers, und kein männliches Glied erhob sich mehr. Des Königs Zepter stand für alle.
Nach zwölf Jahren holte ein Weiser den König zurück. Da regnete es vom Himmel Wasser, und aus den Schwänzen aller Männer im Reich regnete es Samen.

Ein Ritus

Die vorhergehende Geschichte habe ich erzählt, nicht nur, um endlich ein königlich Zepter in sinnvoller Funktion aufzudecken, mehr, um ein Beispiel dafür zu geben, daß in Indiens Mythologie, Legenden und Bräuchen der stellvertretende, fruchtbarmachende, königliche Geschlechtsakt beobachtbar ist. Damit nämlich hat die folgende ficktiefe Beschreibung zu tun, die wahrhaften Ursprung hat. Der Ritus des Pferdeopfers ist bis ins achte Jahrhundert unserer Zeitrechnung nachgewiesen. Die in wörtlicher Rede wiedergegebenen Sätze sind Übertragungen von Originalzitaten zu diesem kultischen Spiel zwischen einer Königin und einem toten Hengst.
In den zahllosen Werken gegenwärtiger Jugendliteratur, die jungen Mädchen im Vorstadium der Mannbarkeit die Liebe zu Pferden antragen, fehlt bislang als anreizender Inhalt das aus Indien stammende glückbringende und fruchtbarmachende Pferdeopfer. Dabei wird doch gerade in diesem Mythos der Sinn und das Sinnliche des edlen Tieres so richtig augenphällisch. Stricken wir also ein Grundmuster für eine solche Geschichte, den Verlegern mit pädagogischem Eros zu Freude und Vorbild:

> Wieder einmal (denn so war es schon öfter gewesen) hatte in Indien eine Frau als Königin die Herrschaft übernommen. Doch ihre Regierung war irgendwie nicht ausreichend von oben abgesegnet. Indra verhielt den Regen, die Bullen bumsten nicht so recht, auch die männlichen Untertanen ließen ihre Köpfe in den Hosen hängen. Frau Königin hatte noch nicht den wahren Draht zum Himmel, war nicht bestätigte Weltherrscherin.
> Dieses zu ändern, gab es nur eines, wie die Weisen wußten. Frau Königin hatte das Pferdeopfer zu vollziehen.

Glücklich der kleine Hengst, der auserwählt wurde, der Königin und dem Reiche zu dienen. Er durfte ohne Sorgen und Zaum aufwachsen, sich entwickeln, überall, wo er wollte, frei herumlaufen. Nichts und niemand sollte ihn aufhalten, hindern. Eine Schar pferdlicher Leibwächter machte ihm alle gewünschten Wege frei, tötete, was sich dem ausersehenen Hengst in den Weg stellte.
Aber es ist keine Rose ohne Dorn. Getötet wurden auch die Stuten, die dem Hengst verlockend vor die lüsternen Nüstern hüpften. Rein mußte unser Hengst bleiben. Ungenutzt sollte ihm die Männlichkeit schwellen, denn geschwollen wollte man sie haben.
Nach einem Jahr des freien Tummelns (mit der Ausnahme, daß er sich aus keiner Stute eine Rosine hatte picken dürfen) wurde der reine, edle, schöne starke, göttliche Hengst gefangen und in die königinliche Residenz geführt. Zwei prachtvolle, für einen Gott gewirkte Gewänder wurden auf dem Boden ausgebreitet. Ein Goldstück legte der Priester dazu — ja, auch die indischen Götter waren bestechlich. Unser Hengst wurde auf die Gewänder geführt und abgestochen. Das rote Blut färbte Blau und Silber der Kleider. Der Hengst schnaubte noch einmal wie vor Lust und fuhr in der Stunde seines Todes das bislang ungebrauchte Glied aus.
Frau Königin trat auf. Ihr weibliches Gefolge begleitete sie. Gebete wurden gemurmelt, während die Königin ihre Kleider ablegte und sich neben den Hengst. Sie griff sich den dicken Pferdepimmel, führte ihn an die königliche Rose. Ein Priester tat entrüstet, das war seine Aufgabe — Entrüstung zu heucheln ist häufig die Aufgabe von Priestern gewesen. Er nahm genüßlich derbe und deutliche Worte in den Mund, spuckte sie gegen die Königin.
Sie aber blieb ihm keine Antwort schuldig, während sie sich nekrofil-sodomitisch betätigte. Sie seufzte, gleichzeitig so handelnd: *»Ich drücke den Samenleger, der Samenleger soll Samen legen!«*
Der Priester feuerte sie an: *»Das Glied in die Spalte, die Spalte verschlingt es.«*
Wie schade für den jungen Hengst, daß er tot war.
Dann riefen die Priester: *»Hebt sie hoch, und ihre Leibesmitte soll sich entfalten.«*
Bestimmt leuchteten ihre Augen dabei. Sicherlich erhob sich noch mehr, als die Königin tatsächlich angehoben wurde, ihren Schoß dem Himmel darbot, offen für das tote Pferd, offen für den ewig

fruchtbaren Indra, offen für die Anwesenden, offen für die ganze Welt.

Angesichts dieses Schoßes mußte Indra Regen spenden.

Angesichts dieses Schoßes mußten die Anwesenden fruchtbar werden.

Eingedenk dieses Rituals mußten alle Inder freudig Kinder zeugen.

Und durch das Ritual war sie zur Weltherrscherin geworden, zur Garantin für Fruchtbarkeit. Geholfen hat ihr der kleine, tapfere Hengst.

3. Persisches Zwischenspiel

Unmöglich ist's, die Schwänze aller Kulturen vorzuführen. Das jetzt von einem tollen Ei genotzüchtigte Persien ist voll von saftvollen Gliedern. Der schlappe Vortoller, dem damals die Soraya weggelaufen ist, kann wirklich nur als Degeneration eingeordnet werden. Zu Zeiten eines anderen Schahs spielt der persische Spaß von Hebib Ka'ani, den Franz Blei übersetzte, den ich im feinen Buch »Wo der rote Pfeffer wächst — Geschichten aus Abend & Morgenland", herausgegeben von Ulf Diederichs, 1970 bei Diederichs, Düsseldorf, fand.

Erschleichung eines Amtes

Ein persischer Schah aus alten Zeiten war eines Tages auf das Dach seines Hauses gestiegen. Da sah er auf dem Dach eines Nachbarhauses einen Mann mit ernstem Gesicht, der die merkwürdigsten Zuckungen und Windungen machte, um sich selber zu päderastieren. Der Schah ließ erstaunt den Mann von einem aus seiner Garde holen. Er ward gebracht und warf sich auf den Boden und wartete, was der Schah von ihm wolle.

»Sonderbarer Mensch«, sagte der Schah, »welche verrückte Beschäftigung hast du gerade getrieben? Was für eine Frucht hofftest du da zu pflücken? Du siehst wie ein ernster und vernünftiger Mensch aus und tust etwas so Verrücktes und Sinnloses!«

»Geheiligte Majestät«, antwortete der Mann, »ich bin der Staub unter deinen Füßen. Mein Tun war nicht so unvernünftig, wie es aussah. Ich habe bemerkt, daß alle jene, welche Eure Majestät zu päderastieren geruht, hohe Ämter bekamen, Gouverneure und Minister werden. Ich wollte sehen, ob mein Glied nicht dieselben Tugenden besitze wie das von Eurer Majestät und ob ich, wenn ich mir es selber hineinpraktiziere, mich nicht zu hohen Ehren bringen könnte.« Der Schah lachte laut über die Rede dieses Mannes, und da er sah, daß er Geist besaß, gab er ihm eine wichtige Stelle an seinem Hofe.

Und noch eine persische Pimmelei von Hebib Ka'ani (1807—1854), ebenfalls von Franz Blei übersetzt, der gleichen Diederichs-Quelle entsprungen wie die vorangegangene.

PAGENKUNSTSTÜCK

Khodja Binai hatte ein junges, hübsches Weib, das er niemals allein ausgehen ließ. Einer von des Königs Pagen, der oft zu dem Khodja kam, hatte schon oftmals mit ihr Zeichen der Verständigung gewechselt, und die Schöne hatte auch große Lust zu der Sache. Eines Tages fragte Binai den Pagen, wie es komme, daß er bei seiner Jugend schon eine so einflußreiche Stelle bei Hofe habe. Der Page beschloß, von der Dummheit des Khodja zu profitieren, und sagte: »Ich danke meine Stelle bei Hof der Gunst des Schahs, unseres Herrn, der mich allen seinen anderen Höflingen vorzieht.« — »Aber«, fragte Binai, »was hat dir denn diese Gunst unseres Herrschers verschafft?«
»Meine Schönheit und Gefälligkeit«, sagte Page. »Ich bin sein Geliebter, und er ist so verliebt, daß er mich allen seinen Frauen vorzieht.« — »Ach«, rief Binai, »der Schah muß sehr glücklich sein mit einem Geliebten wie dir, und ihn zu besitzen, wann er mag. Was mich anlangt, so möcht ich wohl einmal im Leben den reizenden Hintern sehen, den unser Herr mit seiner Gunst auszeichnet.« Der Page lachte und sagte zu Binai, da er sein Freund sei, wolle er ihm diesen Anblick nicht versagen.
»Gut«, sagte der Khodja, »laß doch gleich die Hose herunter.« — »Das nicht«, antwortete der Page. »So geht es nicht beim Schah her. Bevor er mich mit seinem Besuch beehrt, bewirtet er mich.« — »Ich laß dir sofort was Feines bringen«, rief Binai. »Nur langsam«, sagte der Page. »Du weißt, daß es den Untertanen nur von weitem erlaubt ist, den Schah anzusehen. Willst du nun mit dem Gegenstand von Seiner Majestät Freuden dir Freiheiten selbst erlauben?« — »Gott soll mich schützen«, sagte der Khodja. »Mein oberer Saal hat ein Fenster, das in den inneren Hof hinunter geht. Du kannst dich mir von oben zeigen, als ob du der Schah selber wärest.« Der Page,

der gar nichts anderes verlangte, als in den oberen Saal zu kommen, der mit dem Frauengemach in Verbindung stand, war einverstanden und stieg hinauf. Der dumme Khodja setzte sich unten im Hof auf den Teppich und wartete respektvoll, daß der Gegenstand der majestätischen Gunstbezeigungen sich ihm zeige. Während er so wartete, lief seine Frau zu ihrem Geliebten, dem Pagen. Der setzte sich nun auf einen Stuhl, ließ die Frau rittlings so auf sich sitzen, daß sie ihren Hintern dem Fenster zuwandte, und gab ihr, was sie von ihm ebenso große Lust zu empfangen hatte als er ihr zu geben. Binai betrachtete von unten aus den Popo seiner Frau in der allerschönsten Positur und schaute sich danach die Augen aus.

»Nun, hast du alles gut gesehen, Freund Binai?« fragte der Page, als er wieder in den Hof herunterkam. »Ich hab«, antwortete der Khodja, »und wahrhaftig, ich kann die Leidenschaft unseres Königs begreifen, denn dein Hintern ist weiß wie der einer Frau, und wenn ich nicht dazwischen das Säckchen gesehen hätte, ich hätte dich für ein Weib gehalten. Aber sag, weshalb hast du dich so stark hin und her bewegt?« — »Du bist ein Dummkopf«, sagte der Page, »ich mußte dir doch zeigen, wie ich es mache, wenn ich mit dem Schah bin.« — »Du hast recht«, sagte Binai, »und nun versteh ich's, daß du dich solcher Gunst erfreust.«

So wurde der Dummkopf in seiner eigenen Gegenwart zum Hahnrei gemacht und merkte nichts davon.

4. Japan

Japan diene uns als Beispiel dafür, daß man IHN auch mit Humor tragen kann.

Mythe

Japans Götter waren sterblich.
Das fünfte göttliche Geschwisterpaar waren Izanagi und Izanami. Wozu Izanagi einen Speer zwischen den Beinen hatte, wußten die beiden anfangs nicht. Dafür hatten sie bereits einen mit Juwelen besetzten Speer, mit dem sie herumspielten. Als sie ihn einmal in den brodelnden Urschlamm bohrten, blieb ein Tropfen an des Speeres Spitze. Als er abfiel, entstand aus ihm die Insel Onogoro.
Neugierig waren Izanagi und Izanami. Sie durchstreiften die junge Welt und beobachteten alles. Einmal schauten sie Kaulquappen zu, die sich paarten. Das machten sie nach. Sie zeugten erst ein paar Inseln. Die Sache machte Spaß. Dann zeugten sie die Elemente.
Sie wurden wohl immer wilder und immer feuriger, denn schließlich hatte Izanami den Feuergott im Leib. Bei seiner Geburt starb sie an der Hitze, am Brand, an den Verbrennungen.
Izanagi wollte seine Izanami wiederhaben. Er stieg ihr nach in die Unterwelt, doch da traf er kein blühendes Weib, wie er es gekannt hatte, sondern einen grausigen Kadaver, der nichts mit ihm zu tun haben wollte, der ihn in die Welt der Lebenden zurückjagte.
Izanagi war also das Weib los, konnte den Männermythos beginnen, hatte zum weiteren Zeugen kein Weib nötig. Aus sich selbst heraus zeugte er die ersten Kami.
Aus dem linken Auge onanierte er die Sonnengöttin Amaterasu, aus dem rechten Auge rieb er sich die Mondgöttin Tsukiyomi, aus seiner Nase spritzte er den Meergott Susano-wo.
Und es wallte, siedete, brauste und zischte, als Wasser und Feuer sich mengten, als Susano-wo mit seiner Schwester Amaterasu ein wildes Match der Liebe machte. Überall gleichzeitig konnte er sie umspülen, tief in ihm drin konnte sie brennen und leuchten — ein Fest, eine dampfende Orgie spielten die beiden. Diesem sagenhaf-

ten Akt entstammen die japanischen Kaiser, die Söhne der Sonne, die Tennos.

MYTHE II

Ja, Amaterasu liebte ihren Bruder, den Susano-wo. Der aber leckte an jedem Gestade, küßte jede Küste, trieb's mit jedem Treibholz. Er war launisch und unbeherrscht, lag manchmal liebevoll lächelnd und zum Bade ladend da, dann tobte er plötzlich, heulte, fraß Tiere und Menschen, pißte aufs trockene Land. Das war nicht auszuhalten. Amaterasu war es leid. Sie wollte mit dem Bruder und Liebhaber nichts zu tun haben, wollte die Welt verlassen.
In einer Höhle versank sie. Die Welt war ohne Licht.
Das gefiel auch den Göttern nicht.
Die Götter zogen vor die Höhle, in der Amaterasu schmollte und grollte. Sie baten: »Komm heraus, Schwester!«
Sie flehten: »Lasse uns nicht ohne Licht, Schwester!«
Susano-wo versprach: »Ich will gut sein, liebste Schwester.«
Amaterasu blieb ungerührt.
Da trat die Göttin Ame-no-Uzume vor. Ein Faß hatte sie mitgebracht, das stellte sie umgestülpt auf, mit der Öffnung nach unten, und auf den Faßboden sprang sie. Eine Lanze hatte sie bei sich. Nun tanzte Ame-no-Uzume. Mit der Lanze zielte sie nach dem eigenen Schoß, zeigte einen feinen Akt ohne Mann, wurde geiler, obszöner, komischer, entblößte den Busen, ließ die Brüste wippen, kreisen, schaukeln, riß sich das Gewand ganz ab, zeigte die glühende Grotte ihres Geschlechts, ließ es traurig gucken und ernst, heiter und zornig, ließ es lachen und weinen, tropfen und dampfen, verrenkte die Glieder, sprang auf dem Faß, schlug mit dem Lanzenschaft dagegen, daß es dröhnte. Ihre Zuschauer spendeten Beifall, lachten, denn Ame-no-Uzume tanzte immer grotesker, wurde immer komischer. Die Zuschauer prusteten, quietschten, johlten.
Da hielt es Amaterasu nicht mehr aus. Sie wollte wissen, warum da draußen so gelacht wurde. Sie öffnete das Tor der Höhle einen Spalt breit, und so kam das Licht auf die Welt zurück.
Ame-no-Uzume hat der Welt das Licht zurückgebracht. Sie hat es zurückgebracht durch doppelte Lust: Durch Erotik, die zum Lachen bringt.

Der Shintoismus ist die ursprüngliche Prägekraft für Japan. Er ist nicht sex-fordernd, ist aber auch nicht anti-erotisch. So gibt es im Ur-Shintoismus kein Verbot der Geschlechtlichkeit. Jungfräulichkeit ist des Nachdenkens nicht wert, sondern nur ein Zustand, der sich ändert. Shinto bedeutet »Weg der Götter«, und die Götter halten es auf allen ihren Wegen selten streng mit der für Menschen gemachten Moral.

Wichtig im Shintoismus sind die Kami, die in Sternen, Steinen, Pflanzen, Tieren, Menschen, Elementen wohnen. Die ganze Natur ist von ihnen beseelt. 1500 Myriaden solcher Kami tummeln sich unbefangen in allen Wesen und Dingen. Selbstverständlich benehmen sich diese Naturgeister sehr natürlich. Es gibt ulkige, koboldige, ernsthafte, böse, gefährliche, zärtliche Kami. Man muß nett zu ihnen sein und ihnen höflich und ehrerbietig begegnen. Manche Kami sind phallisch orientiert. Noch heute werden in einigen Gegenden den Kami der Felder und Straßen kleine, als Phalli erkennbare Stein-, Holz-, Stroh- oder Papierfiguren dargeboten, die heißen Ningyo.

Den Kami wird eine meistens skurrile Sexualität zugeschrieben. Allerdings scheint die europäische Vorstellung von dem tiefen Gefühl, nennen wir's »Liebe«, keinen Kami gejuckt zu haben. Funde aus prähistorischer Zeit machen deutlich, daß es in Japan neben dem Sonnenkult den Phalluskult gegeben hat.

Dem Shintoismus begegnete dann später der Buddhismus, der als assimilierende Religion shintoistisches Fühlen und Denken nicht vernichtete. Nur eines brachte die neue Religion mit sich: die Unterordnung der Frau. Im Buddhismus ist eine Frau halt noch nicht so hoch auf der Stufenleiter der Leben wie ein Mann.

Dem Sinn für Humor und dem Spaß an anekdotischen Geschichten trug der Zen-Buddhismus Rechnung.

Ein wenig Taoismus störte das japanische Empfinden auch nicht.

Einige Besonderheiten der japanischen Literaturgeschichte

Der Sinn fürs Groteske, der Geschmack an der heiteren bis komischen Geschichte prägte dann auch die japanische Literatur. Ziemlich einzigartig ist es, daß in Japan über lange Zeit die Literatur eine Domäne der Frauen war. Wir können natürlich keine komplette japanische Literaturgeschichte hier anbieten, aber einige außergewöhnliche Pikanterien sollen aufgezählt werden:

Im frühen 9. Jahrhundert erschien das Nihon-Reikki, eine Sammlung phantastischer Geschichten. Eine davon erzählt von einem buddhistischen Priester, der mit Leidenschaft im wahrsten Sinne des Wortes (Leiden-Schaft — leidendem Schaft) die Göttin der Barmherzigkeit, Kannon, liebte. Jede Nacht stieß er sich an ihrer Statue den Pimmel blutig.

Bis zu uns bekannt sind die Märchen mit den Fuchs-Mädchen, die Männer bis in die Verdammnis verführen.

Das Koshibagaki Zöshi, entstanden um 900, ist in einigen Kopien aus dem 13. Jahrhundert erhalten. Beschrieben und bebildert sind die Eskapaden einer vornehmen Dame mit einem Palastwächter, der's kann.

Im 14. Jahrhundert predigte der Mönch Bunkan, der sich später Kóshin nannte, auf der Grundlage von Yin und Yang die Gleichberechtigung von Mann und Frau auf allen Gebieten. Kóshin beschrieb seine Lehre im Yamanashikan. Dieses Buch wurde öffentlich verbrannt, der Autor mußte 1355 ins Exil.

Dann begann in Japan eine kriegerische Zeit; Literatur, Kunst, Liebe, Erotik und das Ansehen der Frauen verfielen; der Kampf Schwanz gegen Schwanz wurde po-pulär; Päderastie blühte; auch die Samurai sind ein Männerverein. Es entstand beispielsweise das Chigozóshi, Tuschzeichnungen mit Text, frühe Comics also. Eine der Serien erzählt etwa die Geschichte vom alten und impotenten Priester, den ein Diener für das Duell mit dem Lieblingsschüler auf der Liebesmatte vorbereitet.

Im Yómotu Kuwabe geht es um die bewegende Frage: Wer hat den Längsten, Dicksten, Härtesten, Stärksten, Fähigsten.

Im Aki-noYonaga sabbern zwei Bonzen nach einem Knaben, woraus sich ein Krieg entwickelt — eine realistischen Story.

Schwänze zu Helden haben auch die päderastischen Geschichten Matsuhó-no Ura-Monogatari und Toribeyama-Monogatari.

Ein literarisches Relikt aus dieser pimmelgeilen Zeit hat das Nó-Theater noch heute = die Figur des Priesterfreundes, eines weibischen Jünglings, dem eine gemalte Haarlocke in Fächerform die Mitte der Stirn ziert, damit man ihn überhaupt als männlich identifizieren kann, denn die Maske der Frau zeigt stets eine freie Stirn.
Der kriegerischen Kamakura- und Muromachi-Zeit folgt die Edo-Epoche, in der das Bordell nach chinesischem Vorbild zum Mittelpunkt des erotischen Lebens und seiner Literatur wird. Frauen werden in zwei Gruppen unterteilt = es gibt die Ehefrauen für Küche und Kinder, die Kurtisanen für Lust und Liebe. Aber auch die Päderastie ist noch nicht out, wie man in den Anekdoten des Kinowa-Kyóno Monogatari nachlesen kann. Das 1676 erschienene Iwatsutsuji von Kimura Kijin ist wohl die älteste Anthologie zum Thema Homosexualität; zehn Jahre später erschien zum gleichen Komplex das heitere Shikó-no Makifune; ein Handbuch für Anfänger der Homosexualität ist das Danshoku Jusónkyó des Sanyuken Yoshiwata.
Damit ist das fröhliche Schwanzwedeln in Japans Literatur keinesfalls erschöpft. Auch in den klassischen Kurzgedichten (Haiku und Tanka) wird er mal derb klotzend, mal lustig wippend, nie verschämt vorgezeigt. Und heute tummelt er sich zwischen japanischen Buchdeckeln keinesfalls weniger als anderswo — allerdings hat er durch westliche, vor allem amerikanische Einflüsse viel von seiner Spaßigkeit eingebüßt, ist oft blutig-ernster Fahnenmast für Stars and Stripes statt für die aufgehende Sonne.

DAS SIND JA PANISCHE SPASSMACHER!

In der Karikatur werden charakteristische Merkmale satirisch oder humoristisch hervorgehoben.

Ob Beardsley diese Bilder kannte?

Es geht um Quantität und Qualität — jedenfalls um Übertreibung!

Auch als keramische Gebrauchsgegenstände lassen die edlen Pilze sich angenehm reiben, wenn man Geschmack hat.

Zum Nachtisch

erzähle ich eine Geschichte, deren Plot aus dem Fukuro-Hoshi-e-Kotoba (17. Jahrhundert) stammt:

Das macht den stärksten Lümmel schwach

Er lag am Ufer des Flusses, hatte die Mönchskutte kinnwärts gelupft und gezupft, fingerte an seinem drallen und prallen Mast, zwickte sich in die schicken, dicken Fickklicker, sang seinem eigenen Kleinod eine große Ode, jubelte:
»O du mein strammer Stammbaum, mein nimmermüder Lustknüppel, / kein Loch kann dir widerstehen, wenn du dastehst in deiner großen Pracht, / sieben Weiber täglich und zwischendurch die Blüte eines Knaben schaffst du, / ohne schlappzumachen, ja, in den Pausen muß ich dich selbst noch spritzen / lassen, damit du nicht allzuschwer zwischen meinen Beinen schepperst.

O du edelster Sproß Japans, der du federst und wippst / wie der Bambus, allzeit bereit blickt dein Auge umher, stets blinkt / mindestens eine Freudenträne herfür, wartend auf eine rotsamtene / Mädchenzunge, die es nicht aushält im Munde der Maid, / wenn sie dich wittert.

O du Beinspreizer, Höhlenknacker, Haarfeuchter, / du Springquell, du härtester Knochen jeder Welt, gar Göttinnen / sind geil auf dich, sieh nur, wie der Himmel sich öffnet für dich, / schleudre der Sonne deinen Samen ins Gesicht, dankbar / wird sie lächeln und dann mit gierigen Strahlen / erneut nach dir greifen.

O du himmlisches Ruder, du Drache, du blaugeädertes Zepter der Macht, / du Feuerspucker, Artist und Clown, der du die Frauen singen lehrst, / der du selbst dich nie leerst, der du dich schlingen läßt, nur um / wieder aufzuerstehen in feurigster Hitze, der du jedes Feuer löschst, / doch dabei stets neue Feuer entfachst, o du, jetzt ist es schon vier / Stunden her, seit du aus der kleinen Pilgerin geschlüpft bist, / es wird Zeit, es muß bald wieder eine kommen, wir halten's nicht mehr aus!«

Und siehe, er ward erhört, denn des Weges kamen drei Frauen auf sechs schlingschlanken Beinen, die aus ihren Kirschaugen noch einige flinke Blicke auf den Schatz des Mannes flitzen lassen konnten, ehe er ohne Hast sein Gewand so ordnete, daß nur noch ein bebender Berg seinen hungrigen Riesen andeutete.
Die erste Frau sprach: »Versiehst du hier den Fährdienst?«
Er nickte mit beiden Köpfen.
»Wir müssen ans andere Ufer. Was kostet es, wenn du uns übersetzt?«
»Wir werden uns schon einig«, lächelte er listig, »aber« — fuhr er fort — »meine Barke ist klein. Ich kann euch nur einzeln rüberbringen.«
»Wie du meinst«, antwortete die erste Frau, stieg ins Boot.
Er sprang hinterher, ruderte wuchtig bis zur Mitte des Flusses. Hier ließ er die Ruder sinken, meinte: »Jetzt müssen wir uns über den Preis einigen, Liebste. Bis hierher war's umsonst, aber nun müßtest du aussteigen, wenn du mich nicht bezahlen magst.«
»Ich bezahle dich gerne«, gurrte sie, streifte die Schuhe ab, streichelte mit den Füßen seinen Ständer, hob das Kleid über den Nabel, so daß er ihre wie lackiert rot glänzende Spalte sah. »Am anderen Ufer werde ich dich ein wenig entsaften.«
Da ruderte er noch schneller, und am anderen Ufer, hinter einem Busch, zahlte sie gleich zweimal.
Ebenso ging's mit der zweiten Frau.
Ebenso ging's mit der dritten Frau.
Als er aber seinen nun doch schon etwas labberigen Riemen zum zweitenmal aus der dritten Frau herausgezogen hatte, da standen die beiden Vorvögelein links und rechts neben dem Paar, zwitscherten im Chor: »Du hast uns so fein hergebracht, daß wir dir noch ein Trinkgeld geben wollen.«
Dann leckten erst die erste, dann die zweite, schließlich auch die dritte Frau seinen Lustlümmel jeweils bis zum Sprudeln.
Nun war er doch ein wenig satt und matt, aber die drei Frauen standen über ihm, nackt, so daß er in ihre heiteren Muschis sehen konnte, und sie forderten solidarisch: »Du mußt jede von uns noch mal ficken, denn wir sind wieder hungrig geworden.«
»Oder kannst du nicht mehr?« fragte die erste.
»Oder magst du nicht mehr?« lachte die zweite.

»Oder willst du nicht mehr?« höhnte die dritte.
Na ja, er wollte, mochte, konnte tatsächlich nicht mehr so richtig. Aber das hätte er nie zugegeben.
»Ha!« schnaufte er. »Ich kann immer! Kommt!«
Und er rammelte die erste.
Und er fickte die zweite.
Und er bemühte sich bei der dritten.
Alle drei feuerten ihn dabei an, riefen »Hepp« und »Ho« und »Hau ruck« und »Schlapp Schwanz Schwapp Wanz Schnapp Ranz«, bis es endlich noch ein wenig aus seinem Röhrchen sickerte, ehe er das Schwänzchen aus der dritten ringelte, zur Seite kippte. Da lag er ganz matt, die nackten Fötzchen der Frauen erschienen ihm wie scharfe, schnappende Muscheln, mit denen sie ihn noch ein wenig zwickten, ehe die erste Frau einen Sack herbeiholte. In diesen Sack packten die drei den geilen Fährmann. Dann schleppten sie ihn fort.
Die drei waren nämlich Dienerinnen einer feinen Dame. Und so brachten sie den Schwanzträger ihrer Herrin, erzählten ihr von dem geilen Wüstling, während sie ihn zu viert auspackten. Die Erzählerei hatte die Dame heiß gemacht. Sie packte den Schiffer an seinem wunden Würstchen, rieb daran, zerrte und zurrte und triezte, und es, seiner Gewohnheit nach, richtete sich erneut auf.
»Du willst doch gerne?« sagte sie und packte mit ihrem zackigen Döschen nach seinem Dosenöffner. Seine Mannesehre und seine Mattigkeit verboten ihm das Schütteln des Oberkopfes, in dem er angeblich das Hirn trug. So ritt die Dame auf ihm die Hohe Schule, und als sie abstieg, nahmen die drei Dienerinnen noch einmal den schwankenden Grashalm der Reihe nach zwischen die Ritzchen, was die Herrin so feucht machte, daß sie sein Streichhölzchen wieder zischen ließ.
Während er leise wimmerte, während sie laut lachstöhnte, klopfte es an die Pforte des Hauses. Die Dienerinnen ließen eine Freundin der Dame ein, eine niedliche Nonne aus einem benachbarten Kloster. »Ei«, sagte sie, »welch erquicklicher Zeitvertreib?«
»Bediene dich«, lud die Herrin die Freundin ein, was diese sich nicht zweimal sagen ließ, dafür aber dreimal wahrnahm. Nun hing aber wirklich alles an unserem Helden: die Mundwinkel bammelten am Sack, die Hoden schleiften auf den Füßen, wo sie den

Arschbacken vom schwabbelschnibbeligen Ringelpietzchen erzählen konnten.
»Wo habt ihr denn den her?« wollte die Nonne wissen, und die vier Frauen aus dem Haus berichteten.
»Jaja« und »Hmhm« kündete die ehrwürdige Nonne. »So habt ihr aus einem Lüstling ein Lustobjekt gemacht. Damit er die Lehre nicht vergißt, schlage ich vor, wir bringen ihn noch in mein Kloster. Dort warten zwölf hungrige Mäuler auf den Kleinen.«
Gesagt, getan. Die fünf Frauen packten das lasche Bündel Mann wieder in den Sack und brachten ihn ins Kloster.
Kaum hatten ihn die dortigen Damen leergelutscht, kam er wieder in den Sack, wurde den fingerflinken, zungenschlauen, mösengeschickten Racheengeln im Herrinnenhaus zugeschleppt. Und wieder ins Kloster. Und zurück. Und hin. Und her. Seine einzigen und ersehnten Ruhepausen waren die im Sack. Und Oden sang er seinem Kleinod nimmermehr, nur manchmal eine Elegie dem armen Legerlein zwischen seinen kraftlosen Schenkeln.

5. Türkisches Ständchen

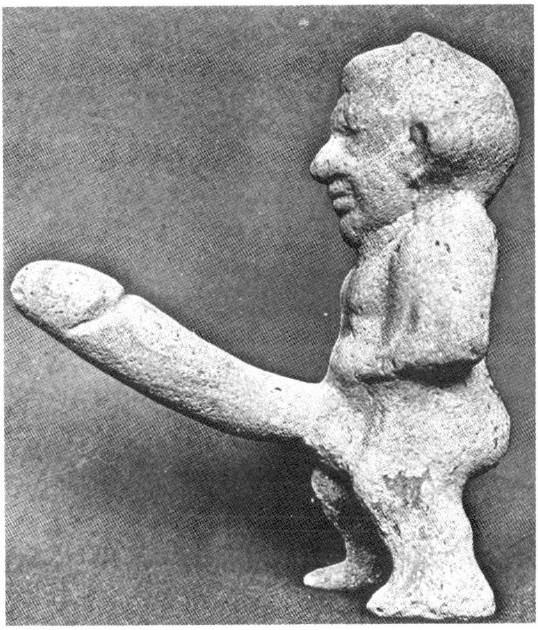

Das ist der Gott Ben, wie er in gespannter Erwartung auf die Besucher des Ephesus-Museums zielt.

Natürlich soll in diesem weisen Buch der türkische Eulenspiegel Hodscha Nasreddin nicht fehlen. Zwei seiner Geschichten seien dem Buch »Wo der rote Pfeffer wächst« aus dem Diederichs Verlag entnommen und hier vorgestellt. Aus dem genannten Buch stammt auch unsere dritte türkische Erzählung.

Städtische Wasserleitung

Der Hodscha kam einmal in eine Stadt und sah dort die großen Röhren einer Wasserleitung. Da fragte er einen Vorübergehenden: »Was ist das?« Der antwortete: »Das ist das, womit wir Städter das Wasser ablassen.« — »Daraus läßt sich schließen«, versetzte der Hodscha, »wie euere Frauen gebaut sein müssen.«

Alle drei von gleichem Verstande

Sogar auch dem Padischah zu Stambul waren die Gaunerstreiche und Schelmenstücke zuviel geworden, die Nasreddin der Hodscha begangen, und er entsandte Trabanten zu ihm, damit sie ihn nach Stambul führen und aufknüpfen.

Die Schergen erschienen im Hause des Hodscha und teilten ihm den Grund ihres Besuches mit, indem sie ihn aufforderten, sich fertig zu machen und ihnen zu folgen.

Als er schon das Notwendigste für die Reise beisammen hatte, trat sein Weib an ihn heran und sagte:

»So Gott dir helfe, Hodscha, wenn du schon nach Stambul gehst, besorg für mich ein schönes Kopftüchel. Dort sind sie weit besser und billiger als hier zu haben!«

Nasreddin warf seinem Weib einen Blick zu, stöhnte schmerzlich auf und folgte den Schergen.

Auf dem Wege kamen sie an einem Fluß. Am Flusse bleichten Frauen und Mädchen Linnen und waren bis zu den Knien aufgeschürzt. So weiß erschimmern ihre Beine, daß du kein Auge von ihnen abwenden kannst. Der Hodscha schaute sie an und fühlte, wie sich ihm jener Wüstling versteift. Der Hodscha schüttelte den Kopf, stöhnte auf und zog mit den Schergen weiter.

Als sie nach Stambul gelangten, gebot der Sultan, daß man ihm den Hodscha vorführe. Man führte Nasreddin vor ihn hin, und als der Sultan ihn erblickte, fragte er ihn:

»Bist du Nasreddin der Hodscha?«

»Ja, ich bin's, erleuchteter Padischah!«

»Wohlan, führt ihn ab und hängt ihn auf!« befahl der Sultan.

»Ich bitte dich, erleuchteter Padischah, gestatte mir, bloß drei Worte zu sagen!« rief Nasreddin der Hodscha aus.

»So red!« sprach der Sultan.

»Du, mein Weib und mein Schwanz habt ein und denselben Verstand!« sagte der Hodscha und wandte sich zum Abgehen.

»Wieso das?« schrie der Sultan auf und befahl, den Hodscha zurückzubringen. »Red, du Gelegenheitmacher, wieso sind ich und dein Schwanz und dein Weib von gleichem Verstande?«

»Nun, ganz einfach«, sagte Nasreddin: »Deine Trabanten erschienen, um mich vor dich herzuführen, damit du mich auf den Galgen

hängst. Mein Weib hört das mit an, und statt mich zu beklagen, daß ich ohne Vergehen und ohne Verschulden ums Leben kommen werde, trägt sie mir auf, ich möge ihr in der Kaiserstadt ein Kopftüchel kaufen! Wir gelangen an einen Fluß, Weiber und Mädchen bleichen Linnen und sind aufgeschürzt, und wie ich ihre hellschimmernden Beine erschaue, fängt sich mein Schwanz zu versteifen an, obgleich es mir an den Kragen geht! Ich erscheine vor dir, und weder fragst du danach, ob ich schuldig oder unschuldig bin, noch ob ich irgendwem etwas Böses zugefügt habe, sondern ordnest ohne weiteres an, daß sie mich aufhängen sollen! Ei, so sprich du, erleuchteter Padischah, wie es dir deine Seele eingibt, seid ihr drei denn nicht von gleichem Verstande?«
Der Sultan lachte darüber herzlich und gebot, daß man Nasreddin frei laufen lasse.

Der vertrauensvolle Gatte

In einem Café – es war gegen Abend – pries einer unter Freunden die Tugendhaftigkeit seiner Frau. »Das ist eine«, sagte er, »auf die man stolz sein kann: sie wendet sich von einem männlichen Floh ab, und wenn sie die Hühner füttert, bedeckt sie Gesicht und Brust, aus Angst, der Hahn könnte sie sehen!« – »Na na«, sagte ein Zuhörer, ein lustiger Vogel, großer Weiberfreund und Kenner in dem Artikel, »wetten wir, daß du da aufschneidest!« – »Gut, wetten wir!« – »Und wenn du die Wahrheit gesagt hast, mach ich dich zum Hahnrei vor deinen eigenen Augen.« Die Wette wurde beiderseitig angenommen. »Jetzt ist gerade die Zeit«, sagte der Gatte, »wo sie die Hühner füttert. Gehen wir über die Wiese in meinen Garten, und ich zeig euch, ob ich gelogen habe.«
Mit Wolfsschritten schlich die ganze Gesellschaft, Junge und Alte, Schwarzbärte und Weißbärte, dem vertrauensvollen Gatten nach, und es dauerte auch nicht lange, da erschien die Dame: sie war in der Tat von oben bis unten verschleiert, daß man nur ein Auge sah; und auch das wandte sie ab, als der Hahn daherkam, um Körner zu ihren Füßen zu picken. Der Gatte gewann die erste Wette.
Am nächsten Tage zu der Zeit, da alles Siesta hielt, begab sich der

Galan, der gewettet hatte, mit zwei Freunden in den Garten des vertrauensvollen Gatten. Sie trugen Hacken und Schaufeln mit sich, Kissen sowie Pfähle und ein Brett wie ein Sargdeckel, durch dessen Mitte ein Loch gebohrt war. Die drei schaufelten nun gerade dort, wo die Dame die Hühner zu füttern pflegte, vorsichtig ein Viereck Petersilie aus. Hierauf gruben sie ein Loch von der Größe der Planke, pflanzten in dessen vier Ecken die Pfähle ein und warfen die Kissen in das Loch; der gewettet hatte legte sich da drauf, über ihn deckten die beiden das Brett, aus dessen Loch der drunten sein kostbarstes Glied steckt; sehr sorgfältig umgeben es die Freunde mit der Petersilie und verwischen alle Spuren, daß da etwas begraben wurde. Hierauf begeben sie sich in das Café, um den Gatten zu treffen, den sie dahin bestellt hatten. Nachdem sie eine Weile über dies und das geplaudert hatten, erinnerte einer an die Wette von gestern, und als die Zeit der Hühnerfütterung gekommen war, begaben sie sich heimlich hinter den Garten. Und schon kam auch die keusche Frau, der Stolz des Gatten; sie wirft das Korn nach rechts und links, aber wenn sie auch nur mit einem Auge schaute, sie ließ doch den Blick nicht von dem mächtigen Ding, das mit seiner rosafrischen Farbe durch die grüne Petersilie stach.
Da geht sie auch schon drauf zu, hebt ihre Röcke auf und setzt sich auf das stolzragende Ding und sagt: »Das ist ein Geschenk, das mir Gott als Entschädigung für meine lange Enthaltsamkeit schickt; er ließ es für mich aus der Erde sprießen. Hüten wir uns zu verachten, was der Allmächtige schenkt!« Und so verlor der vertrauensvolle Gatte die zweite Wette.

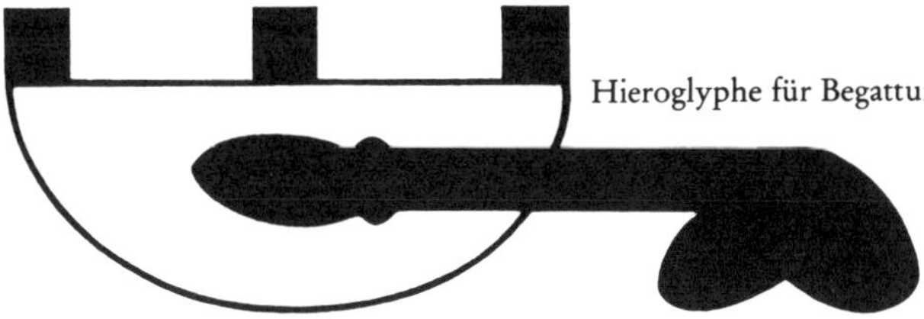

Hieroglyphe für Begattung.

6. Vom Stiel am Nil

Noch immer wird als Schulweisheit über die Kinderlein ausgeschüttet, was wissenschaftlich zumindest diskutabel ist: Die Wiege unserer Kultur stand am Nil. Ich habe da noch einigen Bildungsschutt im Kopf, den ein Studienrat über meine Klasse ausschüttete:

Fruchtbarer Landstreifen längs des Nils / Zweistromland / Pharaonen / Pyramiden / Nofretete / Mumien / Isis und Osiris / Amun / Re / Alexander der Große / Kleopatra und Cäsar / Schriftzeichen / tolle Verwaltung / Ramses / Theben / Handel / Bewässerung…

Heutigen Schülern – im Gegensatz zu denen meiner Generation – wird nun schon etwas vom Geruch nach Schweiß erzählt, der den Pyramidenbau begleitete. Wie aber der Stiel am Nil wippte, wie er »in der Wiege unserer Kultur« stand, darüber schweigen die Rahmenrichtlinien.

Dabei entsprang schon der Nil dem Schwanz des Gottes Re = er hat ihn einfach dahin geschifft.

Und »in der Wiege unserer Kultur« scheint das Onanieren nicht anrüchig gewesen zu sein; zumindest findet man keinen gegenteiligen Beleg. Das kann niemanden verwundern, hat doch Gott Re die ganze Welt aus sich herausgewichst.

Auch durfte nicht nur, sondern je nach Geblüt mußte sogar der Bruder seinen Schwanz ins Schwesterlein bohren, damit die Familiensäfte im geschlossenen Kreislauf blieben – kamen sie doch von einem Gott.

Vom Fruchtbarkeitsgott Min mit dem erigierten Glied schweigen Lehrer, obwohl Min so wichtig war, daß sein Bild bei der Mumienfertigung auf den Binden der rechten Hand neben dem von Re angebracht werden mußte.

Daß Gott Amun häufig als purer Phallus dargestellt wurde, erfahren Schüler im Unterricht nicht.

Abgesehen davon, daß der im Zweistromland ernst genommene Gegenstand unserer Betrachtung im heutigen Abendland tabuisiert ist, nur im Verborgenen blühen darf, deshalb für Pubertierende (und oftmals länger) ein Spekulationsobjekt ist, obwohl er kulturhistorisch ebenso bedeutsam ist wie der Wein, das Taschentuch, der Kachelofen (um nur drei Dinge zu nennen, über die man mühelos Kulturgeschichtliches nachlesen kann), könnte man bei manchen lustlosen Schülern sicherlich Interesse erregen, wenn man ihnen mitteilte, daß die Zahl der Kinder von Ramses II. auf rund 160 (einhundertsechzig) geschätzt wird.
Auch über die Tempelprostitution wüßten Heranwachsende gerne mehr, und sie würden die Liebesgöttin Isis wahrscheinlich mit in ihre Träume nehmen, wenn sie wüßten, wofür die alles gut war.
Ihrem Bruder Osiris besorgte sie gar einen Schwanz — davon will ich in diesem Buch noch berichten. Jedenfalls könnten Lehrer an dieser Geschichte leicht anknüpfen, könnten an Osiris' von Isis geschaffenem Penis eine Diskussion aufhängen über Macht und Magie, über Frauenweisheit und Männerherrschaft = und durch diesen Osiris-Aufhänger ließe sich dann auch behalten, daß beispielsweise Isis die Geheimnisse des Ackerbaus entdeckte, sie ihrem Bruder und Liebhaber weitergab. Ist ja klar, daß auch Osiris oft als Phallus gezeigt wurde oder als ithyphallische Figur.
Eindrucksvoll für den Unterricht wäre auch der Bericht Herodots über die Entstehung der Cheops-Pyramide (dieser Geschichtsschreiber maß die Sitten derer, über die er berichtete, an seinen eigenen, begriff die Heiligkeit der ägyptischen Tempelprostitution nicht — aber man kann es ihm nicht vorwerfen, machen doch fast alle Forscher, Psychologen, Politiker sich zum Maßstab der Dinge). Bei Herodot heißt es: *»Cheops gelangte zu einem solchen Grad von Perversion, daß er, als er Geld für den Pyramidenbau brauchte, seine eigene Tochter in einem Bordell preisgab. Er befahl ihr, von jedem ihrer Liebhaber eine bedeutende Summe Geld zu verlangen (den genauen Betrag hat man mir nicht genannt). Die Tochter ging in ihrem Eifer über den Auftrag hinaus, denn sie wollte selbst ein Monument hinterlassen. Sie forderte daher von jedem ihrer Liebhaber einen Stein als Beitrag zu ihrem Denkmal. Und von diesen Steinen, so sagte man mir, wurde die mittlere der drei Pyramiden gebaut, die vor der großen stehen, mit einer Seitenlänge von je anderthalb Plethren.«* (1 Plethron = 30,83 m = altgriechisches Längenmaß)

Die Tempelprostitution, das sei hier knapp angemerkt, ist Gegenteil zu unserer Prostitution, bedeutet Verehrung des weiblichen Sexus.
Allerdings (ebenfalls nach Herodot) galt zur Zeit Ramses II. bereits das männliche Organ mehr, war das weibliche diskriminiert, denn dieser König soll auf den Gräbern von tapfer gefallenen Feinden Stelen haben errichten lassen, auf die Grabmäler von bei feiger Flucht Getöteten Vaginen eingravieren haben lassen.
Immerhin erfanden die Ägypter nicht nur Re, der ohne Frau zeugen konnte, sondern auch den Stier Apis, der aus einer jungfräulichen Kuh geboren wurde. Ein Mondstrahl hatte sie geschwängert.
Dennoch waren die Mannen im Niltal zur Liebe wohl durchaus begabt. Auf dem sogenannten Turiner Papyrus, einem Verwandten des Kamasutra, sind zwölf Positionen für den Geschlechtsakt aufgezeichnet. Immer ist der männliche Stab steil auf diesen Bildern. Leider gibt es kaum mehr Funde über die Liebeskunst der Ägypter, weil der Zerstörungswut des Diokletian kaum etwas entging. Doch auf häufigen Aufstand zwischen altägyptischen Schenkeln läßt etwa auch schließen, daß besonders schöne Frauen oder die Frauen angesehener Männer erst drei bis vier Tage nach ihrem Tod dem Einbalsamierer übergeben wurden, damit er sich nicht an der Leiche vergehe. Das soll — und wieder stammt die Nachricht von Herodot — nämlich vorgekommen sein.

Altägyptische Zeugnüsse

1

2

1. So spitzt das Glied des Fruchtbarkeitsgottes Min ...

2. ... und auch der aus einer Jungfrau geborene heilige Apis-Stier verheimlicht nicht, daß er eins hat.

3

4

3. Beschnitten wurden auch die alten Ägypter, und zwar — wie auf dem abgebildeten Wandgemälde zu sehen — mit Steinwerkzeugen.

4. Im Museum in Kairo kann auf dem Papyrus des Neuen Reiches dieser ithyphallische Osiris besichtigt werden.

ZITAT einer Inschrift auf den Königspyramiden der Sechsten Dynastie von etwa 3000 vor unserer Zeitrechnung:
»Tum, der Gott, legte Hand an sich selbst, er dehnte den Phallus aus mit eigener Hand, er machte sich ein Vergnügen mit seinem Glied, und es wurden geboren die Zwillinge Schu und Tefnut.«

O Isis und Osiris

(meine menschliche Nacherzählung einer göttlichen Geschichte)

Im Anfang war nichts, und aus dem Nichts richtete Re sich auf, der totale Überschwanz. Verspielt schlenkernd pinkelte er kurvige Bächlein auf die Welt; wenn er gewaltigen Druck hatte, pißte er ein Meer. Solche Tändeleien sind auf die Dauer unbefriedigend für ein Superorgan.
Eine bis zwei Ewigkeiten lang trödelte Re im Weltmeer herum, also in seiner eigenen warmen Pisse. Dann versteckte er sich knabenscheu und unwissend für längere Zeit in einer Lotosblüte. Endlich zeigte ihm die Pubertät den Weg der Selbstbefriedigung. Er spritzte die Zwillinge Schu und Tefnut in die Welt.
Schnell sei noch berichtet, wie es Re, dem Urpimmel, weiterhin ging: Er war nett zu den aus seinen Tränen entstandenen Menschen, vor allem zu den weiblichen. Dennoch rebellierten sie gegen ihn. Zwar war Re stärker, aber sauer. Auf dem Rücken seiner zu einer Kuh verwandelten Enkelin Nut ritt er gen Himmel, wo er wohl seinem Temperament entsprechend viel vor sich hin onanierte; manchmal aber, wenn ihn sein göttlicher Herrscherstab allzu arg jückte, besprang er die Erde und eine der gerade zuständigen Pharaonenfrauen, zeugte einen neuen König, die sich stets Söhne des Re nannten.
Seine ermasturbierten Erstlinge Schu und Tefnut wurden die Eltern von Geb und Nut. Ältester Sohn dieser beiden war Osiris, der die irdische Macht übernahm, als Uropa Re abdankte, um hauptsächlich im Himmel zu pimmeln.
Osiris war schön, sanft, klug und musikalisch. Sein jüngerer Bruder Seth war scheel, geil, neidisch und brutal. Isis, die Schwester der beiden, war ein vollkommenes Weib.
Isis zog den Schwanz von Osiris dem von Seth vor. Da saß Seth ein-

sam wichsend auf den Stufen des Palastes, aus dem das Quatschen und Patschen, das Stöhnen und Röhren, das Lachen und Machen der Liebe und Lust seiner Geschwister ihm in die abstehenden Ohren dröhnte. Rabenschwarze Rachegedanken schwappten ihm vom Gemächt ins Gehirn.

Und eines Tages kam die Gelegenheit. Zu einem Festmahl hatte die Familie des Re sich versammelt. Osiris und Seth soffen um die Wette. Isis war bereits zu Bett gegangen. Die beiden Brüder saßen da und stierten sich über den Tisch hinweg an. Eine kunstvoll geschnitzte Truhe stand in der Ecke des Saales. Listig lallte Seth: »In diese Lade paßde nich rein, Brüderchen.«

Osiris glotzte in die Truhe. »Warum soll ich da nich reinpassen?«

»Weilsde an unser Schwesterlein denks und wieder nen Ständer has.«

»Nich wahr!«

»Doch wahr!«

»Nee!«

»Dann zeig doch, obsde reinpaßt, los.«

Osiris stand auf, schwankte kaum, kletterte in die Truhe, streckte sich aus, Seth knallte den Deckel drauf, mit Gewalt, denn tatsächlich stand Osiris' Steifer zu hoch. »Autsch«, brummte Osiris, Seth warf sein ganzes Körpergewicht auf den Deckel. »Schnapp«, klappte das Schloß. Dann versiegelte Seth die Truhe, lachte schrill und höhnisch, befahl den Dienern, das Ding in den Nil zu schmeißen, schleppte sein hungriges Gezipfel ins Bett seiner Schwester. Aber er konnte sie nicht über die Abwesenheit des Osiris hinwegtrösten. »Schwanz ist nicht gleich Schwanz«, seufzte sie.

Der Sarg des Osiris trieb nilab, strandete an der phönizischen Küste. Da bohrte sich durch den Deckel eine herrliche Tamariske, wuchs, blühte, duftete. Isis erfuhr vom Wunderbaum, ahnte sofort seine Wurzel, holte den Sarg nach Ägypten zurück.

Und Seth klaute den Sarg, holte den Bruder heraus, schnitt seinen Leib in vierzehn Stücke. Das erste Stück, das Seth abhieb, war natürlich der gehaßte Bruderpimmel. Die anderen dreizehn Stücke warf er einfach in alle Himmelsrichtungen. Den Penis aber warf er ins Meer, beobachtete sein Sinken, war glücklich, als er sah, daß eine Krabbe dieses Stück Fleisch fraß.

Aber eine treuliebende Gattin, der auch noch schwesterliches Blut im Herzen pocht, gibt nicht auf. Isis sammelte die dreizehn Stücke vom Land, setzte sie zusammen, erfand so die Kunst des Mumifizierens. Dann beguckte sie den Osiris. »Ei«, sprach sie, »da fehlt doch was. Da fehlt das Wichtigste sogar!« Und sie ließ ihm einen neuen wachsen. Von der Penisprothese befruchtet, gebar sie den Horus, während Osiris vom Totenreich aus die Welt regierte.

Isis und Osiris sind die bekannten Gottheiten, die länger als jede andere bislang verehrt wurden = über dreitausend Jahre. Noch im vierten Jahrhundert unserer Zeitrechnung gab es Anhänger des Isis-Kultes. Dabei ist Osiris nicht als brutaler, nackter, geifernder Schwanz zu sehen, nicht als Prinzip des siegenden Männlichen. Im alten Ägypten herrschten die Geschwister beider Geschlechter gleichberechtigt, ja, eigentlich ist Osiris nur ein Teil der Isis, denn hes iri, Ursprung seines Namens, bedeutet Auge der Isis. Dahinter steckt die Idee, daß nur Mann + Frau den vollkommenen Menschen ergeben. Einen weiteren Deutungsansatz (den man auch auf andere Phallus-Kulte beziehen sollte) will ich hier durch ein Zitat aus »Metaphysik des Sexus" von Julius Evola, erschienen bei Ullstein 1983, anbieten: *»Die Zerstückelung ist ein Symbol des Übergangs von der Welt des Einen zu der Welt der Vielfalt und der Individuierung. In dieser Welt versucht das uranfängliche Wesen sich im Menschen wieder zusammenzusetzen. Dem Menschen fehlt jedoch noch der Phallus, nicht im Sinne des physischen, sondern des transzendenten Mann-Seins: ihm fehlt die schöpferische oder magisch-göttliche Kraft. Er wird den Phallus wiederfinden — und vollständig sein — nur als Eingeweihter und als der ›Osirifizierte‹: Das Motiv des Osiris-Phallus zeigt sich also als eine Variante des allgemeinen Motivs, daß etwas verlorengegangen ist und wiedergefunden werden muß...«*
Ja, der Phallus ist ein sinnvolles, nachdenkenswertes, heiliges Glied, das man aus dem dumpfen Hosenstall der Wissenschaft herausholen soll. Warum wird in den meisten Büchern der Archäologie verschwiegen, wie viele wunderbare, wohlgestalte, wissenschaftlich wie materiell wertvolle Phalli beispielsweise bei altägyptischen Grabmälern entdeckt wurden? Eine große Zahl allerliebster Pimmelchen aus Porzellan fand man, bunt bemalt, als Amulette tragbar, etwa am Kettchen um den Hals, also zwischen Brüsten sich reibend. So trägt man heute das Kreuz. Und Kreuze fanden die Ägyptologen auch. Die meisten jener, die überhaupt wagten, darüber nachzudenken, nehmen an, daß diese Kreuze

Phallussymbole sind. Es gibt sogar Deutungen, daß das Kreuz Symbol für den Geschlechtsakt sei: der horizontale Penis durchdringt die vertikale Vagina. Warum auch nicht?
Jedenphalls — das ist der Sinn dieses Einschubs — hielten die alten Ägypter an unserer angeblichen Wiege den Phallus hoch, obwohl ihre Götterwelt nicht patriarchalisch fixiert war. Aus Berichten rekonstruieren läßt sich ein Osiris-Fest, bei dem Männern und Frauen das Wasser zusammenlaufen kann — auch in den Mündern.

FESTE FEIERN MIT DEN PHALLEN

Zwölf Priester führen den Festzug an. Sie tragen das Standbild des Osiris. Er stemmt in der Hand den Dreschflegel, zwischen den Beinen einen Ständer, der ebenfalls zum Dreschen bereit ist. Das steile Ding ist beweglich, wippt fröhlich, wird von den Priestern geschwenkt. Das gefällt der Menge, die da am Wegesrand steht. Die Mädchen und Frauen recken ihre bloßen Brüste dem göttlichen Fruchtknoten entgegen.
Der großen Flöte folgen die kleinen, geblasen von Musikanten. Auch andere Instrumente unterstützen die Chöre, in denen halbnackte weibliche Sängerinnen in harmonischen und höchsten Tönen den göttlichen Dirigentenstab besingen.
Männer wie Weiber lieben den herrlichen Pint in allen seinen Erscheinungsformen, vor allem den hervorragenden. Und so raunt man sich in der Menge zu, daß im Tempel ein neuer Vertreter von Osiris stehe, ein strotzender Jüngling, von den Priestern nach langem Suchen gefunden und als besonders begnadet erkannt. Dahin streben nun einige der Frauen. Sie wollen um Kindersegen bitten, wollen die Eichel des menschgewordenen Gottsymbols küssen.
An einer Straßenecke aber schwärmt eine Dame mit leuchtenden Augen von ihrer Pilgerfahrt in den Spuren des heiligen Stiers. Wunderbar sei das Tier, das die Priester fanden, ausgestattet mit allen Zeichen seines Auserwähltseins. Schwarz und glänzend umspannt das Fell die Muskeln. Nur auf der Stirn hat er den weißen Fleck. Auf dem Rücken trägt er das Bild des Adlers und unter der Zunge das Zeichen des Skarabäus. Zweifarbig ist das Haar seines Schwan-

zes. Knabenkopfgroß rollen die Hoden im prallen Sack, aus dem das gnadenspendende Zepter sprießt.
Wie üblich, so sei auch dieser Stier auf einem prächtigen Schiff zuerst nach Nikopolis geleitet worden. Vierzig Tage lang durften die Frauen ihn besuchen, durften vor ihm die Gewänder schürzen, die Schenkel spreizen, ihn Einblick nehmen lassen in ihre Grotten. Welch ein Genuß, wenn der Göttliche schnaubte.
Dann sei der Stier, wie es sich ziemt, nach Memphis gebracht worden, wo er in seinen von König Psammetich erbauten Tempel eingezogen ist unter dem Jubel und Trubel, der Lust und Freude aller anwesenden Frommen.
Ein wenig wirr vor Begeisterung erzählt nun eine andere Dame von ihren Erlebnissen in Mendes. Dort sei sie einem heiligen Vierbeiner begegnet, dessen Geschlechtsstengel so überragend war, daß die Erzählerin nicht mehr mit Sicherheit sagen kann, ob er ein Stier oder ein Bock war. Egal, sein Stengel, sein Bengel, sein Baum, ihr Traum sei so verehrungswürdig mächtig gewesen, daß ihr beim Anblick fast alle Sinne geschwunden seien. Überhaupt, berichtet die Frau, ist Mendes ein Pimmelparadies. Ein solches Fickfest wie dort habe sie bislang nirgends mitgemacht. Isis und Osiris werden, meint sie, ihre Freuden daran gehabt haben.
Sie schildert den atemlos lauschenden Freundinnen, wie eine wunderschöne Geschlechtsgenossin auf einem öffentlichen Platz den Prachtbolzen des Tieres in sich eingelassen habe, wie beide beim Höhepunkt um die Wette gebrüllt haben.
Schüchtern wirft eine aus der Gruppe ein, daß sie auch einmal in Mendes gewesen sei, daß bei diesem Fest das Vieh einfach nicht bereit war, sein Glied in die bereite Frau zu stecken. Naja, das gab's, nickten die anderen flüchtig, ehe sie murmelten, daß sie nun so sehr von Verlangen durchfeuchtet seien, daß sie sich im Festzug einige Schwänze suchen müßten, egal, ob ein Mann oder ein Tier daran hängt.

ZUR ERGÄNZUNG EIN ZITAT VON PLUTARCH:

»Ich finde es nicht verwunderlich, wenn der Bock von Mendes mit mehreren Weibern eingeschlossen ist und dann doch kein Verlangen nach ihnen hat und statt dessen lieber auf Ziegen brünstig ist.«

ZUM NACHTISCH

Der Versuch der Selbstschleckerei beschäftigte die alten Ägypter, wie im British Museum zu London auf Papyrus Nr. 10018 nachprüfbar ist.

7. Von Thors und anderen Hämmern

O Lord! Hat man erst seinen Blick geschärft für die hervorragenden Teile der Geschichte, dann wimmelt es plötzlich von Pimmeln. Ja, die Phalli sind die Säulen der Welt! Damit habe ich nicht gesagt, daß Säulen das Wichtigste auf der Welt seien.
Kein Buch kann weit genug sein, alle diese zur Befriedigung und Erhaltung der Menschheit unerläßlichen Glieder aufzunehmen. Wir müssen sie beschneiden. Wir müssen verzichten auf Babylon und Byzanz, in denen die meisten Männer auch einen hatten. Wir dürfen die der Kreter und Sumerer nicht vorzeigen. Wir können Mongolen, Phöniziern, Inkas und vielen anderen nicht erlauben, hier ihre prächtigen Stücke vorzuführen. Wir müssen sogar die bedeutenden der noch folgenden Völker arg kurz halten, denn sonst werden wir nie in die Gegenwart vorstoßen können.
Geben wir also von den germanischen Göttern nur einige an, bei denen Phallusforscher fündig werden können, auch wenn es uns die bearbeiteten Göttersagen dauernd keusch verhüllen.
Ymir, Stammvater der Riesen, hatte wie Buri, Stammvater der Götter, die Gabe, aus sich und ohne Frauenhilfe zu zeugen. Beide waren also Überschwänze.
Buris Sohn Bor heiratete Ymirs Tochter Bestla. Die beiden produzierten drei Söhne miteinander. Das beweist, daß sie sein Werkzeug zu nutzen wußten.
Einer dieser Söhne war Odin, auch Wotan oder Wodan genannt, war ein im negativen Sinne patriarchalischer Gott, der alle seine Waffen, auch den Liebesspeer, meisterlich und brutal zu brauchen wußte. Darob war seine Frau Frigga oder Frija oft knatschig. Aber sie revanchierte sich manches schöne Mal. Vor allem im irdischen Geschlecht der Wälsungen rührte Odin kräftig mit seinem Stiel, was uns Wagner mit lauter Musik verschweigt.
Der zweite Sohn von Bor und Bestla war Thor, auch Asa-Thor oder Donar, also der mit dem Hammer. Er war seiner goldhaarigen Frau Sif oder Sippia immer treu, erbumste mit ihr eine Menge Kinder, vor allem starke Söhne. Immerhin reiste dieser kriegerische Germane einmal in

Frauenkleidern nach Jötunheim, wo die Riesen hausten. Der Riese Thrym hatte ihm nämlich den Hammer geklaut, wollte dafür die schöne Freya (nicht die bereits erwähnte Frigga) haben. Thor hatte sich also als Freya verkleidet, gefiel dem Thrym sogar noch, als er völlig unweiblich beim Abendessen einen Ochsen, acht Lachse und einige Kilo Gebäck verspeiste. Thor als Freya hielt den Riesen hin, betrieb ein wenig Schwanzfopperei mit ihm, verlangte vor dem Beischlaf den Hammer, kriegte ihn und haute damit dem ungestümen und ungetümen Freier den Schädel ein.
Häufig auf seinen Reisen begleitet wurde Thor vom in doppelter Weise mit Recht flinkzüngig genannten Loki, der sein Mundwerk gut zu schmieren wußte. Er war listig, charmant, wohlgebaut und geil. An allen willigen Göttinnen hat er immer wieder seinen Hodenhammer gewetzt. Das gab dann auch einigen Ärger. Einmal einen ganz großen. Da hatte nämlich der Meeresbeherrscher Ägir Asen und Asinnen zu einem feudalen Festmahl eingeladen. Thor kam nicht rechtzeitig, er war gerade kriegerisch unterwegs. Dennoch hatten die Gäste es fein gemütlich, schluckten und schwatzten, sicherlich auch über Loki, denn der war nicht eingeladen worden, weil er mal wieder allen auf die Nerven gegangen war. Plötzlich flog die Saaltüre auf, Loki kam herein, begehrte feurig (er war ja schließlich der Gott des Feuers) einen Platz an der Tafel, denn er gehöre dazu, er sei immer noch der Blutsbruder von Odin. Eigentlich wollten die Versammelten gute Miene zum bösen Spiel machen, rückten zusammen, bestellten dem Kollegen zu trinken; aber der war gerade in Fahrt. Er lästerte los, schmähte und schimpfte und wusch die befleckte Wäsche der anwesenden Damen, machte öffentlich, wer mit wem wann wo gebumst habe, wessen Schwanz zu kurz, wessen Möse zu weit sei. Thors Frau Sif bat ihn, aufzuhören, aber der teuflische Typ war nicht zu bremsen. Sie sei, sagte er, gerade die richtige, ihm etwas zu sagen, denn schließlich glaube alle Welt, sie sei der Inbegriff der Treue, dabei habe sie, Sif, stöhnend, nackt, wollüstig in seinen, Lokis, Armen gelegen, habe nach mehr gefleht, habe nicht genug kriegen können von seinem Fleischhammer, während ihr Gatte seinen künstlichen Hammer in der Welt herumgeschleudert habe. Und mitten in die pornografische Schilderung platzte Thor, der gehörnte und damit keinesfalls einmalige Ehemann. Und der schmiß den Loki raus. Beim Abgang aber prophezeite Loki die Götterdämmerung und meinte mit dieser Drohung nicht die Oper Wagners, sondern den Sturz der Asen.

Ein Sohn von Odin und Frigga war der Lichtgott Baldur, an dessen Ermordung Loki schuldig wurde. Baldur war schön, freundlich und vielgeliebt. Aber er hatte auch eine eigene Frau, die Nanna.
Da hatte Baldur Glück gehabt, denn eigentlich wollte die wilde Riesentochter Skadi ihn ihr eigen nennen. Skadi sollte sich unter den Göttern einen Mann aussuchen, aber sie durfte dabei nur unter dem Tisch prüfen. Man sagt, sie habe die nackten Füße miteinander verglichen — als ob es unter dem Tisch nicht mehr zu sehen gegeben habe! Jedenfalls war Skadi scharf auf Baldur, entschied sich — angeblich — für die wohlgeformtesten Füße, dachte wohl: Zu einem schönen Mann gehört ein schöner Fuß oder sowas. Aber diese Füße oder was auch immer gehörten dem Njörd. Sie trug die Enttäuschung mit Fassung und machte ihm das Leben zur Hölle.
Njörd übrigens scheint in seiner Jugend eine Göttin namens Nerthus gewesen zu sein. Doch die Geschlechtsumwandlung war perfekt, denn unbestritten war bei Asen und Wanen, daß Skadis Zwillinge, der männliche Freyr und die weibliche Freyja, von ihm gezeugt worden sind. Selbst Loki klatschte nie anders, und Odin erfuhr — soweit man weiß — von seinen allwissenden Raben Hugin und Munin nichts Gegenteiliges.
Diese Freya war übrigens ein entzückendes Früchtchen mit entzückendem Pfläumchen unter goldigem Fläumchen. Jedwedelnder Mann begehrte sie, und etliche Götter und Sterbliche durften ihre Würmchen sich einbohren lassen.
Mit dieser knappen Andeuterei soll keinesfalls behauptet sein, daß die anderen Mannen ihre Gere nicht eingesetzt hätten. Ganz sicher bin ich mir bei dem Kollegen Bragi, dem Gott der Dichtkunst, selbst wenn darüber nirgendwo etwas verlautbart sein sollte.

8. Die Schlange im Fleisch der Juden

Eines der wichtigsten Völker des Altertums für unsere Gegenwart waren die Juden. Sie bescherten uns den Gott, der einen großen Teil der Welt christlich tünchte. Dieser Gott, der keine anderen neben sich dulden wollte, war von Anfang an ziemlich einzigartig. Zweifellos war er ein Mann, ein Herr, ein rechthaberischer Herrscher, aber das für seine Kollegen ringsum bedeutende Attribut der Männlichkeit scheint ihm vollends abzugehen. Er masturbiert nicht, zeugt nicht, braucht keine Muttergöttin für seine Schöpfung; dieser Verbalerotiker hat als Anfangskraft nur das Wort. Den ersten Menschen matscht der Macher dann aus Lehm, allerdings nach seinem Bild, wie geschrieben steht. Und sein erster Mensch hat einen Penis. Mit diesem Ding zwischen seinen Beinen konnte und durfte Adam ursprünglich nicht stammväterlich umgehen, aber es muß ihm da etwas gefehlt, muß ihn etwas gequält haben, und sein Schöpfer, der selbst mit sich alleine auskommt, hatte ein Einsehen, bastelte aus ihm heraus eine Eva.

Das ist klar: Der eigentliche Mensch ist der Mann. Die Frau existiert nur durch ihn. Eine feine Rechtfertigung eines HERR-SCHAFTs-Anspruches. Außerdem, so denke ich mir, eine einleuchtende Antwort auf vorher erfahrene Unterdrückung, denn ehe man wußte, daß Männer zeugungsfähig sind, purzelten die Kinder aus den Weibern, waren die Weiber die eigentlich schöpferischen Menschen. Und als man erkannte, daß auch die Männer bei der Fortpflanzung ihren Sinn haben, da begnügte man sich nicht mit einer naturgemäßen Gleichberechtigung, da ernannte man den Vater zum absoluten Urheber.

In den Völkern ringsum erhob man den Phallus zum Gott, zumindest zum göttlichen Werkzeug, ließ ihm fast immer angemessene Vaginen; nur die Juden verleugneten die pralle Lust des heiligen Glieds. Warum? Vielleicht, weil sie sich unterscheiden wollten von den sündigen Nachbarn.

Doch der Bibel zum Trotz und ihrem Gott zum Ärger verehrten auch jüdische Männer und Frauen den Zapfhahn beidseitiger Freuden, was nicht nur daran zu erkennen ist, daß sie fruchtbar waren und sich mehrten. Da gab's in ihrer Wohngegend beispielsweise den Gott Baal-Peor,

über den der heilige Hieronymus mitteilte, *»quam nos Priapum possumus appelare«* (den wir Priapus nennen können), und in der Bibel, im 14. Buch Moses, findet man: *»Und das Volk hub an zu huren mit der Moabiter Töchter, welche das Volk zum Opfer ihrer Götter luden.«* Das mochte des Volkes Gott nicht leiden (vielleicht, weil er um die Reinheit des Blutes fürchtete?), er gab Moses Anweisung, die dieser folgendermaßen weiterleitete: *»Erwürge ein jeglicher seine Leute, die sich an den Baal-Peor gehängt haben.«* Das war schon eine frühe größere Würgerei im Namen des Herrn, denn *»es wurden getötet in der Plage vierundzwanzigtausend«*. Dabei gibt es Theorien, die auszuführen hier allzu weitschweifig würde, die dem Jahwe, den bereits die Juden, mehr aber noch die Nachfolgeorganisation der Christen dazu benutzten, den Penis kleinzukriegen, phallische Vorfahren glaubwürdig zusprechen. Und die Juden konnten ja auch in den Ländern, in denen sie lebten, nicht allzu abweichende Sitten anderen gegenüber pflegen. Da wurde wegen der antiphallischen Tendenz dann mit der Bibelsprache sanft jedwedelnder Schwanz kaschiert, etwa wenn im 1. Buch Moses Abraham einen Schwur fordert: *»Und er sprach zu dem ältesten Knecht seines Hauses, der allen seinen Gütern vorstand: Lege deine Hand unter meine Hüfte und schwöre mir bei dem Herrn, dem Gott des Himmels und der Erde...« »Da legte der Knecht seine Hand unter die Hüfte Abrahams und schwur ihm solches.«* Wo aber ist »unter der Hüfte«? Jedenphalls war es damals Brauch, zum Schwur die Hand untern Bauch, den eigenen oder den des Partners, nämlich aufs Glied zu legen, denn das Glied war Stellvertreter dessen, bei dem man den Eid ablegte — im genannten Beleg also Stellvertreter Jahwes. Übrigens muß auch dieser patriarchalische Gott eine zumindest matrilineare oder matrilokale Geschichte haben, die in dem geschickten Männerwerk Bibel an etlichen Stellen durchleuchtet, etwa im 1. Buch Moses bei *»Darum verläßt ein Mann Vater und Mutter, um seinem Weibe anzuhangen«*, oder in der Story von Jakob, der vierzehn Jahre lang im Hause seines Mutterbruders um Leah und Rahel dient. Ist ja auch klar, so auserwählt kann kein Volk sein, daß es sich total anders herleitet und entwickelt als alle anderen ringsum. Übrigens ist noch heute ein Jude der, dessen Mutter jüdisch ist.
Zurück zur Hauptsäule unseres Themas = in dieses Kapitel gehört ein kleiner Abschnitt über die Beschneidung, die als so typisch jüdisch gilt, die aber in Ägypten allgemein üblich war, für die es mannigfache Erklärungen gibt. In der Bibel aber hat Gott selbst Interesse an den Vorhäu-

ten der Knaben: »*Das aber ist mein Bund, den ihr halten sollt zwischen Mir und euch und deinem Samen nach dir: Alles, was nämlich ist unter euch, soll beschnitten werden. Ihr sollt aber die Vorhaut in eurem Fleisch beschneiden, das soll ein Zeichen sein des Bundes zwischen Mir und euch. Ein jegliches Knäblein, wenn es acht Tage alt ist, sollt ihr beschneiden bei euren Nachkommen. Desgleichen auch alles Gesinde, das daheim geboren oder erkauft ist von allerlei Fremden, die nicht eures Samens sind...*«
Ebenso kurz, weil doch weitgehend bekannt, soll auf den Irrtum mit Onan eingegangen werden, der einer nicht zu verachtenden, dennoch geschmähten Tätigkeit seinen Namen leihen mußte. Onans Bruder war Ger. Gers Weib hieß Thamar. Ger starb, ehe er Nachkommen zeugen konnte. Da sprach Juda, die Mutter der beiden, zu Onan: »*Geh zu deines Bruders Weib und nimm sie zur Ehe, daß du deinem Bruder Samen erweckest.*« Onan sollte also ein Kind zeugen, daß dann nicht als seines, sondern als das seines Bruders gelten würde, wie es dem damaligen Brauch entsprach. Aber Onan mochte kein Kind für den Bruder zeugen. Der kluge Kerl verzichtete nun nicht etwa auf den Beischlaf mit Thamar, sondern er zog einfach vor dem Erguß den Schwanz aus dem Weib, spritzte seinen Samen auf die Erde. Das muß Thamar mißfallen haben, denn wer sonst sollte die Sache gepetzt haben? Jedenfalls mißfiel Gott diese Vergeudung von Samen. Er tötete Onan für seinen coitus interruptus, nicht aber für das, was man heute Onanie nennt.
Streng ist der Herr. Noch strenger aber waren und sind seine Diener. Vielleicht gäbe es die Verirrung des Exhibitionismus nicht, stünden nicht in der Bibel so viele Gesetze gegen das Vorzeigen des dritten Zeigefingers und seines Hauptziels, von denen hier nur eine kleine Auswahl angeboten werden soll: »*Du sollst deines Vaters und deiner Mutter Blöße nicht aufdecken... Du sollst deines Vaters Weibes Blöße nicht aufdecken, denn es ist deines Vaters Blöße... Du sollst deines Vaters Bruders Blöße nicht aufdecken, daß du sein Weib nähmest, denn sie ist deine Base... Du sollst auch deines Weibes Schwester Blöße nicht neben ihr aufdecken, ihr zuwider, solange sie noch lebt.*«
Ob die Verfasser solcher Texte Vergleiche scheuten? Es gibt eine Passage in der Bibel, die mich — verzeiht mir — an die rassistische Angst weißer Amerikaner vor den angeblich so dicken Pimmeln der schwarzen Amerikaner erinnert; Mädchen mußten bestraft werden, wenn sie »*entbrannten für ihre Buhler, deren Glieder waren wie die Glieder von Eseln und deren Erguß wie der Erguß von Hengsten...*«

Achja, mit der Bibel, mit dem Alten Testament, haben die Juden uns eine Anthologie großartiger früher Literatur geschenkt, die bis heute dazu benutzt wird, auf alle sich erhebenden Köpfe zu schlagen. Zum Abschluß des Kapitels möchte ich noch einmal an den Anfang zurück: Zuerst eine Geschichte, ganz kurz, älter als die biblische Schöpfungsgeschichte, aus dem Zweistromland = Im Anfang zeugte die Urmutter Tiamat mit dem Urvater Apsu das Urkind Mummu. Mummu schuf Götter und Dämonen, die wollten Ordnung in die Welt bringen, machten dabei Krach. Das störte Uroma Tiamat. Mummu wollte für Ruhe sorgen, da schnitten ihm seine eigenen Geschöpfe den Schwanz ab, dabei verlor er sein Licht! Um Rache zu nehmen, verband sich Uroma Tiamat mit Kingu, dem Gott des Bösen. Aber Marduk, der Stadtgott von Babylon, besiegte Tiamat, schnitt sie in zwei Teile.
Jetzt teilt sich auch die Geschichte = 1. Fassung: Marduk machte aus der einen Hälfte von Tiamat den Himmel, aus der anderen die Erde; 2. Fassung: Aus einem Teil von Tiamat wurde ein Ungeheuer, das auch als Schlange dargestellt wird, als phallische Schlange, als Riesenpimmel, den man nur ansehen mußte, um unbremsbar geil zu werden.
Hier will ich nicht dem Reiz nachgeben, darüber zu spekulieren, wieso eine Urmutter, eine große Göttin, zur Verführerin verkommt, wieso sie zum männlichen Glied dabei wird. Allerdings hoffe ich, daß meine Leser sich darüber Gedanken machen. Jedenfalls war die halbe Tiamat nicht die einzige phallische Schlange dieser Zeit. Es wimmelte von diesen Riesenbiestern.
Und in der Bibel ist es eine Schlange, die Eva an den Baum der Erkenntnis bringt, die Eva zur Verführerin macht, die uns mit einer angeblichen Erbsünde geschwängert hat, an der wir heute noch tragen...
Der paradiesischen Schlange sei dieses Kapitel gewidmet!

9. Von den wohligen Wedeln der Griechen zu den harten Lanzen der Römer

Jaja, ich gebe es zu: Diese Überschrift ist eine Verallgemeinerung. Was aber kann man mit der gegeben Kürze anders tun als verallgemeinern? Ernest Borneman füllte ohne Nachworte und Register rund 550 Seiten zum Thema, ohne es zu erschöpfen. Wer also außer am physischen und ästhetischen Reiz sehr am intellektuellen Kitzel des Stoffes interessiert ist, der sollte »Das Patriarchat« von Ernest Borneman, 1979 im Fischer Taschenbuch Verlag erschienen, lesen. Da kann man nachvollziehen, wie es vom Mutterrecht zum Patriarchat kam.

Ich aber werde mit griechischer Unbefangenheit einige wenige seltenere Bilder vorführen, eine Geschichte richtigstellen, eine zweite erzählen, weil sie mir Spaß macht. Dabei schmerzt es mich bis in die Hoden, daß ich zurückhalten muß, was sich so leicht aus der Fülle ergießen ließe: Wie die Familie in Griechenland den Sex besiegte; wie ausgerechnet die Demokratie dort zur Entrechtung der Frauen führte; wie Kronos entmannt wurde; wie Zeus als Stier, Schwan oder Goldregen liebte (kein Vergleich zu der mageren Taube, die ein anderer Gott später sandte); von den Dionysien, überhaupt von phallischen Festen und satyromanischem Theater in Griechenland; von Pan, Priap, Eros; von der Homosexualität und den Ursprüngen unseres heute von konservativen Politikern verteidigten klassischen Gymnasiums... STOP!

Erst also ach so wenige Bilder aus Griechenland:

1. Das sind riesige Phalli, Wunsch- oder Alpträume, vom Dionysos-Heiligtum auf Delos.
2. Auf Vasen wurde das Geschlecht gefeiert, meistens das männliche. Doch trugen auch Frauen zärtlich und liebevoll überdimensionierte Mannsteile, beispielsweise bei den Dionysischen Prozessionen. Auf unserer Abbildung trägt die Dame den allseits beliebten Pimmelfisch.
3. Dieser Satyr schreckte und beglückte griechische Frauen und Männer mit vielen ähnlich gearteten Kollegen etwa um 550 vor unserer Zeitrechnung im Wald und auf der Heide.
4. O, Priapos, lustvoller Gott der Fruchtbarkeit, Sohn von Aphrodite und Hermes. Deine Geschichte ist saftig. Vier Zeilen von Theokrit müssen hier genügen:
   »Wenn du drüben den Pfad, wo die Eichen stehn, Geißhirt, entlanggehst, siehst du ein Götterbild, frisch erst aus Feige geschnitzt. Rinde umgibt's, es fehlen die Ohren, doch hat es drei Beine, und es schickt sein Gemächt gut sich für Kyprias Werk.«

1

2

3

4

5. Und hier ist Aphrodite, wie sie den Hermes krönt = diese Terrakotta-Figur aus dem 2. Jahrhundert vor unserer Zeitrechnung stammt aus einem Grab in Myrina.

Aphrodites allzu gängige Geschichte ist es, die ich ein wenig korrigieren möchte. Schaumgeborene nennt man die herrliche Göttin, doch Schamgeborene wäre der bessere Name. Jedermann kennt sie, die auch unter dem Pseudonym Kypris auftritt, wie sie traumschön und verlockend, ein echtes Weibchen halt, auf einer Muschel, Symbol der stillhaltenden Weiblichkeit, aus dem Bilde Sandro Botticellis auf uns zugleitet, hingabebereit. Aber so war sie nicht. Sie gab sich nicht, sie nahm sich, was sie begehrte. Und sie begehrte ihren Ursprung — nicht lockeren Schaum, sondern den leckeren Baum des Mannes. Sie entstand — man kann es bei Hesiod nachlesen — aus des *»gewaltigen Uranos«* sicherlich sowieso schon gewaltigem Glied, das aber zu diesem Zeitpunkt *»voller Lieb um Gaia«* besonders prächtig stand und *»endlos weit«* gedehnt war.

Just diesen Augenblick wählte des Uranos eigener Sohn und *»mähte dem eigenen Vater eilig ab die Scham«*, wozu er eine spezielle *»ungeheuerlich große schneidende, zahnige Sichel«* benutzte. Mühelos kann selbst ein mit wenig Fantasie begabter Leser sich vorstellen, wie wild das Blut in roten Fontänen sich ergoß, wie es dann auf die Erde platschte, die soff, was sie kriegen konnte, dennoch lange schaumige Pfützen bewahrte, die sie erst nach und nach in sich sickern lassen konnte. Verloren aber ging kein Tropfen, denn aus der Blutflut schuf Mutter Erde die Erinnyen, Giganten und melische Nymphen.

Das sicherlich menschenweibgroße Glied aber trieb *»in das brandende Weltmeer«, »durch die flutenden Wellen«*. Natürlich bildete sich *»weißlicher Schaum aus unsterblichem Fleisch«*, aber aus diesem Schamschaum *»wuchs eine Jungfrau«, »die Göttin, die hehre, herrliche; Blüten sproßten unter den Schritten der Füße, und Götter und Menschen nennen sie nun Aphrodite, weil sie aus dem Schaume aufwuchs«*, doch nicht nur. So liebe, geliebte, liebedienende Kinder haben viele Namen. Und auch in der Ausgabe mit dem deutschen Text der »Hesiodi Carmina« von E. Günther Schmidt (Bremen 1965), der wir hier folgen, werden noch einige genannt, schließlich *»auch Schamerfreute, weil aus der Scham sie entsprossen«*. Und da war auch Herr Schmidt zu keusch, denn im Original steht

φιλομηδέα

und dieses Wort fehlt in den üblichen Schullexika, denn es ist die direkte, unverblümte Bezeichnung für die Liebe zum männlichen Glied.

Richtiger also müßte sie *»Schwanzliebende«* heißen, *»weil aus dem Schwanz sie entsprossen«*.

Nun zu der Geschichte, die ich erzählen will, weil sie mir Spaß macht, weil sie ein Beitrag zur Gleichberechtigung und mehr noch zur Entstehung der Liebe ist. Das Grundmuster des Mythos der Androgynen findet man häufig und in vielen Kulturkreisen, und eben auch bei den Griechen, so bei Plato im »Gastmahl«. Ich aber erzähl's ziemlich frei und nach meiner männlichen Schnauze, die stets auf der Suche nach ihrem weiblichen Zumund lechzt:

Aus eins mach zwei und zwei ist Mist weshalb du auf der Suche bist

Die ersten Menschen waren frauherrliche Wesen, wunderbar, jeder mit zwei Rücken und vier Beinen, mit zwei Seelen ach hinter einer hart behaarten und einer weich behügelten Brust, mit Mündern, die sich immer finden konnten. Jede(r) Einzelne hatte doppeltprächtige Pobacken, mußte aus zwei Gedanken stets eine Handlung formen, konnte sich vierhändig streicheln, beidhalsig gurren, im Duett singen. In jede(r)m klopften zwei Herzen einen raffinierten Rhythmus, jede(r) konnte mit sich selbst bis zur Klärung eines Problems liebevoll diskutieren, jede(r) liebte sich und war deshalb zur Liebe fähig. Mit wenigen Ausnahmen hatte jede(r) Pimmel und Möse, Nadel und Öse, Lanze und Loch, konnte weiblich und männlich, lesbisch und schwul zugleich empfinden, sah die Welt durch Frauen- und Männeraugen auf einen Blick; denn jeder Mensch war einsam nicht allein, war geboren als ein Vollkommenes, als mannweibliche Einheit — bis auf die wenigen, die mannmännlich oder weibweiblich und damit auch glücklich waren.
Jede(r)m war der ideale Partner in sich mitgegeben.
Das war das Paradies!
Sie bereiteten sich selbst Freude und Lust, konnten auch mit anderen flirten und schmusen und schlafen ohne Eifersucht, denn die Gefühle des einen Teils waren stets auch die des anderen, unzertrennlich dazugehörenden. Begehrte die weibliche Hälfte den männlichen Teil von nebenan, dann fuhr dieses Begehren durch ih-

Ja.

Wir verstehen uns, im besten Sinne, als »Publikums-Verlag«. Weil wir Bücher machen, die wir gerne mögen.
Literatur und Sachbuch, Bildbände und Satire. Aktuelles und Klassisches, vom Nonsens bis zum Tiefschürfen. Das Programm ist so bunt und widersprüchlich wie wir selbst.
Genau betrachtet, sitzen wir zwischen allen Stühlen (und fühlen uns dabei sehr wohl): Linken sind wir nicht links und Grünen nicht grün genug, Konservativen viel zu links und zu frech, Intellektuellen nicht intellektuell und Weltverbesserern nicht pädagogisch genug. Na undsoweiter. Weil wir es niemandem recht machen wollen.
Wir sind neugierig. Aufmüpfig. Unbequem. Wir finden nichts schlimmer als Langeweile. Mögen nicht die Weltuntergangs-Larmoyanz. Wir wollen Bäumchen pflanzen. Und auch noch Spaß dabei haben.

Neugierig geworden?

Dies Kärtchen lesbar mit Absender versehen, frankieren und zur Post. Dann kommt unser Verlagsprospekt, »Querkopf« heißt er, und erzählt mehr über unsere Bücher.

Ja, ich möchte den Verlagsprospekt gern haben.

Meine Anschrift lautet:

Eines unserer Lieblingsbücher:

Hier wird das komplette Alte Testament rasant runtererzählt. Mit Spaß und Spannung, »Sex and Crime«, für Christen und Nichtchristen. »Dieser unheilige Knüller« (Münchner Merkur) »fasziniert wie ein Gute-Nacht-Krimi« (Die Zeit). Der neue Weg zur alten Bibel, 848 heitere Seiten lang. **Nur 16,80 DM**

Eine Leseorgie!

Eichborn Verlag
(, der mit der Fliege)

Sachsenhäuser
Landwehrweg 293

D-6000 Frankfurt am Main 70

re männlichen Glieder — und umgekehrt. Heimlichkeiten und Heuchelei gab es nicht, nur eine ständige erotisierende Nähe, eine Seligkeit, wie sie jeder, der Liebe kennt, erträumt.
Sie waren fruchtbar allein oder mit anderen, wie sie es gerade wünschten, und die Landschaft ringsum schenkte ihnen auch Äpfel und Eier und Sellerie genug. Manchmal scharrte sich eine(r) mit zwei Händen ein Ginsengwürzelchen aus dem Boden, während sie(r) mit den beiden übrigen Händen sich streichelte, wo sie(r) es gerade mochte: an Brüsten, Po, Pimmel, Kitzler, am linken oder rechten Nacken, am linken, halblinken, halbrechten oder rechten Schenkel.
O, könnte ich mit Dir auf diese Art zusammensein!
Vielleicht gab es eine winzige Unliebsamkeit auf dieser doch noch jungen Welt: Häufig stolperte man oder stieß sich beim wollustvollen Rollen und Wälzen an den riesigen Knochen, die überall herumlagen — waren es Mammut-Knochen, oder die von Dinosauriern, oder gar solche von Titanen und Giganten, die von den Göttern als zu ungehobelt wieder auseinandergenommen worden waren.
Nein, diese ersten Menschen waren nicht ungehobelt. Sie waren ausgefeilt, waren weit schöner gestaltet als die späteren Hermaphroditen, die mit ihrer zwiefachen Geschlechtlichkeit letztlich doch allein und auf andere angewiesen blieben. Diese ersten Menschen waren den Göttern gleich, sich selbst erneuernd, damit unsterblich — und sie waren glücklich, so glücklich, daß die Götter neidisch wurden.
Götter sollte man nie neidisch machen. In diesem Fall endete das Paradies, weil die scheelen Allmächtigen alle ersten Menschen Stück für Stück mittendurch hauten. Und dann wirbelten sie auch noch die vereinzelten Hälften rund um die Welt, so daß sie sich verloren.
Seither sind wir Menschen dauernd auf der Suche nach unserer passenden Hälfte. Und es geschieht arg selten, daß einer das Glück hat, wirklich haargenau das Stück von sich zu finden, das ihm fehlt.

Das war sie, die Geschichte, die ich unbedingt erzählen wollte. Es gibt noch eine Story aus dem alten Griechenland, die zu den schönsten der Literatur gehört, diese Geschichte, bei der die Frauen aus den Gemäch-

ten ihrer Männer weibliche Macht erwachsen lassen: Lysistrata. Aber den Plot kennt hoffentlich jeder meiner Leser!
Nun wollen wir noch schnell die Römer fertigmachen = diese Römer, die uns beispielsweise das Wort Sexus geschenkt haben, aber auch das Wort Faszination. Der römische Gott Fascinus war nämlich auch ein personifizierter Pimmel, und wenn heute jemand zu jemandem sagt »Ich bin von Dir fasziniert«, dann darf man sich getrost einiges dabei denken.
Jedenfalls sind diese Römer das direkte Bindeglied zwischen uns und beispielsweise der griechischen Kultur, brachten noch ein wenig Einfluß der Etrusker ins Gemisch (bei den Etruskern hatten die Frauen — das kann auch ein Patriarch der Forschung nicht mehr leugnen — durchaus noch das Sagen). Weiterhin waren sie durch ihre Eroberungspolitik schließlich ein Sammelbecken für phönizisches, ägyptisches, jüdisches und anderes Bruchtum. Aber was haben sie auf Dauer daraus gemacht?
Sie schufen einen männlich bestimmten kollektiven Sadismus, brachten den Schwanz für jeden liberal fühlenden Mann in Verruf, halfen, die Homosexualität zum Unmännlichen, Unmenschlichen zu erklären, legten sämtliche bis heute wirkenden Wurzeln zum Faschismus, vollendeten auf perverse Weise das Manneszepter, die Manneslanze zum Machtmittel, zur Waffe im Kampf der Geschlechter und überhaupt.
Auch diese grobe Zusammenfassung ist arg vereinfacht. Es gab schon vor den Römern Tendenzen, die aus dem Lustinstrument Penis die Machtwaffe machen wollten. Auch bei den Römern gab es emanzipierte Frauen und kluge Männer und den weisen und sinnlichen Gebrauch des Schwanzes zu aller Beteiligten Nutzen. Und dennoch: die Entwicklung vom Turteln über Vögeln und Ficken zum Bumsen, die Durchsetzung des Patriarchats übers Matriarchat auf brutale Weise (im Gegensatz zu der viel geschickteren und nicht diskussionsfreien jüdischen Methode) läßt sich bei den Römern gut beobachten und hatte auf uns die größte Wirkung. Man bedenke nur, daß die Römer schließlich statt der lustvollen griechischen Dionysien in ihrer Hauptstadt vor voyeuristischem, masturbierendem, gröhlendem, saufendem, fressendem, blutlüsternem Publikum einen wüsten Zirkus entfesselten.
Selbst die als mannstolles Weib bis heute von manchen mit Schaudern durchs Schlüsselloch der Geschichte belauerte Messalina war nicht auf Lust aus, sondern auf Rekorde, auf Leistung. Um den Hals soll sie ein

Band getragen haben mit einundzwanzig Pimmelbimmeln, Zeichen dafür, daß sie es einmal in einer Nacht mit einundzwanzig verschiedenen Lanzenstechern geschafft habe.

Die käufliche Liebe war in Rom nicht mehr Notlösung für Einsame und Fremde, sondern die normale. Geistvolle, kunstkennerische Hetären und Kurtisanen gab es höchstens noch dem Namen nach, in Wirklichkeit ging es nur um Fleisch mit Loch, um Huren und Nutten, um Zuckendes zum Schwanz-Reinstecken.

Natürlich besangen Dichter die Liebe (Dichter brennen auch gegen die Flut), fügte Ovid seinen Stellungstechniken Liebeszärtlichkeit als Würze zu.

Es ist ein stumpfer Schwarz-Weiß-Druck mit wenig Korn und Feinheit, mit viel zu grobem Raster, den ich hier liefere — aber das Prinzip stimmt. Romophile mögen mir verzeihen.

Phalluskult, Anbetung des Männlichen, muß nicht hinweisen auf Überheblichkeit des Mannes, muß nicht unmoralisch sein (die Unmoral, die ich in diesem Zusammenhange meine, ist die Vergewaltigung, die nicht unbedingt mit Penetration gleichzusetzen ist). In Rom aber waren die Phalli in jedem Haus Symbol für die virile Besitzmacht des Hausherrn. Sie hatten sich dazu entwickelt. Ursprünglich waren auch sie Fruchtbarkeitsbringer, Abwehrzauber, Glücksamulette.

In römischen Häusern sprang einen der Schwanz überall an: als Hausgott, als Lampe, Vase, Glockenträger.

Genug der zusammenpackenden Theorie. Hier nun einige römische Bildbeispiele, dann die kleine Neuerzählung einer alten Sage, die Titus Livius möglicherweise deshalb unterschlug, weil ihm das Erheben eines Schwanzes aus der Asche, die doch den Vestalinnen näher war als dem Mutunus Tutunus (so hieß ein ganz früher phallischer Gott der uralten Römer), unsittlich schien. Und doch — das sei hier vorweg noch erklärt: Die Vestalinnen, diese jungfräulichen Priesterinnen, deren Aufgabe es war, die Penaten (Schutzgeister) der Römer zu hüten und zu pflegen, verehrten auch das Bild eines männlichen Geschlechtsteils.

Doch nun zur kleinen Bild-Auswahl:

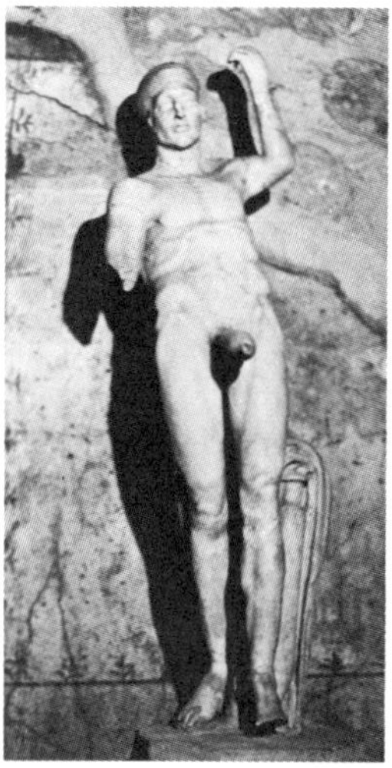

2

3

1. Den netten, griechischen Priapus, der durchaus Last mit der Lust seiner Männlichkeit hatte, der neben ernsthafter Fruchtbarkeit augenzwinkernde Lächerlichkeit erzeugen konnte, fand man auch im römischen Imperium, etwa so wie hier, abgebildet in Pompeji.

2. Am selben Ort wie den sich mit dem eigenen Überschwanz abschleppenden Priapus fand man dieses jüngere, seinen Bolzen angeberisch vorweisende Mannsbild.

3. Hier noch eine vom Zahn der Zeit auf pikante Weise abgekaute Sandstein-Skulptur, die ich meinen Lesern beider Geschlechter unter dem unrömischen Motto ans Herz oder jedes andere gewünschte Organ legen möchte: Nutzet die Jugend, denn nichts steht ewig.

4

5

6

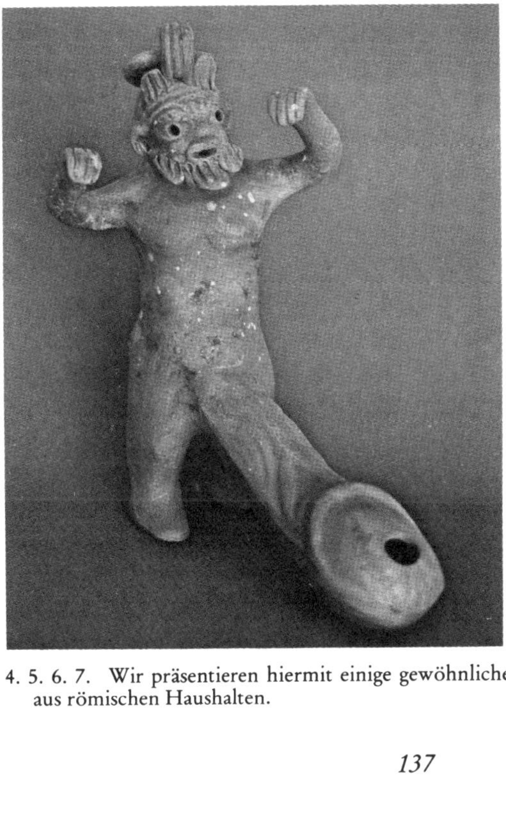

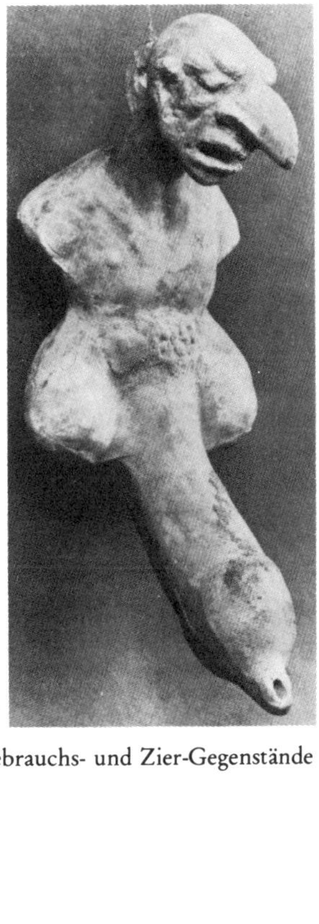

7

4. 5. 6. 7. Wir präsentieren hiermit einige gewöhnliche Gebrauchs- und Zier-Gegenstände aus römischen Haushalten.

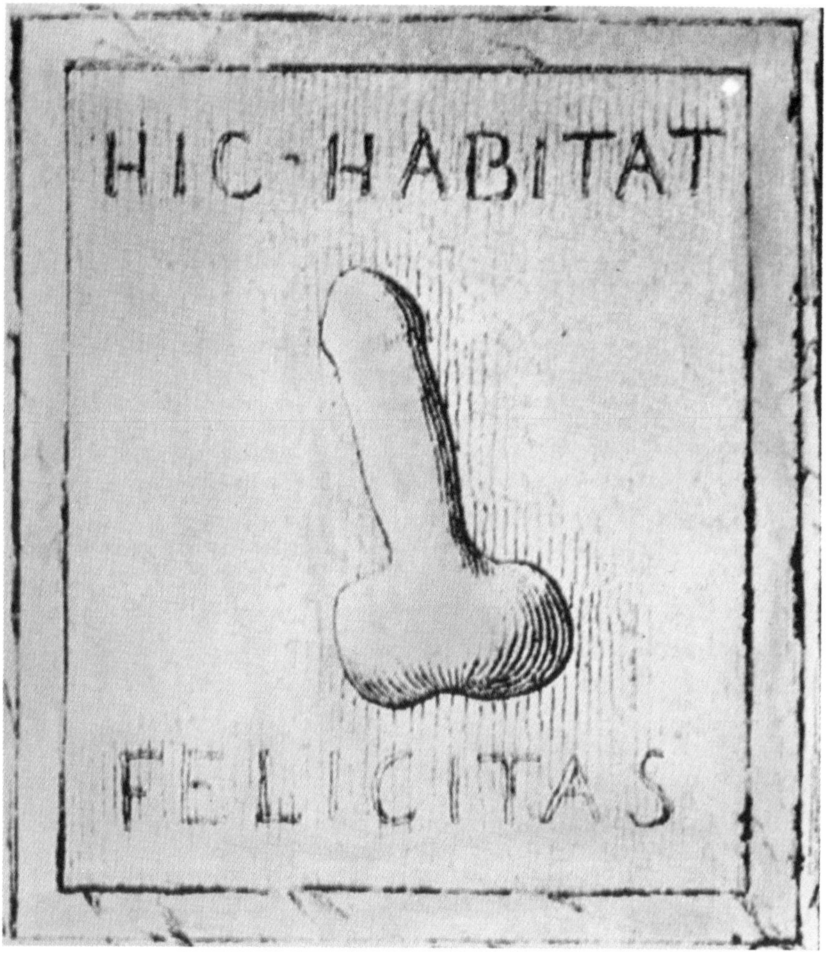

Solche Ladenschilder gab es viele im römischen Reich. Es gab in Pompeji sogar einen ins Straßenpflaster eingearbeiteten wegweisenden Pimmel.

Wie Phönix aus der Asche

Es muß irgendwann im 6. Jahrhundert vor unserer Zeitrechnung an einem frühen Morgen gewesen sein. Die Herrschaften im Palast des Tarquinius Priscus wälzten sich noch auf ihren Schlafstätten, aber das arme, jedoch wunderschöne Dienstmädchen Ocrisia mußte bereits seiner ersten Pflicht nachgehen. Ocrisia hatte die Aufgabe, das Feuer im häuslichen Herd zu erhalten, zu schüren, notfalls neu zu entzünden.

Niemand außer ihr war auf den Beinen im Palast. Außerdem herrschten noch etruskische Zeiten, in denen Nacktheit weder Sünde war, noch unbedingt zur Sünde aufrief. Ocrisia war also nackt.

Sie schritt auf zarten, rosigen Füßchen zum Herd, leicht und leise, strählte mit den Fingern der rechten Hand das rabenschwarze Haupthaar, mit den Fingern der linken Hand das ebenso rabenschwarze Schamhaar. Vor dem Herd dehnte und reckte sie sich, hatte dabei die Schenkel etwas gespreizt, so daß ein Mann im Ofen tief in die Blüte ihres Leibes hätte blicken dürfen.

Aber wann sitzt schon ein Mann im Ofen?

Nun bückte Ocrisia sich, die Feuerstelle zu besehen. Die roten Knospen ihrer Apfelbrüste wiesen nach vorn in die graue Asche.

»Mist«, murmelte Ocrisia. »Ist wohl ausgegangen, das Feuer.«

Sie stocherte mit dem dafür vorgesehenen Eisenstab ein wenig im Ofenloch herum, dann sah sie unter der Asche etwas rot und heiß leuchten. Sie kniete nieder, blies mit zum Omega geformten Mäulchen aufs Glühende, und sie sah mit Staunen, wie es wuchs, sich dehnte, sich aufrichtete. Ihr ging die Puste aus.

Da wisperte das Auferstande im Herd: »Blase weiter, schöne Frau. Bitte, blase mich an mit deinem honigduftenden Atem. Los! Weiter!«

Ihr schwante, daß da anderes im Herd lohte als eine ihrer üblichen Flammen, und sie tat, was der Brennende sie geheißen. Nach einiger Weile aber fragte sie ins Ofenloch hinein: »Junge, hast du denn noch nicht genug?«

»Nein«, rief da das Wesen. »Nein, genug habe ich lange nicht. Nimm mich heraus aus der Asche, trage mich zwischen deinen Brüsten in dein Bett.«

»Aber ich muß Feuer machen«, sagte Ocrisia.
»Leg Holz auf, aber nicht so grob. Ich habe genug Hitze, es lodern zu lassen«, keuchte fordernd die Stimme. Und wieder gehorchte Ocrisia, schichtete ganz sanft und kunstvoll Holzscheiter um das lebendige Gebilde, das ihr immer vertrauter schien. Manchmal streifte sie es mit der Hand, fühlte es schauern und zucken, spürte auch seine Hitze, die ihr nicht unangenehm war. Und als sie den letzten Holzklotz mit beiden Händen einschob, dann mit den beiden Händen das sich Einschmiegende zart faßte, da erkannte sie: Es war ein Penis.
Sie erkannte es, denn wenn sie auch nicht überaus erfahren war, so hatte sie doch ihre Jungfernschaft längst nicht mehr. Wozu auch? Damals fragten die Götter noch nicht nach den Häutchen.
Sie hob den wohlgeformten Bengel (nur unziemlich groß und dick erschien er ihr) aus dem Herd heraus, dabei glitt er mit dem linken Hoden ans Holz (ritschte sich glücklicherweise keinen Span ein), und mit leisem Zischen, dann mit lauterem Prasseln brannte das Holz.
Ocrisia drückte ihrem Helfer einen Kuß auf die Eichel, da schien er zu lächeln. Sie barg ihn, so gut es ging, zwischen den Brüsten, da begann er zu zappeln.
»Wer bist du?« fragte sie liebevoll.
»Ich bin nichts als ein kleiner Gott, der Dich unter den Töchtern des Landes auserwählt hat, mit mir einen König zu zeugen«, antwortete er.
»Von wegen klein«, dachte sie, und da ihr auch Ehrfurcht vor werdenden Monarchen noch weitgehendst abging, wollte sie wissen: »Macht das Spaß?«
»Und ob«, lachte der Gott aus vollem Sack. »Und zwar uns beiden, mir wie dir!«
»Klar«, sagte Ocrisia, war dennoch zwischen Zweifel und Glauben zerrissen, trug ihn aber mutig zur eigenen Lagerstatt.
Sie mußte ihn nicht an die Wand werfen.
Dieser kleine Herr war arg anpassungsfähig, fügte sich in sie hinein, als sei er für sie geschaffen, schwoll nach Bedarf, fand listig alle Stellen, an denen es ihr wohltat, auch den erst viel später entdeckten G-Punkt.
Ja, das wallte und siedete, brauste und zischte, wie wenn Wasser mit

Feuer sich mengte. Aber es war nicht Wasser, es war ein duftender Seim, der ihn gleiten ließ wie ein Fischlein.
Ganz weg war der Gott bis auf die Hoden. An denen kraulte und grapschte Ocrisia, seufzte »Mehr! Mehr!«
Ermattet war sie. Schwanger war sie. Der Gott war verschwunden, hatte wohl neue Aufgaben wahrzunehmen.
Aber damals bekam eine ledige Schwangere nicht unbedingt Ärger. Als sie augenverdrehend von ihrem Erlebnis mit dem kleinen Gott sprach, nickten alle beifällig. Und zehn Monate später gebar sie einen Knaben, den Servius Tullius nämlich, der dann einer der legendären etruskischen Könige von Rom wurde.
Ach, die guten, alten, frührömischen Zeiten — wo gingen sie hin?

Im Schweinsgalopp durchs Abendland

Ein ähnliches Gefühl, wie ich es jetzt habe, müssen unsere mythischen Helden erfahren haben, die mit Schwänzen gleich hundertjährigen Eichen vom Begehren nach einer engen Jungfrau befallen waren. Ich sitze hier mit tausend Seiten Material, mit Überlegungen dazu, die alles Gesammelte schwellen machen, und ich muß meine Ergüsse bremsen. Denkt selber. Sucht Zusammenhänge. Fordert vom Verlag Folgebände. Ich stehe hier und kann nicht anders als da antippen und dort ein Haar zupfen und zeigen. Zuerst

Vom Christentum und seinen Organen.

Wann war das römische Weltreich am Ende? Im Jahr 410, als Alarich die Hauptstadt eroberte? Oder bereits im Jahr 325, als Konstantin I., damals noch gar nicht getauft, das erste Kirchenkonzil zu Nicäa leitete, das Christentum anerkannte? Ging das Imperium einfach unter, oder übernahm die Kirche Teile der alten Macht? Jedenfalls organisierte die Kirche sich nach dem Muster römischer Reichsverwaltung mit Diözesen und Provinzen, die den alten Bezirken entsprachen.
Rom im Greisenzustand war sicherlich nicht schön. Aber in allem moralischen Morast wucherte noch immer die Möglichkeit zu unterschiedlichen Denkansätzen. Die Institution des Christentums (nicht die Religion!) aber verbot das wilde Herumdenken. Sie erfand die Hölle als Hüterin des Gehorsams. Sie schuf die »dunkle Zeit« zwischen dem 4. und dem 13. Jahrhundert, eine Zeit des Einbahnstraßendenkens (Geisterfahrer kollidierten mit den Lasterführern und gingen in Flammen auf). Sie erzeugte Muff in ungelüfteten Köpfen wie Hosen. Sie war mit ihrem Gott unzufrieden, der den Menschen Organe eingebaut und angehängt hatte, die der Lust dienen konnten. Sie sorgte für einen weitgreifenden Analfabetismus, denn das Schreibmonopol hatten die Klöster. In den Klöstern aber konnte nur geschrieben werden, was der Kirche wohlgefällig war. Es war eine Zeit der strengsten Zensur!

Die Griechen hatten der Welt eine Auffassung vom Menschenkörper geschenkt, der man sich nicht schämen mußte. Die christlichen Missionare aber zogen mit ihren Hämmerchen los und hauten Steinfiguren alle hervorragenden Merkmale ab. Jeder Mensch hatte nun Schamteile, also Teile, deren er sich zu schämen hatte. Diese Scham ging so weit, daß sogar das Waschen dieser Schamteile Gerüche nach Sünde aufsteigen ließ. Hieronymus, so kann man nachlesen, war der Ansicht, daß, wer in Christus gebadet habe, keiner weiteren Reinigung mehr bedürfe — so hatten die pestübertragenden Flöhe ein geschütztes Zuhause bei folgsamen Christen.
Koitus war nur erlaubt zum Kinderzeugen, und zwar ausschließlich in der Ehemann-auf-Ehefrau-Stellung.
Schließlich galt unwidersprochen das Severianische Argument, daß Frauen ganz, Männer von den Hüften abwärts Werke des Teufels seien. Origenes von Alexandrien nahm das Argument ernst, wollte nichts Teuflisches an sich haben, kastrierte sich selbst. Deshalb hätte er eigentlich zum Heiligen ernannt werden müssen, wenn er nicht deshalb nicht zum Heiligen hätte ernannt werden können — kirchliche Dialektik. Männer mit verletzten Genitalien sind nämlich einer Heiligsprechung nicht würdig. War also nix mit: Macht kaputt, was euch kaputt macht. Ein anderes dialektisches Kirchenproblem löste der kluge (ohne Ironie) Augustinus. Irgendwie war doch was falsch an der Schöpfung. Hätte Gott sich denn keine vornehmere Methode zur Erzeugung kleiner Christen einfallen lassen können? Aber man konnte IHN doch nicht tadeln! Augustinus fand die Lösung: Nicht Gott, sondern Adam und Eva haben die Schweinerei erfunden. Im Paradies gab es keine *»ungeordnete Erregung«*. Aber der Ungehorsam der beiden ersten Menschen hatte zur Folge, daß sich die Geschlechtsteile verselbständigten, also ungehorsam gegen ihre Träger wurden. Einem Ungehorsam folgt der nächste und bestraft sich dadurch selbst. Klar?
Rund 900 Jahre früher Kirchenherrschaft mit aller Verdunklung und der Kastration ganzer Völkerscharen hat dieses Buch erst nötig und möglich gemacht. Danken wir ihr also so, wie der Hungrige dem Reichen dankt, der ihn arm gemacht hat und ihm ein Stück Brot schenkt.

Der Hexenhammer

Nach der »dunklen Zeit« erhellte die obgenannte Institution bekanntermaßen die Welt mit grellen Scheiterhaufen. Ein unterdrückter Schwanz nämlich erhebt immer wieder sein Haupt, und die roten Köpfe waren sicherlich einige der Feuerhölzer, die den Brand entfachten. Die Männer, jückte er. Die von geschlechtsbangen Hodenhaltern umzingelten Weiber wünschten ihn. Vor allem aber zuckte er in den Schädeln der seit dem 11. Jahrhundert zum Zölibat verdammten Priester (was nicht ausschließt, daß einige von ihnen, auch Würdenträger, ihn immer noch real zum Einsatz brachten).

Angelegt ist die spätere Hexenbekämpfung schon früh, verteufelte man doch einfach alle, die ein wenig gegen die abgesegnete Vorschrift dachten: Gnostiker, Manichäer. Und zu den erfundenen Vorwürfen, die man ihnen machte, gehörte immer die Unzucht. Auszüge aus der Bulle (das heißt so) Gregors IX. gegen die Katharer im Jahre 1233 sollen das belegen:

»Wenn ein Neuling aufgenommen wird... so erscheint ihm eine Art Frosch... Einige geben ihm einen schmachwürdigen Kuß auf den Hintern... Wenn nun der Novize weitergeht, so begegnet ihm ein Mann von wunderbarer Blässe... Diesen küßt der Novize und fühlt, daß er kalt wie Eis ist, und nach dem Kuß verschwindet alle Erinnerung an den katholischen Glauben bis auf die letzte Spur aus seinem Herzen... Nach diesen Verhandlungen werden die Lichter ausgelöscht, und man schreitet zur abscheulichsten Unzucht, ohne Rücksicht auf Verwandtschaft... Wenn aber diese Ruchlosigkeit vollbracht, die Lichter wieder angezündet sind, dann tritt aus einem dunklen Winkel... ein Mann hervor, oberhalb der Hüften glänzend und strahlender als die Sonne, wie man sagt, unterhalb aber rauh wie ein Kater...« — so stellt sich Gregor das vor, oder zumindest stellt er es so dar. Seinen Gläubigen erschien das beschriebene Treiben abscheulich (zumindest taten sie so), vor allem aber weckte es wohl ihren Neid. Mit der Methode konnte man den Haß lehren.

Bemerkenswert an diesem Zeugnis ist, daß es sich noch nicht — wie spätere — hauptsächlich gegen Frauen richtet. Aber es sind für nachfolgende Hexenprozesse bereits etliche Fantasm-Orgien angelegt.

Doch zu Gregors Zeiten war Hexerei noch nicht unbedingt tödlich. Gemäß einem englischen Statut von 1563 war Hexerei nur dann mit

dem Tode zu bestrafen, wenn nachweisbar war, daß die ausübende Person jemandes Leben bedrohen wollte. Erst 1603 war es dann in England soweit, daß Hexerei gleich welcher Art (sogar, wenn sie wohltätig war, etwa bei einer Heilung) als Kapitalverbrechen galt. Den berüchtigten »Malleus Maleficarum« (»Hexenhammer«) gab es allerdings seit 1487, und die Hexenverfolgung kann in der Geschichte zwischen dem 13. und 18. Jahrhundert deutlich ausgemacht werden (und Zauberei und Hexenwesen wurden als Reste ursprünglicher Andersgläubigkeit von der Kirche bereits früher verfolgt). Richtig los mit der großen Grausamkeit aber ging es erst um 1600.
Natürlich gab und gibt es tatsächlich »Hexer« und »Hexen«, also Menschen, die Reste vorchristlicher Religionen pflegen. In ihre Rituale spielen häufig auch Überbleibsel aus Phalluskulten hinein, ebenso aber große Göttinnen wie Isis, Aphrodite, Diana, Holda (unsere nette Frau Holle), Frau Berchta (für die im Salzburgischen heute offiziell und den Touristen zur Freude das Perchtenlaufen veranstaltet wird). Zweifellos gab es bei den Kulten auch mystische Liebesspiele, überkommene Fruchtbarkeitsriten. Die Kirche nennt diese Veranstaltungen der Konkurrenz »Orgien«, hat ihnen sowieso nichts entgegenzusetzen und entzündete bei der Herde ihrer Gläubigen den Kollektivgedanken: Wenn die so schöne Schweinereien treiben, die wir nicht genießen dürfen, dann sollen sie daran verrecken.
Nicht der eingeklemmte Schwanz allein war Ursache und Waffe der Hexenjäger, aber er spielte eine in der meisten Literatur zuwenig beachtete Rolle. Die Oppositionsgläubigen, nennen wir sie wertfrei »Hexen«, feierten Feste, bei denen sie ihre Götter anbeteten. Die Kirche nannte dann kurzerhand alle diese Angebeteten »Teufel«, und so findet man bis heute in ansonsten klugen Büchern die falsche Definition: Hexen sind solche, die mit Hilfe des Teufels etwas erreichen wollen, die dem Teufel ihre Seelen, Kinder, Nachbarn, Körper anbieten.
Ein weiteres Vorurteil: Hexen reiten durch die Lüfte auf Besen. Nun, es ist ein alter und mehrfach nachweisbarer, bis in unsere Volksfeste aufzuspürender Fruchtbarkeitszauber, der diesem Gerücht Nahrung gab. Um gute Ernten zu erzielen, umritt man auf einem Stock oder Besen wie auf einem Steckenpferd das Feld. Im Hexenmuseum in Castletown (Isle of Man) ist ein solcher Stock zu besichtigen, dessen oberes Ende in Form eines Phallus geschnitzt wurde.
Verwandt mit dem genannten Stecken ist der phallische Maibaum, um

den wir heute unsere Kinder herumhüpfen lassen, neben dem zu bestimmten Zeiten an bestimmen Orten die meisten Kinder gezeugt wurden.
Übrigens: 1314 wird der Großmeister des Templerordens mit etlichen Rittern verbrannt, die großen Güter fallen an den König. Die Anklage war wie bei den Hexenprozessen: Abfall von der Religion (also Verweigerung von Gehorsam) und Unzucht. Bei der Folter hängten die Kirchendiener schwere Gewichte an der Templer Liebesorgane (wer ist da dem Teufel nahe?), denn damals gehörte es zur alttestamentarischen Rechtsauffassung (Auge um Auge / Glied um Glied), die Bestrafung zum Verbrechen in Beziehung zu setzen. Ich frage: Wer ist perverser? Derjenige, der Freude und Lust mit seinem Penis schafft, oder derjenige, der an fremde Pimmel Lasten hängt?
Und den Hexen (den echten, also den Andersgläubigen, wie den ernannten, die es immer mehr gab) warf man ihre Feste vor. Darüber schreibt Aldous Huxley in »Die Teufel von Loudon«:
»Die zentrale Zeremonie der rituellen Hexerei war der sogenannte ›Sabbat‹ — ein Wort unbekannten Ursprungs, das keine Beziehung zu seinem hebräischen Homonym hat. Sabbate wurden viermal im Jahr gefeiert — am Lichtmeßtag, dem 2. Februar; am Tag der Kreuzfindung, dem 1. Mai; am Tag von Petri Kettenfeier, dem 10. August; und am Vorabend von Allerheiligen, dem 31. Oktober. Das waren große Feste, an denen oft Hunderte von Gläubigen teilnahmen, welche von beträchtlich weit herbeikamen... An allen hohen Sabbaten war ausnahmslos der Teufel selbst anwesend, in der Person eines Mannes, welcher die Würde, die Inkarnation des doppelgesichtigen Gottes des dianischen Kults zu sein, geerbt oder anderswie erworben hatte. Die Anbeter erwiesen dem Gott ihre Verehrung, indem sie sein hinteres Gesicht küßten — eine Maske, welche der als Teufel Verkleidete unterhalb eines Tierschwanzes auf seiner Hinterseite trug. Es gab sodann, zumindest für einige der weiblichen Anbeter, eine rituelle Kopulation mit dem Gott, welcher zu diesem Zweck mit einem künstlichen Phallus aus Horn oder Metall ausgerüstet war. Auf diese Zeremonie folgte ein Picknick... Tänze und endlich eine promiskuöse sexuelle Orgie, welche ursprünglich wohl eine magische Handlung zur Steigerung der Fruchtbarkeit war.«
Soweit vorerst Huxley. Er beschrieb das Grundmuster der meisten dieser Feste. Die Anthropologin Margaret Alice Murray hat nach Akten von Prozessen viele Berichte verglichen. Sie sagt aus, daß die Mitglieder

solcher Gemeinschaften die Namen ihres Gottes geheimhielten (vielleicht nicht aussprechen durften?) und zur Tarnung (wie es ihre Verfolger erwarteten) die Bezeichnungen für den christlichen Teufel wählten. Ihre Seele versprachen die Hexen ihrem Gott beim Eintritt in die Gemeinschaft tatsächlich, genau so, wie Christen ihre Seelen ihrem Gott anvertrauen.

Und Geschlechtsverkehr trieben sie auch, was den lustfeindlichen Priestern wie ein Pint ins Auge stach, und zwar pflegten die Hexen sowohl den künstlichen Phallus des Gottes zu nutzen, wie auch die Pimmel der Mithexer — sicherlich nicht ohne Spaß, doch keinesfalls aus purer Unmoral, sondern wegen des Rituals. Es gibt unmenschlichere Rituale!

Aber auch das »Teufelsglied« war nicht aus Fleisch, noch von Pappe, sondern eine feine, harte Nachbildung. Da begreift man, daß es übergroß und allzeit bereit war, daß es sich nicht masturbieren ließ, von einer Fellatio kaltgelassen wurde. Nach der Hexen Aussagen war es mal eisig kalt, mal brennend heiß. *»Die Schamteile des Teufels«*, sagte Jeanne d'Albadie aus, *»sind aus Schuppen. Beim Einführen des Gliedes legen sie sich an, bei seinem Austritt richten sie sich auf und stechen.«* Ihre Kollegin Marguerite de Sare gab zu Protokoll: *»Er hatte immer ein Maultierglied, das er wählte, weil es ihm am geeignetsten erschien.«* Marie Marigrane ergänzte, daß *»dies Glied, halb Eisen, halb Fleisch, die Hexen wie kreißende Frauen zum Schreien bringt«*.

Der Teufel durfte, was die Inquisitoren nicht sollten. Er tat es für sie, deshalb sollte er noch mehr können. Zeugen beispielsweise. Aber kitzele einer das trojanische Pferd. Die Inquisitörichten jedoch pumpten sich ihren sauer gewordenen Samen ins Hirn und ließen in diesem Matsch seltsame Fantasie-Blumen schillern, etwa die Geschichte vom Inkubus und vom Sukkubus.

Also okay, der Teufel war allzeit bereit, aber impotent. Dennoch konnte er Teufelsbrut zeugen. Er verwandelte sich in ein Weib, das war der Sukkubus, verführte Männer zur Unzucht — wozu auch sonst? —, raubte ihnen den Samen, den er dann als Inkubus, also in männlicher Gestalt, in seine Konku-Bienen ergoß. So soll er (nach Caesarius von Heisterbach) die Hunnen gezeugt haben. Andere Theologen kriegten durch gläubiges Grübeln heraus, daß Melusine, Gottfried von Bouillon, Luther, der Zauberer Merlin und andere Ketzer von Inkuben produziert worden sind. Auf diese Weise war der Same des Teufels immer etwas abgestanden, und die Hexen mußten bei hochnotpeinlicher Befragung auch jedes Mal zugeben, daß das Sperma ihres Liebhabers kalt war (doch bei solchen Befragungen gaben sogar abgebrühte Hexen alles zu).

Wer sich über das, was allgemein bekannt ist, und über meine kleinen Hinweise hinaus fürs Hexenthema interessiert, der sollte unbedingt das bereits erwähnte Buch von Aldous Huxley »Die Teufel von Loudon«, erschienen bei DTV, München 1966, lesen. Hier untertreibt ausnahmsweise der Klappentext: *»Eine äußerst spannende, brillant erzählte Sittengeschichte des 17. Jahrhunderts und eine der fundiertesten und aufregendsten Studien zum Thema Hexerei und Teufelsglaube.«*

Es geht um den authentischen Fall des Urbain Grandier, eines Mannes, der aus Karrieregründen (wie üblich in dieser Zeit, denn anderswo gab es keine Karrieren) Priester geworden war, hin und wieder dem Aufstand unter seiner Kutte nachgegeben hatte (was auch nicht außergewöhnlich war für seine Zeit), der aber in die überhitzte Fantasie von Nonnen fiel, die ihn bezichtigten, ein Hexer zu sein, ihnen Teufel und Dämonen eingetrichtert zu haben. In einem grausigen Prozeß wird Grandier verurteilt, dann dem Scheiterhaufen zugeführt. Einige knappe, aufschlußreiche Stellen aus diesem Buch möchte ich zitieren.

Unter den Nonnen war die wunderschöne Agnes, von der Thomas Killigrew 1635 in einem Brief schrieb: *»Sie war sehr jung und hübsch, von zarterem Aussehen und schlankerer Gestalt als die übrigen.«* Sie war von Teufeln besessen, die Grandier ihr eingegeben hat, und der Exorzist Surin bemühte sich um die Austreibung. Killigrew verzeichnete, *»daß die Bedauernswerte eine Sklavin unter den Füßen des Mönchs war. Denn nachdem der fromme Vater sie in Zuckungen versetzt und bewirkt hatte, daß sie sich auf dem Boden wälzte, stand er triumphierend auf seinem hingestreckten Opfer.«*

Marquis de Sade läßt grüßen. Hier demonstriert ein Mönch die Macht des Schwanzes, den er nicht brauchen darf. Ich will nicht pauschalieren, wage dennoch die Behauptung, daß da, wo der Schwanz abgeklemmt wird, meistens auch die Frauen unterdrückt sind. Nicht der aktive Penis, sondern der passive ist das eigentliche Unterdrückungsinstrument. (Die Mehrdeutbarkeit ist beabsichtigt.)

Hexen erwerben bekanntlich *»bei der Berührung durch des Teufels Finger eine oder mehrere kleine unempfindliche Stellen, an denen der Stich einer Nadel keinen Schmerz verursacht und kein Blut hervorkommen läßt... Wo waren diese Stellen? Genau wo? Schon am 26. April hatte die Priorin*

die Antwort gegeben. Es seien im ganzen fünf Male da — eins auf der Schulter, dort, wo Verbrecher gebrandmarkt werden, zwei auf den Hinterbacken, sehr nahe dem After, und je eine auf jedem Testikel. (A quoi rêvent les Jeunes Filles?) Um die Wahrheit dieser Behauptung zu erweisen, wurde Mannoury, der Chirurg, beauftragt, eine kleine Vivisektion vorzunehmen. In Anwesenheit zweier Apotheker und mehrerer Ärzte wurde Grandier entkleidet, überall rasiert, es wurden ihm die Augen verbunden, und dann wurde er systematisch mit einer langen, scharfen Sonde bis auf den Knochen gestochen... Der Schmerz war qualvoll, und durch die vermauerten Fenster konnten die Schreie des Häftlings von einer immer mehr anwachsenden Menge von Neugierigen auf der Straße unten gehört werden... Mannourys Methode... war bewundernswert einfach und wirksam. Nach zwei Dutzend qualvoll schmerzhaften Stichen kehrte er die Sonde um und drückte dem Pfarrer das stumpfe Ende ins Fleisch. Wunderbarerweise verursachte das keinen Schmerz. Der Teufel hatte die Stelle gekennzeichnet.«
Wer war da teuflisch? Und ist ein solcher Betrug im Dienste der Kirche erlaubt? Er war es! Neben der gesetzlichen Möglichkeit der Folter führt der »Hexenhammer« ausdrücklich die falsche Versprechung zur Erzielung von Geständnissen an. Huxley beschrieb:
»Es gibt drei Möglichkeiten. Wählt der Richter die erste, darf er der Hexe das Leben versprechen (selbstverständlich unter der Bedingung, daß sie die Namen anderer Hexen enthülle) und darf auch beabsichtigen, sein Versprechen zu halten. Die einzige Täuschung, die er verübt, besteht darin, daß er der Angeklagten zu verstehen gibt, die Todesstrafe werde in eine milde Bestrafung wie zum Beispiel Verbannung umgewandelt werden, während er in petto bereits entschieden hat, sie zu lebenslänglicher Einzelhaft bei Wasser und Brot zu verurteilen.
Die zweite Möglichkeit wird von denjenigen vorgezogen, die der Meinung sind, daß, ›nachdem die Hexe auf diese Weise ins Gefängnis gebracht ist, das Versprechen, ihr Leben zu schonen, eine Weile gehalten werden, sie aber nach einer gewissen Zeit verbrannt werden soll‹.
›Eine dritte Meinung geht dahin, daß der Richter der Angeklagten ruhig das Leben versprechen möge, aber auf solche Weise, daß er später sich der Pflicht, das Urteil über sie zu sprechen, entschlage und einen andern Richter an seiner Statt damit beauftrage.‹«
Quälen und Betrügen war geboten, und die Hexerei wurde auf eigenartige Weise »verwissenschaftlicht«. Ein letztes Mal zitiere ich Huxley, der die Verfasser des »Malleus Maleficarum« bemüht, die sich wiederum

auf den heiligen Thomas berufen: »*›Es muß zugegeben werden, daß mit Gottes Erlaubnis die Teufel die Luft aufrühren, Winde hervorrufen und Feuer vom Himmel fallen lassen können. Denn obgleich hinsichtlich des Annehmens verschiedener Gestalten die körperliche Natur dem Gebot keines Engels, weder eines guten noch eines bösen, unterstellt ist, sondern allein dem Gebot Gottes, des Schöpfers, muß doch hinsichtlich örtlicher Bewegungen die körperliche Natur der geistigen gehorchen... Aber Winde und Regen und andere Störungen der Luft können durch die bloße Bewegung aus der Erde oder dem Wasser abgelassener Dämpfe verursacht werden; daher genügen die natürlichen Kräfte von Teufeln, um solches zu verursachen. So sagt der heilige Thomas.‹...*
Hinsichtlich der Impotenz machen unsre beiden Verfasser einen scharfen Unterschied zwischen der natürlichen und der übernatürlichen. Natürliche Impotenz ist die Unfähigkeit, geschlechtlichen Umgang mit irgendeiner Person des anderen Geschlechts zu haben. Übernatürliche Impotenz, durch Zaubersprüche und -praktiken und Teufel verursacht, ist Unfähigkeit nur gegenüber einer bestimmten Person (besonders gegenüber der Ehefrau oder dem Ehemann), während die Potenz gegenüber allen übrigen Personen des anderen Geschlechts unbeeinträchtigt bleibt. Es sei bemerkenswert, sagen die Verfasser, daß Gott mehr Behexungen im Bereich der Fortpflanzungskräfte als auf irgendeinem andern Gebiet des menschlichen Lebens erlaube, und der Grund sei der, daß seit dem Sündenfall in allem, was zum Geschlecht gehört, ›eine größere Verderbtheit denn in irgendeinem andern menschlichen Tun‹ herrsche.«
Und genau das glaube ich auch, wenn ich die Verfasser richtig mißverstehe: die Ernennung der herrlichen Schlange zum Sündenphall zeugte mit beim Hexenwahn und seinen sexuellen, dabei auch phallischen Motiven. Penisneid kennen nicht nur Frauen, Eifersucht auf die Wollust der anderen treibt zu Zerstörungswut (auch und nachweisbar der fremden Lustorgane). Wer seinen Schwanz nicht zeigen darf, sucht nach neuen, meistens menschenfeindlicheren Demonstrationen der Selbstdarstellung und der Macht (denn eine Macht ist es wohl, Lust bereiten und empfangen zu können).
Bekannt ist, daß zum Höhepunkt des Hexenwahns sich viele Frauen selbst bezichtigten, oft gruppenweise. Manchmal mag die Sehnsucht nach dem richtigen Gebrauch eines ungehemmten männlichen Schwellkörpers Ursache dieser Hysterie gewesen sein.
Ein weites Feld für neue Untersuchungen zum alten Thema.

Schließen will ich dieses Kapitel mit der Unterschrift eines neuen Hexers, der Scheiterhaufen nicht fürchten mußte, allerdings die brennenden Zungen seiner Zeitgenossen, mit der Unterschrift Aleister Crowleys und dem Kommentar dazu, wie ihn John Symonds in »Aleister Crowley — Das Tier 666«, 1983 bei Sphinx, Basel, erschienen, gab:

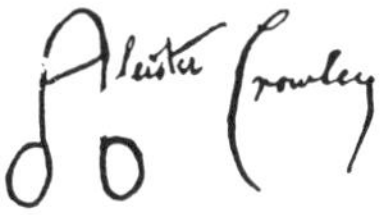

»Das phallische A drückt irgendwie gleichzeitig Befangenheit und Berechnung aus. Dennoch hatte sich Crowley schon lange mit dem Phallus identifiziert; so, wie er seine jeweilige Geliebte mit der Vagina gleichsetzte. Frauen sah er nicht als eigenständige Persönlichkeit an. So bezeichnete er Leah Hirsig als ›reine Yoni, die von ihrem übrigen Körper verziert war, ebenso wie ich reiner Lingam mit Kräuselhaaren bin‹ (The Magical Record, 17. August 1920). Crowley war Phalluskraft. Später, nachdem Leah ihr phantastisches Bild von Crowley revidiert und begonnen hatte, ihn so zu sehen, wie er wirklich war, redete sie ihn in einem Brief mit den Worten Lieber Alter Schwanz an.«

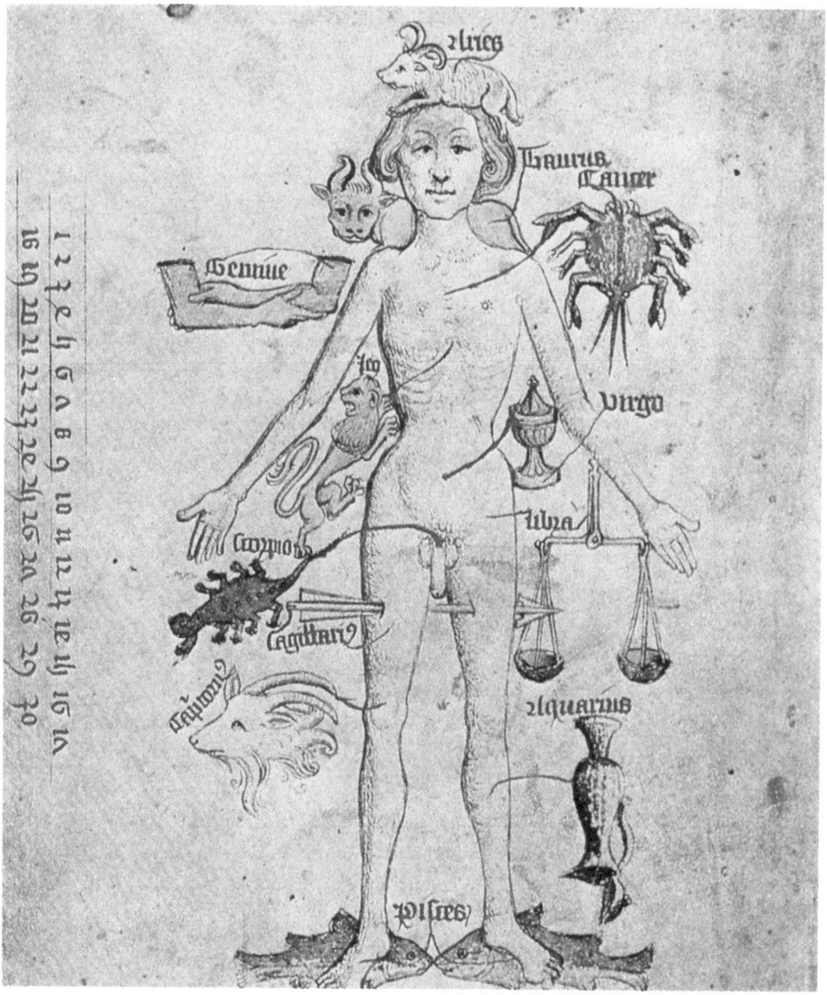

Zu den Geheimwissenschaften von damals gehörte schon die Astrologie, und damit die Skorpione wissen, wohin sie gehören, bieten wir hier einen Tierkreismann aus dem »Guildbook of the Barber Surgeons of York", 15. Jahrhundert.

Das Bild von Ludovicus Milichius (1566) auf der nächsten Seite soll zeigen, daß auch der Teufel von Deutschlands berühmtestem Hexer ithyphallisch war, obwohl das auf der unten rechts angeklebten und abgestempelten Briefmarke von 1979 in der Verkleinerung kaum noch zu erkennen ist.

Diese beiden Bilder sind neben vielen anderen Ausstellungsobjekten rund um den, der seinen Stab gen Helena und Gretchen reckte, im Faust-Museum, Knittlingen, zu besichtigen.

Der Zauber Teuffel:

Das ist/

Von Zauberey/

Warsagung/Beschwehren/
Segen/Aberglauben/Hexerey/vnd man-
cherley Wercken des Teuffels/ wolgegründter/
vnd so viel einem Glaubigen dauon zu wissen dienstlich/
gnugsamer Bericht/ nicht allein dem Gemeinen Mann/ son-
der auch den Weltlichen Regenten/vnd einfeltigen Predi-
gern nützlich vnd kurtzweilig zu lesen/ Auß heiliger
Schrifft vnd bewerten Scribenten/mit fleiß
zusammen getragen/ Durch

Ludouicum Milichium.

Getruckt zu Franckfurt/ M.D.LX

Kleines Zwischenspiel mit Ritterspiessen, Haremsliebe und Jungfrauenverehrung

Nun muß etwas zum Islam geschrieben sein, denn ohne diese Religion kriegen wir das Ding nicht so zum Stehen, wie es heute steht. Packen wir's hart und schnell an: Allah war den Schwengeln seiner Gläubigen gegenüber freundlicher als der Gott, den die Kirche als Schild vor die Hosenlätze hielt, auch wohlgefälliger als manche gegenwärtigen Eiertoller. Einem Mohammedaner war per Religion der Harem erlaubt, wo er ohne Heuchelei und ohne Versteckspiel sich und seine Frauen befriedigen durfte. Pfui, rufen nun die Frauenbewegten, und der Harem ist auch bestimmt keine neu zu erstrebende Einrichtung. Immerhin resultierte daraus in Arabien aber eine größere Wertschätzung der Frau als etwa am Rhein. Ein Araber durfte sich verlieben, auch wenn er verheiratet war, und er wurde seiner Frauen nicht so überdrüssig, weil Abwechslung den Appetit wachhielt. Zum Beweis dafür lese man arabische Liebeslyrik.

Unsere Herren Ritter aber fanden in der eigenen Burg nicht genug Anlaß, ihre Spieße zu wetzen, und so reisten sie ins Heilige Land. Da erfuhren sie, daß Lust nicht unbedingt gestohlen werden muß, muß, den Ruch nach Sünde hat. Sie kamen zurück als Minnesänger.

Naja, beileibe nicht alle. Der erste Troubadour aber, Herzog Guillaume der IX. von Aquitanien, kam beispielsweise mutiger zurück, als er ausgezogen war. Er war schon vor seinem Ausflug der Ansicht gewesen, daß ein wahrer Mann danach streben müsse, alle Frauen zu besitzen. Aber erst als er zurückkam, bekannte er sich lauthals dazu.

So derb und zynisch wie Guillaume (soweit die erhaltenen Bruchstücke seiner Lieder es verraten) waren seine nächsten Nachfolger nicht. Beispielsweise beklagt sich der Sänger Marcabru (ein nichtadeliger Troubadour von der Donau) über den »Baum Perversität«, der alles überschatte. Doch wuchs der Baum anfangs nicht in den Himmel, denn zuerst war die Zeit der hohen Minne, bei der in den Liedern nicht unbedingt verraten wird, daß das Ziel das Bett der Dame ist.

Zwei kleine, tragikomische Geschichten nach wahren Kernen mag ich mir hier nicht verkneifen:

Der müde Moritz

Niemand liebte seine Dame mehr als der Ritter Moritz von Craun. »Was soll ich tun, damit du mich erhörst«, fragte er an. »Hol' mir die Sterne vom Himmel«, wünschte sie.
Da war sie ihn für längere Zeit los.
Natürlich kam er ohne Sterne zurück, ertrug gesenkten Hauptes den fälligen Spott, fragte erneut: »Was soll ich tun, damit du mich erhörst?« »Bringe mir ein Häppchen frischer Drachenleber«, befahl sie.
Da war sie ihn wieder für längere Zeit los.
Und er kam ohne Drachenleber zurück, älter geworden, erschöpft vom Suchen zwischen Berg und tiefem Tal, erntete das verdiente Gelächter, fragte wieder: »Was soll ich tun, damit du mich erhörst?« »Fange mir einen richtigen Riesen«, verlangte sie.
Noch einmal schleppte sich Moritz in die weite Welt. Mit jedermann, der größer als 1,60 Meter war, kämpfte er. Oft siegte er. Immer wieder erklärte man ihm, sein Gefangener sei kein richtiger Riese. So ließ er die Besiegten stets frei, kam endlich ohne die gewünschte Gabe zu seiner Angebeteten.
Es war spät, als er ans Tor ihrer Burg klopfte. Die Dame war allein und langweilte sich. Natürlich hänselte sie den Ritter Moritz zuerst, aber als er wieder einmal fragte »Was soll ich tun, damit du mich erhörst?«, antwortete sie: »Liefere mir einen großen Kampf in meinem einsamen Himmelbett.«
O, wie erschrak Moritz da.
Und doch, alt, müde und unerfahren schlüpfte er unter ihre Decke. »Was soll ich tun, damit du mich erhörst?« murmelte er. »Tu's!« antwortete sie. Ihm fiel nicht mehr ein, worum es ging. Sie versuchte, seinen Speer aufzurichten, aber der fiel einfach immer wieder um. Und schließlich fielen ihm auch noch die Augen zu, dem armen Ritter Moritz von Craun.
Am nächsten Morgen fragte er ein letztes Mal: »Was soll ich tun, damit du mich erhörst?« »Scher' dich zum Teufel«, keifte sie. Auch die Erfüllung dieser Aufgabe gelang ihm nicht richtig. Seither sitzt er im Ritterhimmel und wartet auf seine Dame, die in der Hölle längst schon wüste Orgien feiert.

ULRICHS FINGER

Bis zum Närrischsein liebte Ulrich von Lichtenstein seine Dame. Selbstverständlich sang er allen, die es nicht hören wollten, von ihren Reizen. Selbstverständlich trug er ihre Farben sichtbar auf dem Leib. Selbstverständlich hatte er auch alle elf Finger mit ihrem Namen beschriftet.
Aber sie wollte nichts mit ihm zu tun haben.
Einen Beutel mit Gold bot er ihrer Magd für das Waschwasser seiner Dame. Dabei war es nicht Ulrich von Lichtenstein, der das Lied geschrieben hat »Lass' mich dein Badewasser schlürfen«. Dennoch handelte er danach. Auf Flaschen hatte er das ihm kostbare Naß gefüllt. Wenn seine Kumpane Wein tranken, berauschte er sich an seiner Spezialmarke, träumte, sie hätte nicht nur ihren lilienweißen Körper darin gereinigt, sondern auch noch ein wenig dazugepinkelt.
Aber sie sagte »Igitt«, als sie davon hörte.
Da dichtete Ulrich ihr einen Erpresserbrief, wie es ihn zu seinen Zeiten kaum gegeben hat. Er schrieb ihr: »Ich habe mich für Dich als Geisel genommen. Ich verlange Dich als Lösegeld. Damit Du siehst, wie ernst es mir ist, lege ich Dir hiermit einen abgeschnittenen Finger von meiner linken Hand bei. Wie Du an der Signatur erkennen kannst, gehört er sowieso Dir. Solange Du mich nicht mit Wohlgefallen befreist, werde ich Dir wöchentlich einen Finger schicken.«
Nach weiteren zehn Wochen fiel Ulrich nichts mehr ein und für die Dame sowieso aus.

Das war die hohe Minne, und Moritz wie Ulrich gab es tatsächlich. Aber es gab auch Parzivale und Tristans, also verheiratete Ritter, die ihre Eheweiber verließen, um in die Dienste ihrer (oftmals ebenfalls verheirateten) Damen zu treten. Da nämlich die Ehescheidung verboten war, gab es kaum eine andere Möglichkeit für Liebende. Auch das war die hohe Minne, die dann allmählich in die niedere Minne überging, das heißt, daß ehrlicher besungen wurde, worum es den Rittern ging: ums Lanzenstechen.
Aber ein Ehemann des 15. Jahrhunderts ließ seinen Besitz nicht einfach für den fremden Stich offen. Der Keuschheitsgürtel oder Venusgürtel

oder Florentiner Gürtel kam in Mode (wie es bei Mode so üblich ist: von Männern ersonnen, von Frauen getragen).

Er kam also wahrscheinlich aus Florenz. Aber die Idee dazu hatten bereits die alten Griechen gehabt. Als nämlich Aphrodite ihren Ehemann Hephästos mit dessen Bruder Ares betrog, schmiedete Hephästos einen Gürtel, der ihre Scham verschloß. Lustig fanden die Griechen und Griechinnen diese Idee. Die abendländischen Christen machten Ernst daraus. Renaissance?

Ob sich die damaligen Frauen so daran gewöhnt haben, wie manche modernen Amerikanerinnen ans Petting? Vielleicht stöhnte damals eine Frau ihrem Geliebten ins Ohr: »Nein, besorge keinen Nachschlüssel. Ich finde das Feilen viel schöner.«

Aber es gab noch eine Waffe gegen die wilde Liebe = die Jungfrau Maria. Bis zum zwölften Jahrhundert war sie nur eine Heilige unter anderen gewesen, aber Bernhard von Clairvaux brachte mehr als die Zisterzienser auf den Reinheitstrip. Glücklicherweise war Maria nicht nur Jungfrau, die Braut aller Mitglieder der Dreifaltigkeit (nach Gottfried von Admont) und Mutter, sondern zusätzlich ein weiterer Stachel im keuschen Leib der Kirche — sie war eine Frau! Das trug zur Stärkung der Position ihrer Geschlechtsgenossinnen bei.

Das taten auch die Kreuzzüge. Nicht nur, weil danach Frauen besingbar waren, sondern auch, weil — makaber, aber wahr — die Position der Frauen immer dann gestärkt wird, wenn Männermangel anliegt, zum Beispiel in Kriegen und bei Kreuzzügen.

Ein wenig Spielmaterial für die Leser zum unkommentierten Beweis dafür, dass des Mannes Rittersporn zwischen dem 14. und 16. Jahrhundert bei Adel und Bürgertum nicht nur im Verborgenen blühte.

Giovanni Boccaccio, 1313—1375, Zitat:
»Da die Natur nichts ohne bestimmte Absicht geschaffen hat, verlieh sie uns diese edlen Körperteile, damit wir einen tunlichst guten Gebrauch von ihnen machen und sie nicht vernachlässigen.«

Pietro Aretino, 1492—1556, Zitat:
»Warum mit einem Stück Leinen oder Seide ›das Ding‹ verhüllen, das so

viele schöne Geschöpfe, Frauen und Kinder geschaffen hat? Verstecken wir lieber unsere Hände, die unser Geld verspielen, falsche Eide schwören, zu Wucherzinsen borgen und den Esel quälen, kratzen, zwicken, prügeln, verwunden, töten.«

Zwei Texte, gefunden in »Dein Leib ist mein Gedicht«, herausgegeben von Heinz Ludwig Arnold bei Rütten und Loening, München 1970: AUS DEM LIEDERBUCH.

AUS DEM »LIEDERBUCH DES ARNT VON AICH« (UM 1510)

Ein pauer gab seim son ein weib
die was gerad und stoltz von leib
von glidmos ungelachsen.
Der hensel gab ir bei der wand
ein langen pfeffer[1] *in die hand*
schau was mir ist gewachsen
das gredel sprach wohl uberlaut
der ist mir gar ein seltsam kraut
liebe mutter
aube[2] *liebe mutter*
es tut mir vil jammerschrei
liebe mutter
aube liebe mutter
meinst du ob das ein kurtzweil sei?

Er legt sie nider nach der leng
wie tust du gredlein heut so eng
wilt du mir nimmer wincken.
So mein ich doch als ichs verste
dir sei noch nit geschehen we
man sicht dich wenig hincken
das gredel sprach was leit mir dran
das ich den spot zu schaden han
liebe mutter
aube liebe mutter
es tut mir vil jammers wee

1 Glied; 2 auweh;

pfui sich der ee[3]
liebe mutter
aube liebe mutter
das ich kaum auf den füssen stee.

Die mutter sprach nun schweig mein kindt
du wirst von dissem strauß nit blindt
laß dich nur nit verlangen.
schau liebe mutter wie ich tu
ich lig und tu die augen zu
es ist mir schir vergangen
also lach sich das gredel gut
die gantze nacht in stiller hut
liebe mutter
aube liebe mutter
es tut mir je lenger ie bas[4]
ich weis nit was
liebe mutter
aube liebe mutter
eine gute kurtzweil ist mir das.

3 Ehe; 4 besser

EINE EHESCHEIDUNG

(Alttiroler Fastnachtsspiel, 1529, Verfasser unbekannt)

Der Pedell
Hört zu alle, arm und reich,
Frauen und Männer, alle gleich!
Der an seim Weib ein Mangel hat
In der Bettstatt früh oder spat,
Der ein Weib hat, die alltag kreißt,
Und unter Decken sich übel weist
Und den Mann nit gern läßt überhangen,
Der mag von Stund an jetzt herkommen
Und dem Richter das zeigen an,
Der sich auf solches wohl verstehen kann.

Die Frau klagt

Seid gegrüßt, lieber Herre mein,
Laßt euch mein Kummer geklaget sein
Über meinen viel alten Mann,
Bei dem ich keinen guten Tag nie gewann.
Er trägt mir das bare Bettfutter aus,
Das ich wohl selber möcht im Haus.
Ich mußt im Haus so Mangel leiden,
Wann er andern Frauen tut aufschneiden.
Er will mir nur die leeren Säck anhenken
Und tut mich damit schimpflich krenken,
Und ich hab was eine Frau haben soll
Und tut mir's Riffeln auch noch wohl.
Ich hab ihm das noch nie verziehen,
Zwar, ich will nimmer bei ihm liegen.
Er hat ein Trumm, das ist zu klein,
Drum ich ihm auch nicht gut mag sein.

Der Mann

Ich antwort als ein biedrer Mann.
Mein Esel tut mir hangend stahn.
Sie macht sich allweg krank und schwach,
So denk ich mir, nun hab gemach,
Und so ich dann zu einer andern geh,
So treibt sie nur das Schimpfen mehr
Und spricht, ich hab zu kurz und klein,
Zwar, es soll ihr nimmermehr gut sein,
Daß du so Schand tust auf mich liegen
Und tust mich allzusehr betrüben.
Ich hab ein Trumm wie ein Schlegelstiel,
Daran sie doch nit gnug haben will.

Die Frau

Er sagt von Schlegelstiel oder Stangen
Und kann mir doch nit durch die Stauden langen,
Daß er mir die Mutter möcht erreichen,
Sicher, Herr, er tut Euch leichen.

Der Mann
Sie tut mir unrecht mit Gewald
Ich bin ihr oft g'fahren durch den Wald,
Schier gar zum End der Welt hinein,
Drum, Weib, laß deine Lügen sein!

Der Richter
So richt ich zu Recht auf eurer Frauen,
Daß man dich soll beschauen
Allhier vor den geschwornen Weiben,
Ob du wohl kannst schießen nach der Scheiben,
Ob du zu groß hast oder zu klein,
Was dir da hanget zwischen die Bein.
Ihr Frauen, geht her zu dem Mann,
Seht, ob er einen Bruch hat an,
Und tut uns die Wahrheit kund,
Ob er mag streiten bis an den Grund
Mit seiner Zauberstangen.
Schaut, ob er hat ein zu kurzen oder langen,
Denn die Frau tut über ihn klagen.
Beseht ihn wohl und tut uns sagen,
Wie's mit ihm sei.
Führt ihn hinauf ins Heu
Oder wo es sonst euch recht ist,
Und schaut, ob das Ding gut oder schlecht ist.

Eine geschworene Hebamm
Herr, wir tun nach Euerm Gefallen
Und beschauen ihn allenthalben. –
Guter Mann, nit schäm dich sehr,
Setz auf den Stuhl dich her
Und heb vornen auf dein Gewändel;
Hast einen Bruch, so mach auf das Bändel,
Damit wir sehen an der Stat,
Was dir Gott gegeben hat.
Nun tu voneinander deine Bein,
Laß sehn, ob du zu groß hast oder klein,
Damit wir deß ein Urkund wissen –
Puh, du hast ins Hemd geschissen!

Die andere Hebamm
Schau her, Gevatterin, wie gefällt er dir?
Mir genüget an einem solchen schier;
Wann er ein wenig bei Kräften wär,
Deucht mich, es käm eine nit gar leer.

Die erste Hebamm
Mich dünkt ganz im Sinne mein,
Er sollt was größer und länger sein.
Wir wollen dem Richter sagen,
Sein Weib mag sich nit damit behagen,
Dann so wird er fragen um
Die Meister all in einer Summ,
Wie groß und lang einer haben soll,
Der seiner Getraut zu pflegen woll. –
Herr, ich gab Euch Zeugnis wahr:
Er ist zu klein und sitzt im Haar.

Der Mann
Ihr Herrn, der Weiber Red ist Lug und Mar!
Sie warn mir immer gram und g'fahr!
Nun sag ich auch an dieser Stell,
Was mir an meinem Weib da fehlt:
Sie hat keine Tutten nit am Herzen,
Drum g'lüst mich nit, mit ihr zu scherzen,
Und hat ein Fud, mir viel zu weit,
Daß es mich gar nit in ihr leid't.
Nun habt die Klag ihr von uns beiden –
So wißt ihr wohl uns nun zu scheiden.

Der Richter
Ich will nun des Rechtes fragen:
Ihr gelehrten Herrn, tut davon sagen,
Wie lang und groß der Stumpf soll sein,
Der einer Frau genug mag sein.

Meister von Schwaben
Ich Meister von Poppfing aus Schwaben,
Wie groß ein Mann ein Zagl soll haben,
Indem ich les noch immer mehr,
Ulrice, trag mir das Buch davon her.

Ulricus
Meister, ich bin lang aufgewesen
Und hab alle Bücher überlesen,
Ich find keines von der Eh,
Seht, ob's in dem geschrieben steh.

Meister von Schwaben
Es hilft nit, wie lang ich auch such,
Ich find kein Fud in diesem Buch.
Ich weiß es aber aus einem Vers,
Der sagt von der Fud und von dem Zers,
Der soll durch's Haar wohl langen,
Eine Weil stehn und danach hangen.
Neun Daumen soll er der Läng nach haben,
Das ist recht in Bayern und in Schwaben.

Meister Arnold
Meister Arnold bin ich genannt.
Ich hab gehört, im Niederland
Da hab man lieb die langen und großen,
Die mögen gar wohl schieben und stoßen.
Drum sag ich bei meinem Eid,
Daß man sie beid' von einander scheid.

Meister Leupold
Hat sie zu weit und er zu klein,
Was ihm da hanget zwischen die Bein,
So scheid sie ein vom andern –
Zieh sie gen Bruck, zieh er gen Flandern.

Die Frau
Liebe Herren, seid auf meiner Seiten.
Wollt ihr sein verschwiegen,
So wollt ich heut bei euch einem liegen,
So würd er inne, was ich könnt,
Zu sagen es sich da nit ziemt.

Der Mann
Einen Gulden will ich euch schenken,
Drum tut mein auch gedenken

Und scheidet mich von meinem Weib,
Es gelt recht: Seel oder Leib.

Precursor
So, frommer Herr Richter, scheid't diese Leut!
Er hat zu klein und sie zu weit.
Sprecht sie voneinander behend,
Nit daß eins das andre mehr schend.
Es ist ein Spott da vor Jungfrauen,
Daß man die Männer soll beschauen.
Warum beschaut man nit die Weib?
Es ist oft seltsam um ihren Leib
Und könnt einem oft die Fud verleiten.
Drum tut sie voneinander scheiden.

Der Richter
Nun geh herfür, du armer Mann!
Dein Sach du anders sollst richten an.
Frau, geh du auch da her zu mir!
Die Meister und ich da alle vier
Haben zu Urteil und Recht erkannt:
Zu vermeiden größer Laster und Schand
Sei eure Eh fortan ganz ab.
Du, Mann, nimm dir eine, die eine enge hab.
Frau, sucht euch euern Genossen,
Habt ihr zu weit, so nehmt einen großen.
Das erlaub ich euch allen beiden –
Damit tu ich euch voneinander scheiden.

Die öffentliche Wiedergeburt des griechischen Glieds

So sind wir also in der Renaissance, über die Eduard Fuchs eine zweibändige illustrierte Sittengeschichte verfaßte, erschienen Anfang dieses Jahrhunderts bei Albert Langen, München, insgesamt 836 Seiten stark, Format 20x27 cm. Ebensoviel »Sittengeschichte« sammelte Fuchs auch zur galanten Zeit und schließlich zum bürgerlichen Zeitalter.
Die prächtigen Sammlungen sind nicht dem Penis gewidmet, und da dieser arme Tropf selbst für auf Erotik spezialisierte Herausgeber ein enfant terrible zu sein scheint, wäre für unser Thema höchstens ein Zwanzigstel des Werkes verwendbar — und doch wären das, ohne Interpretationen, bereits weitere 200 Seiten in unserem Buch mit seinem Normalformat. Da aber »der Fuchs« durchaus zu haben ist, sollten die Leser, die jetzt durch mich oder schon längst ohne mich ein Interesse am Thema haben, sich durch »den Fuchs« weitere Inspirationen holen. Ein weiteres der wenigen gründlichen Bücher zum engeren Umfeld des von uns behandelten Körperteils sei hier ebenfalls empfohlen: Margaret Walters »Der männliche Akt« mit dem treffenden Untertitel »Ideal und Verdrängung in der europäischen Kunstgeschichte«, Medusa Verlag, Berlin, 2. Auflage 1984. Das Buch enthält eine vorzügliche Bildauswahl und wahrhaft erhellende Texte.
Die Erreichbarkeit dieser beiden Werke entlastet mein Gewissen, wenn ich jetzt meinen Taschenlampenstrahl nur noch auf ausgewählte Auswüchse fallen lasse.

Die Renaissance

Der Kulturhistoriker datiert sie aufs 15. und 16. Jahrhundert. Die von der Kirche zugeschüttete Antike wurde wiederentdeckt, mitsamt der ihr innewohnenden Sinnlichkeit. Dennoch wurden in der Mode die weiblichen Brüste entblößt, nicht die männlichen Schwänze. Und doch tat sich auch in der Männermode einiges, wie die folgende Bildtafel aus »dem Fuchs« beweisen soll:

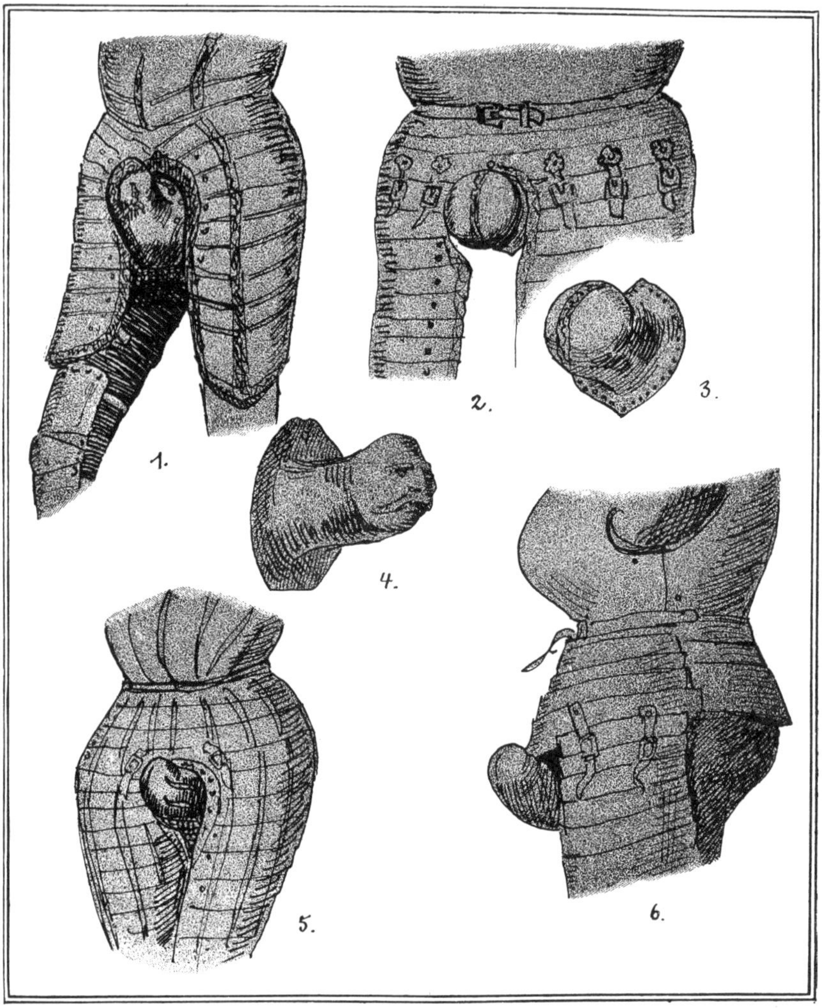

Beispiele für die Vortäuschung einer ständigen geschlechtlichen Aktivität in der Form des Gliedschirms am Harnisch der Ritter

1. Feldharnisch König Maximilian II. von ca. 1562 (Wiener Hofmuseum)
2. und 3. Landsknechtsharnisch des Konrad von Bemelberg von ca. 1532 (ebenda)
4. Gliedschirm von einem Harnisch um 1540 (Germanisches Museum, Nürnberg)
5. Prunkharnisch des Fr. W. v. Rogendorf von ca. 1522 (Wiener Hofmuseum)
6. Feldharnisch um 1510 (ebenda)

▶

Beispiel für die Vortäuschung der geschlechtlichen Aktivität in der Hosenlatzmode. Kupferstich von Virgil Solis.

Bleiben wir kurz bei der Mode und bedienen uns noch einer Illustration aus Fuchsens »Sittengeschichte«.

Im 15. Jahrhundert wurden die Männerhosen, zuerst in Burgund, so eng, daß eine Vergrößerung des Hosenlatzes nötig wurde. So entstand die Mode der Schamkapsel oder Braguette, verbreitete sich in Frankreich, Deutschland, in der Schweiz und in Spanien. Mit der Braguette konnten die Männer mehr zeigen, als sie hatten, und sie taten das auch. Sie demonstrierten eine solche Vorstellungskraft, daß bei Prozessionen die Fahnenträger sogar die Fahnenstangen auf ihrer Penishülle stützen konnten. Guitarrespieler erleichterten sich mit ihren Potenzvortäuschern das Halten der Instrumente. Bis ins späte 16. Jahrhundert hielt sich die Mode der Braguette, obwohl Priester von Kanzeln und in Schriften dagegen wetterten (vielleicht, weil bei der locker fallenden Soutane so ein aufwendiges, starres Etui albern ausgesehen hätte?). Der Bischof Musculus aus Frankfurt an der Oder verfaßte ein 1555 erschienenes Buch »Vom zerluderten zucht- und ehrverwegenen pludrichten Hosenteuffel« mit dem affengeilen Satz: *»Unsere jungen Kumpane lassen den Latz vorn mit dem Höllenfeuer und dem Lappen über die Maßen groß machen, so daß der Teuffel darin sitzt und zu allen Seiten hinausschaut, allein zum Ärgernis und bösen Beispiel, ja zur Verlockung und Verführung armer, wahnsinniger und unschuldiger Mädchen.«*
Ja, die armen, wahnsinnigen und unschuldigen Mädchen. Sie verloren ein wenig Armut an Freiheit, Wahnsinn der Unterdrückung und vor allem verordnete Unschuld in dieser schwanzbesessenen Zeit. Zumindest einige. Das Idealbild der Zeit war die Virago, die Frau, die ihr Leben und ihre Lust selbst bestimmte.
Die Lust wird aus dem Korsett der Schuldgefühle entlassen, und weil die neue Moral (das ist immer so) nicht so schnell wächst wie die neue Freiheit, explodiert die Lust, glaubt man, ein Recht auf Lust zu haben, selbst wenn andere dabei mehr als Unlust empfinden. Glücksritter gehen auf den Egotrip. Die Landsknechte (auch mit aufgebauschtem Hosenlatz) fühlen sich nur ihren Trieben, keinem Gott und keinem Herrn verantwortlich, plündern, vergewaltigen.
Puritaner sollten dieses Ergebnis der Befreiung nicht als Teil der Freiheit, sondern als Folge der vorangegangenen Unterdrückung begreifen! Damit ist entstandenes Leid nicht aus der Welt. Aber der Zukunft zuliebe darf man Ursachen und Wirkungen nicht durcheinanderbringen.
In der Renaissance boten die Herrschenden ihren Untertanen ein von denen durchaus goutiertes Schauspiel der Zügellosigkeit. Zügellosigkeit ist teuer, als Schauspiel besonders. Welchen Anteil tragen die toben

wollenden und sollenden Fürstenschwänze am Entstehen des Dreißigjährigen Krieges?
Und was ist mit den Kirchenfürsten? Viele wildern öffentlich mit, andere insgeheim. Die klugen unter ihnen aber merken, daß sie sich damit dem Volke gleichmachen. Sie tun so, als trügen sie den Sündenstachel nicht. Sie wollen die Angst vor dem Teufel schüren, die Erbsündschraube festdrehen. Die Inquisition läuft auf Hochtouren. Zu lockere Gesetze werden wieder fest vor die Köpfe der Gläubigen genagelt.
Ein Opfer war das Jüngste Gericht, an dem Michelangelo sieben Jahre gearbeitet hatte. Zu nackt waren seine Menschen. Nach längerem Hickhack, bei dem auch das ganze Werk unter die Tünche hätte geraten können, wurde Daniele da Volterra engagiert, der die sündigen Stellen mit gemalten Gewändern bedeckte. Braghettone nannte man ihn deshalb spöttisch, Hosenmacher.
Nun sollen wieder einige Bilder die Augen erfreuen, das Hirn undsoweiter anregen, Bilder aus »Der männliche Akt« und »Illustrierte Sittengeschichte« — eine ganz geizige Auswahl:

1

2

1. Selbstportrait, Albrecht Dürer **2.** Bacchus, Michelangelo

3

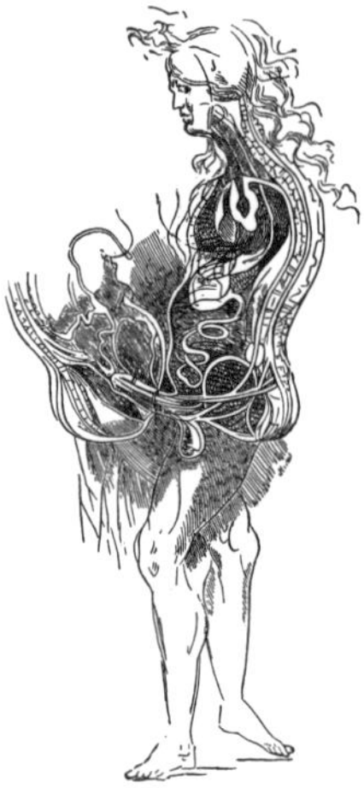

4

5

6

3. Radierung, Rembrandt

4. Anatomische Darstellung, Leonardo da Vinci

5. Trinkgefäß aus Glas

6. Spielwürfel aus Elfenbein

7

7. Bauer aus Holz in süddeutscher Trinkstube

8

8. Gravuren auf einer Degenklinge

9

10

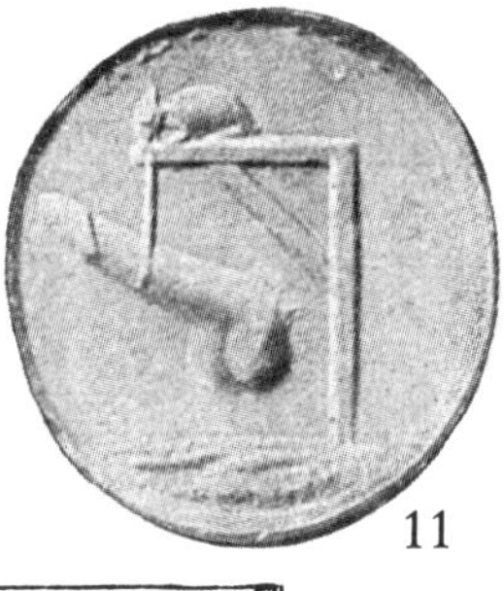

11

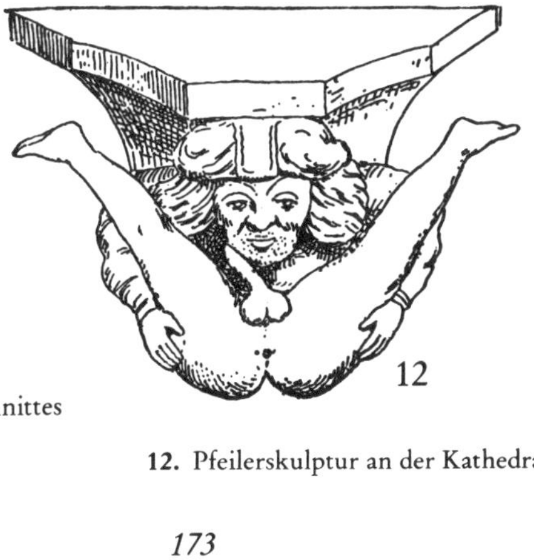

12

9. Ausschnitt eines Holzschnittes

10., 11. Zwei Siegel

12. Pfeilerskulptur an der Kathedrale zu Tregnier

13

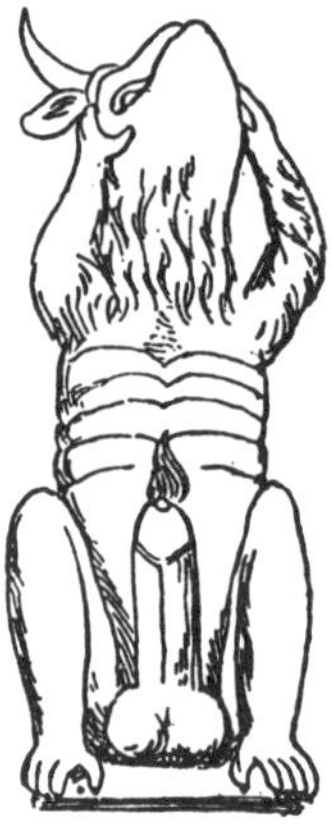

14

15

13. Chorstuhlschnitzerei aus der Kirche Saint-Martin in Champeaux

14. Wasserspeier am bischöflichen Palast zu Sens

15. Buchstabenverzierung aus einer Handschrift des kanonischen Rechts

Noch etwas wurde im ausgehenden 15. Jahrhundert möglich, wuchs ab dem 16. Jahrhundert, wirkt bis heute: der Kolonialismus, die neue Stufe des Imperialismus. Machtpolitik bediente und bedient sich kultureller (damit sexueller) Vorurteile zur Rechtfertigung von Gewalt. Die Kirche half dabei.

Man eignete sich Amerika, Afrika, Indien an, erklärte die Einwohner zu Heiden, Tieren, erkennbar an Hautfarbe und ihren unchristlichen Gewohnheiten.

In Amerika begegneten die Spanier zuerst der Maya-Kultur, in der Homosexualität anerkannt war, unter Jungmännern sogar zum Schutz von Jungfräulichkeit erwünscht. Natürlich kannten die Spanier einen solchen Gebrauch des Schwanzes, aber diesen Pfad hatte er heimlich zu suchen.

Die Inkas hatten im Gegensatz zu den Mayas fast christliche Vorstellungen vom rechten Weg des Lustglieds. Schwule wurden ausspioniert, angeklagt, öffentlich verbrannt. Aber das kümmerte die Spanier gar nicht. Es paßte in ihren Kram, in ihre Vorstellung, daß diese teuflischen Indianer allesamt »Sodomiten« seien. Und so genehmigte 1583 das Dritte Provinzkonzil von Lima in Peru die Predigt für bekehrte Indianer, von der hier Auszüge folgen:

»Wenn unter euch jemand ist, der Sodomie begeht, der mit einem anderen Mann oder mit einem Knaben oder mit einem Tier sündigt, so wisset, daß aus diesem Grund Feuer und Schwefel vom Himmel fielen und die schönen Städte Sodom und Gomorrha zu Asche verbrannten. Wisset, daß sie durch die gerechten Gesetze unseres spanischen Königs unter Todesstrafe gestellt ist... Wisset, daß der Grund, warum Gott erlaubt hat, daß ihr, die Indianer, so von anderen Nationen geplagt und gequält werdet, diese Sünde ist, die eure Vorfahren hatten und die viele unter euch noch immer haben...«

Die Kirche zielte oft auf den Unterleib. Daß das nicht aufs 16. Jahrhundert begrenzt war, soll ein Zitat aus dem 1984 bei Suhrkamp erschienenen wunderbaren und jüngste Geschichte Chiles vermittelnden Roman »Das Geisterhaus« von Isabel Allende (in der Übersetzung von Anneliese Botond) aufschließen:

Der Priester »war berühmt für seine hemmungslosen Predigten. Seine Getreuen folgten ihm von Gemeinde zu Gemeinde und schwitzten, wenn er ihnen die Höllenqualen der Sünder schilderte, die ingeniösen Folterwerk-

zeuge, die das Fleisch zerfetzten, die ewigen Flammen, die Krallen, die sich in das Glied des Mannes einbohrten, die abscheulichen Schlangen, die in die Leibesöffnungen der Frauen krochen, und viele andere Martern, mit denen er in jeder Predigt Gottesfurcht verbreitete. Selbst den Teufel beschrieb er bis in seine intimsten Anomalien, und das alles mit dem galicischen Akzent des Priesters, dessen Aufgabe auf Erden es war, die Gewissen der trägen Kreolen aufzurütteln«.

Wie die Spanier in Amerika, so setzten auch beispielsweise die Holländer in Afrika und die Briten in Indien ihre Knüppeltechniken mit Unterstützung der Kirche durch.

Aber Berührungsängste hatten die männlichen europäischen Eroberer dennoch nicht, und so trugen sie nicht nur Unglück in die Welt, sondern brachten auch etwas mit: die Syphilis. Zuerst hatte diese Krankheit wohl der Obermaat Pinzon von des Columbus Entdeckerschiff gehabt. Dann verbreitete sie sich schleunigst, denn der Verkehr in Europa war lebhafter geworden.

Es gibt aber auch die umgekehrte Theorie, nämlich daß die Krankheit schon in Europa existiert hat, daß Columbus und seine Mannen sie nach Amerika brachten.

Baba-Rock für den Stock

In der Renaissance kämpften Kirche und Antike gegeneinander. Ich weiß auch heute nicht, wer gewonnen hat. Der Kampf bescherte der Geschichte unter anderem Reformationen und Gegenreformationen mit den Auswüchsen echter Schlachten und Kriege. Der 30jährige jedenfalls kostete viele Leben. Die Pest half beim Dezimieren der Menschheit. So viele Männer fehlten, daß beispielsweise der fränkische Landtag die Polygamie legalisierte, um die Verluste auszugleichen.
Und dann nahm die Menschheit wieder rapide zu. Und die Syphilis grassierte. Und um die Mitte des 17. Jahrhunderts begann man, dem kleinen Liebling ein Mäntelchen anzuziehen.
Neu war die Idee nicht. Die Frauen der Djuka in Guayana führten die Schoten einer Hülsenfrucht in die Vagina ein, die des Geliebten Naß sammeln sollte. In Japan bekam mancher Pimmel ein hartes Mützchen aus dem Horn der Schildkröte oder ein Etui aus Leder. Die Römer sollen Ziegenblasen als Kondome genutzt haben.
Ein historisch beglaubigtes Präservativ wird ins Jahr 1564 datiert, gehörte dem italienischen Anatomisten Fallopius, war aus Leinen und arg knapp. Es sollte nicht ver-, sondern be-hüten — vor Geschlechtskrankheiten.
Madame de Sévigné beschrieb 1671 brieflich ihrer Tochter, der Gräfin von Grignan, das Männermützchen als *»Panzer gegen die Lust und eine Spinnwebe gegen die Gefahr«*. Casanova behauptete, er habe 1753 einer Wiener Nonne ihre Kondome geklaut. Doch der Nonne Jammern rührte ihn so sehr, daß er zurückerstattete, *»was so kostbar für eine Nonne ist, die der Liebe opfern will«*.
Es gab sie, wenn man Casanova folgt, in unterschiedlicher Qualität. Er pflegte sie durch Aufblasen zu testen, denn ihm ging es nicht nur um den Schutz vor venerischen Krankheiten, sondern auch um Empfängnisverhütung.
Der deutsche Arzt Christoph Girtanner, Syphilisforscher und Zeitgenosse Casanovas, entrüstet sich darüber, daß solche Überzieher offen verkauft werden, erklärt uns aber auch, daß es Fischblasen zum Schutz des männlichen Glieds waren.
Gehen wir einfach weiter mit der Zeit. In der Mitte des 19. Jahrhun-

derts kriegte der Amerikaner Goodyear heraus, wie man Gummi vulkanisiert. Damit begann die Massenproduktion von »Parisern« oder »Londonern« — je nachdem, wem man die Schonbezüge überziehen will.

Bestimmt waren die »Gummis« eine gute Erfindung, denn manchmal bedeutet das Verhindern von Leben gleichzeitig die Erhaltung von bereits vorhandenem Leben — mehr mag ich gegen den Papst hier nicht sagen. Aber es gab natürlich auch andere Vorschläge zur Lösung des Problems der anwachsenden Bevölkerung. Ein ordentlicher deutscher Vorschlag stammt aus dem Jahre 1827 von C. A. Weinhold, »der Philosophie, Medicin und Chirurgie Doctor, Königl. Preuß. Regierungs-und Medicinalrathe, Ritter des rothen Adlerordens dritter Klasse, ordentlicher Professor der Medicin und Chirurgie an der Universität zu Halle-Wittenberg, der Kaiserlichen Akademie der Naturforscher, so wie einiger andern gelehrten Gesellschaften Mitgliede und Ehrenmitgliede«:

»Welche Folgen für den mittleren Theil von Europa im allgemeinen und für die einzelnen Staaten desselben insbesondere müssen sich aber ergeben, wenn sich eine arbeitslose Masse von Menschen anhäuft, die in ihrem Anwogen gegen die Oligarchie, in ihrem Geschrey nach Brod und Erwerb, immer dringender werden muß... die Oligarchie, und mit ihr die ganze Gesellschaft, ruhet daher auf einem Krater, dessen Schlund sich weder erkennen noch ergründen läßt... Die Explosion kann daher erfolgen, wenn man am sichersten zu seyn glaubt...

Das männliche Geschlecht, von welchem als der aktiven Seite der Menschheit, aller ungesetzlicher Unfug zur Befriedigung einer nur thierischen Lust ausgeht, muß von nun an, da sich bereits jene Mißverhältnisse zwischen Bevölkerung und Arbeit kund thun, in weit schärfere Aufsicht als bisher genommen, ja es ihm völlig unmöglich gemacht werden, ein Wesen in die Welt zu setzen, welches zu ernähren und zu erziehn, Manche oft weder die Mittel noch den guten Willen haben, sondern der bürgerlichen Gesellschaft eine Last aufbürden, unter welcher sie am Ende selbst zu Grunde geht, oder sich in lauter Betteley auflöst.

Ich schlage demnach als eine allgemeine und dringend nothwendige Maaßregel, eine Art von unauflöslicher Infibulation mit Verlöthung und metallischer Versiegelung vor, welche nicht anders als nur gewaltsam geöffnet werden kann, ganz geeignet den Zeugungsakt bis zum Eintritt in die Ehe zu verhindern. Diese Art von unauflöslicher Infibulation hat mir schon bei mehreren Individuen, welche sich durch Selbstbefleckung in eine fast un-

heilbare Nervenschwäche versetzt hatten, die trefflichsten Dienste geleistet. Sie werde vom vierzehnten Lebensjahre an, und sofort bis zum Eintritt in die Ehe, bei solchen Individuen angewendet, welche erweisbar nicht so viel Vermögen besitzen, um die außerehelich erzeugten Wesen bis zur gesetzmäßigen Selbstständigkeit ernähren und erziehen zu können.
Sie verbleibt bei denen zeitlebens, welche niemals in die Lage kommen, eine Familie zu ernähren und erhalten zu können. Das Verfahren dabei ist so einfach und so leicht ausführbar, als es die Impfung der Schutzblattern ist. Die Operation selbst ist leicht und beinahe ganz unschmerzhaft, eben so die Verlöthung und metallische Versiegelung, welche letztere meine Erfindung ist. Die Vorhaut wird nämlich vorgezogen und zwischen ein paar durchlöcherte Metallplatten sanft eingeklemmt, damit das Durchstechen einer hohlen Nadel, in welcher sich ein vier bis fünf Zoll langer Bleydrath befindet, kaum gefühlt werden kann. Ist der Drath durchgezogen, so wird er so gebogen, daß er die nahe liegenden Theile nicht drücken kann; beide Endspitzen werden vorn einander genähert und mittelst eines kleinen Löthkolbens zusammengeschmolzen. Sobald nun die verlöthete Stelle, welche die Größe einer Linse bekömmt, erkaltet ist, wird unter Gegenhaltung eines festen Körpers, ein kleiner Metallstempel aufgedrückt und dieser in Verwahrung genommen. Es wird hierdurch ganz unmöglich die Infibulation heimlich zu öffnen und ohne Stempel heimlich wieder zu schließen, ohne daß es nicht bei der nächsten Untersuchung entdeckt werden sollte.
Die Controle über die gesetzliche und ungesetzliche Eröffnung derselben, gebührt einer gerichtlich-ärztlichen Behörde, eben so die Bestrafung der gewaltsamen und heimlichen Eröffnung dieser metallischen Versiegelung, einer solchen Behörde in erster Instanz.
Die heimliche und gewaltsame Eröffnung, welche von Individuen vom vierzehnten bis zum siebenzehnten Jahre vorgenommen werden dürfte, wird ohne Ansehn der Person mit Ruthen bestraft.
Diejenige aber, welche vom achtzehnten bis zum vierundzwanzigsten Lebensjahre vorfiele, mit der Trittmühle, welche am besten geeignet seyn dürfte; den Überschuß wollüstiger Kraft aus den Zeugungswerkzeugen in die arbeitsscheuen Arme und Beine zu ziehen; und diejenige, welche vom fünfundzwanzigsten bis zum dreisigsten Jahre und sofort vorgenommen würde, besonders im Wiederholungsfalle, mit solcher Gefängnisstrafe bei Wasser und Brod, daß die Gesellschaft für immer gesichert wäre, durch die gesetzwidrigen Begierden leichtsinniger und liederlicher Menschen in Verarmung zu versinken. Welche Verbrechen würden hierdurch verhüthet werden!!!«

Dieser menschenfreundliche Verlötungsvorschlag führt uns in direkter Linie von der Empfängnisverhütung zur Selbstbefleckung, die natürlich (wie Sinibaldi schon 1642 erkannte) zu Gicht, Verstopfung, Mundgeruch, einem Buckel und roter Nase führt. Ellen White, der Gründerin der Adventisten vom Siebenten Tag, wurde das rund zweihundert Jahre später in einer Vision bestätigt.
Im Folgenden stelle ich zwei bewährte Erektions- und Selbstbefriedigungsverhinderer vor (die waren tatsächlich im Gebrauch):

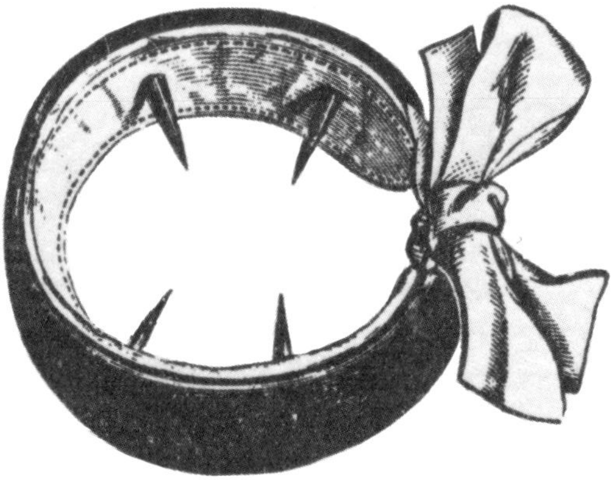

Die galante Zeit

Das Rokoko begann Punkt 1715, wenn man entsprechenden Handbüchern glaubt. Aber die Zeit, die um 1700 begann und tief ins 18. Jahrhundert sich reckte, wird auch »die galante Zeit« genannt. Damals blühten Lust und Pornographie, und dennoch findet man wenig Phallisches. Selbst der eifrige Eduard Fuchs brachte für die beiden Bände seiner »Illustrierten Sittengeschichte« zu »Die galante Zeit« kaum sehenswerte Männerstengel zusammen. Unsere Ahnen ließen diese Bäume nur im Verborgenen in den Himmel wachsen. Dafür wird dieser Himmel, nämlich des Weibes Schoß, gar oft und sogar offen dargestellt.
Eine besondere Pikanterie der doch europäisch heuchlerischen Zeit war die »Kunst der Bedeckung«. Da fertigten bewährte Kupferstecher ein eindeutiges Einblick-Bild, zogen für besondere Sammler einige Exemplare ab, »bedeckten« dann auf der Platte die gar zu deutlichen Stellen, druckten von der so entschärften Vorlage die weitere Auflage.
Ein weiteres Raffinement waren die Assoziationen weckenden Symbole. Anspielungen auf den weiblichen Schoß sind das Vogelnest und der Vogelkäfig. »Wer möchte hier nicht Vogel sein, seinen Vogel einlassen, vögeln?« — zu diesen Fragen sollen Bildbetrachter angeregt werden.
Ein leichtverständlicher Hinweis auf den »galanten« Bildern ist der Kater mit aufgerichtetem Schweif, nach dem die gemalte Frau greift. Man achte auch auf provozierend gehaltene geschlossene Rosen (für Jungfräulichkeit) und auf den zerbrochenen Krug (fürs Entjungfert-, damit Offensein — jaja, so versteht man auch den Kleist besser).
Für den so selten gemalten Penis steht der Dolch, der Degen (den der Jüngling der Maid präsentiert, die den Schleifstein dreht, daß sie ihn schleife), der stattliche Stab, Holzknüppel, das besonders gestaltete Stuhlbein, der in die Szene hinein- oder aus dem Bild herausragende Besen- oder Schaufelstiel, die Riesenwurst (nach der ein lüsternes Weib schielt), seltsam geformte Kartoffeln, Früchte...
Weiterhin produzierte man neckische Bildwerke, bei denen vor den (aber auch hier meistens weiblichen) Geschlechtsteilen Vorhänglein oder Türchen angebracht waren, die zu bewegen waren, ehe man in den Genuß des Angebotenen kommen konnte.
Auch die Literaten ergingen sich metaforisch. Selbstverständlich, das doppelsinnliche Rätsel populär waren. Aus der Sammlung »Das kleine Vademecum für lustige Leute«, 18. Jahrhundert, einige Beispiele:

Wodurch werden die Weiber den Männern am ersten feind?

Wenn ein Mann eines Dinges sich berühmt, und solches nicht hält.

Der Mensch gebrauchet was, obs schon nicht hat das Leben
Doch kann es andern oft das Leben gleichsam geben.
Das zarte Damenvolk liebt es für andern sehr.
Sie legens oft zurecht, und thun ihm große Ehr.
Des Abends suchen sies, und liebens sehr am Morgen,
Es machet oftmals Müh und stillet manche Sorgen.
Es leget manchen Streit, erreget manchen Kampf,
Es hat nicht Feuer, noch Glut, doch gibt es Rauch und Dampf.
Oft kommt es nah an Leib, da mans wohl nicht begehret,
Oft weicht es heimlich weg, wenn man sich darnach kehret.
Man nimmt es oft in Arm, und drückt es an die Brust,
Empfindet auch davon oft sanfte Ruh und Lust.
Viel habens diese Nacht in sanfter Ruh genossen.
Viel werden Abends spät dazu nicht seyn verdrossen.
Drum rathe, was es sey? Der recht wird treffen ein,
Dem soll für allen heut das weichste Deckbett seyn.

Ein Deckbette.

Aufgedeckt, hineingesteckt,
Die Knie gebogen, frisch nachgeschoben.

Ein Hahn, den man in den Topf steckt und kochen will.

Ich bin steif, rund und lang, dem Frauenvolke wert,
Eine jede Kammermagd des Morgens mein begehrt.

Die Nadel.

Ein Ding, das lang genug, wenns eine Spanne mißt,
Und steif nur zu gebrauchen ist.
Vorn an der Spitze hat es einen Schlitz
Ohne diesen wär' es gar nichts nütz.

Ein schräges Loch, nicht allzu klein,
Da steckt man dieses Ding hinein;
Dann giebt es aus sich einen Saft,
Der viele Wunderdinge schafft.
Die Eine weint, die Andere lacht
Doch ja gewiß erfahren macht.
Manch Mädchen nahm es in die Hand,
Die es zu brauchen nicht verstand.
Könnt ihr den dunklen Sinn nicht finden,
So rathet, doch nehmt euch in Acht,
Sonst wird man dem den Mund verbinden,
Der früher spricht, als er gedacht.

Schreibfeder und Tintenfaß.

Ein Mädchen zog an einem kleinen Ding
Das zwischen Fuß und Bauch an einem Beutel hing
Es fühlte große Lust beim Greifen
Und hört nicht auf mit diesem Streifen,
Bis weißer Saft in Strömen floß
Und sich in ihre Schenkel goß.

Das melkende Mädchen.

Drei weitere Rätsel von Menantes (1680 bis 1721)

Ich ging zu meiner gevatter und bate sie umb ihr arsloch,
Sie gab mirs nicht und liehe mirs doch.
Sie sprach, es ist viel zu klein,
Sie sprach, oh we mein.
Ich wils netzen und reiben,
Mit gewalt hinein treiben,
Doch mit glimpff und fug,
Ist faden und lochs genug.

Nadel.

Loch auf Loch,
Zapf ins Loch,
Tetsch fur den Ars,
Rat, was ist das?

Säugling an der Mutterbrust.

Wer glücklich raten kann, der tu es sonder Lachen,
In Hamburg wird man es fast alle Tage machen.
Es ist ein rundes Loch, mit Haaren wohl versehen,
Danach der Appetit den Männern pflegt zu stehen,
Des Leibes bester Teil pflegt sich mit ihm zu paaren,
Und fast ein jeder wünscht, mit Freuden rein zu fahren,
Das eng zusammenhält und hübsche Wärme gibt,
In diesem Loch ist man bei Jungfern sehr beliebt.

Die Perücke.

Es ist klar, daß auch die Trinksprüche der galanten Zeit unzarte Hinweise enthielten. Hier einige von Johann Mathias Dreyer aus den »Schönen Spielwerke beim Punsch, Wein, Bischof und Crambambuli«, 1763 in Hamburg erschienen:

Der klugen Schönen Wohl, die uns mit Recht gefällt,
Handgreiflich disputirt, und uns die Stange hält.

Nie fehl uns bis zur Himmelfahrt
Die Seife für der Mädchen Bart.

Dein bestes Glied sei immer frisch und enge,
Und nie fehl ihm ein Trost von guter Dick und Länge!

Dem Degen viel Segen!
Der Scheide viel Freude!

Die Stärke der Glieder, die Wallung des Blutes,
Dem Dinge viel Gutes!

Was aber bleibet, stiften die Dichter — und so stiftete beispielsweise...
Gotthold Ephraim Lessing (1729 bis 1781)

DORILIS

Die schlaue Dorilis hat Augen in dem Kopfe,
So hat ein Luchs sie nicht;
Man denkt, sie sieht uns ins Gesicht,
Und sie sieht nach dem Hosenknopfe.

Christoph Martin Wieland (1733 bis 1813)

BERGMANN

Der Bergmann, stark und wohlgenährt,
Der ohne Licht zur Grube fährt,
Der immer wirkt und immer schafft,
Bis er erlahmt, bis er erschlafft,
Er lebe hoch.

POTENTATEN-POTENZEN

Die für Bürger (übrigens auch vom ausgelassenen — doppelsinnig! — und beispielhaften Gottfried August Bürger) geschaffene Poesie soll nicht darüber hinwegtäuschen, daß die »galante Zeit« der Potenz der Potentaten gehörte. Nur die Mächtigen konnten mit Anstand polygam sein.

Ihre berufsmäßigen Kritiker, Philosophen und Schriftsteller, waren abhängig von den Herren, steckten lieber ihre Schwänze in deren abgelegte Mätressen als die Nasen in ihre Staatsangelegenheiten.

Die Frauen hatten als Mätressen eine weitgehende Mitbestimmung. Es ist ja noch heute so, war damals keinesfalls anders: Die meisten erlauchten Häupter werden von Schwänzen dirigiert, und diese wackeln im Takte der Muschis. (Erlauchte Häupter sind meistens am oberen Ende von angeblich männlichen Körpern.)

Allerdings konnte nicht jede Frau einfach Mätresse werden. Weibsvolk aus niederem Stand machte man zu Matratzen, die, einmal besudelt,

weggeworfen wurden. Fast nur feine Damen konnten sich hochschlafen.
Die Literatur nimmt die neuen Geschlechter-Stellungen auf. In den Sittenromanen kommt der Liebhaber von oben auf die einfache Geliebte nieder, und daran geht das arme Wesen zugrunde. Oder sie bleibt tapfer und unschuldig, dann erwirbt sie einen Lohn auf Erden oder im Himmel für diesen ausgeschlagenen Pimmel.
Neu an diesen Romanen ist, daß der Mann aktiver Verführer ist. Eva muß ihre alttestamentarische Rolle nicht mehr spielen. Das Teuflische geht von ihm aus.
In der »galanten Zeit« beginnt auf beschriebene Weise der »Frauenroman mit sozialem Hintergrund«, und sein bekanntester Urheber war der Abbé Prévost d'Exiles, dessen »Manon Lecaut« 1731 erschien. Knapp zehn Jahre später erschien »Pamela« von Samuel Richardson — diese briefeschreibende Heldin, hauptberuflich Dienstmädchen, ist keusch und gewinnt deshalb einen Grafen, der anders seinen Vogel nie hätte in ihrem Nest landen können.
In diese Zweiklassengesellschaft mit scharfem Strich dazwischen (den nur eine Pamela im Roman überspringen konnte) platzte Jean-Jacques Rousseau und forderte: »Zurück zur Natur!«
Natur, das ist beispielsweise, daß zwei Menschen, die einander lieben, miteinander leben. Das Besitzdenken der Gesellschaft steht diesem schlichten Ziel im Weg. Deshalb sind die vorhandenen Ehen im Eimer. Natur ist — nach Rousseau — nicht Libertinage. Er ist für Monogamie. Jeweils zwei Menschen sind füreinander bestimmt, sie werden sich finden und dann nie mehr trennen. Das ist — sagt Rousseau — vernünftig, denn Vernunft will das Glück der Menschen.
Was ist, wenn man den richtigen noch nicht gefunden hat, vorher den falschen abgekriegt hat? Die Antwort gibt Rousseau in einem Briefroman: Die bereits verheiratete Julie, die den einzig wahren Mann entdeckt, ertrinkt, ehe sie sich Schande und der herrschenden Moral eine Verletzung zufügt.
Man muß nämlich — meint Rousseau —, ehe man die Gesellschaft umwandelt, den Menschen verändern. Deshalb schreibt er seinen Erziehungsroman »Emile«. Nach dessen Erscheinen stellt Rousseau fest, daß man Menschen nicht verändern kann, ohne an den bestehenden Institutionen etwas zu verwandeln. Ein uns nicht unbekannter Hexenkreis.
A propos: Hexenkreis = weil Rousseau bei seiner Erziehungsreform

die Kirchen nicht mitspielen lassen möchte, kommt er auf die Ketzerliste. Der oberste französische Gerichtshof ordnet die Verbrennung des Buches an, und Rousseau muß fliehen, damit er nicht verhaftet wird. Dieser tapfere Mann wollte der Welt eine neue Sexualität schenken. Sein eigener Schwanz aber war von der Wurzel an verbogen. Er hatte das, was Freudianer einen Ödipuskomplex nennen. Seine Mutter war früh gestorben, Jean-Jacques wächst unter Männern auf. Schließlich wird er zu einem Pastor in Pension gegeben. Dort führt die alte Jungfer Lambercier das Regiment. Jean-Jacques — man kann es in seinen Lebensbeschreibungen nachlesen — ist glücklich über jede Berührung, die sie ihm zuteil werden läßt, einschließlich der Prügel. Solche Liebe gehört geahndet: Der Pastor schmeißt den unerziehbaren Bengel aus dem Haus.

Jean-Jacques wird Vagabund und Masturbator, denkt dabei ständig an Mademoiselle Lambercier. Einige ältere Damen schaffen es, ihn in ihre Betten zu zerren, aber ihm macht's alleine mehr Spaß.

Auch in Bordellen ist er nicht erfolgreich. In Venedig versucht er's bei Zulietta, doch sie hat auf einer Brust keine Warze. Als er darüber meckert, entläßt sie ihn ohne Rücksicht aufs Geschäft mit den Worten: *»Laß ab von den Frauen und studiere Mathematik!«*

Schließlich hat er dann ein jahrzehntelanges Verhältnis mit der ungebildeten Thérèse Le Vasseur, der er fünf Kinder macht. Diese Kinder hat Rousseau auch nicht erzogen, sondern gegen den Willen der Mutter auf die »tour« gelegt.

Die »tour« war eine Drehlade beim Eingang des Findelhauses, in die man ein unerwünschtes Kleinkind legen konnte. Dann konnte man mit leeren Händen und reinem Gewissen heimgehen, denn für das Kind wurde gesorgt. Hätten wir in Deutschland eine solche Einrichtung gehabt, wäre Fausts Gretchen vielleicht nicht wahnsinnig geworden.

Nach Rousseau schreibt Beaumarchais die »Hochzeit des Figaro«, in der zwei Liebende aus dem dritten Stand sich trotz ihres gräflichen Herrn verheiraten. Nach dem Figaro werden auf dem Papier sexuelle Feudalrechte abgeschafft. Nach der Abschaffung beispielsweise der Heiratsabgabe, die von Bediensteten zu entrichten war, wenn sie wegen Heirat den Dienst quittierten, geschieht der Sturm auf die Bastille mit den aus dem Geschichtsunterricht bekannten Begleitumständen und Folgen. Dann kommt der göttliche Marquis.

Mir kommt es allerdings bei de Sade nicht. Der Sadismus ist für mich eine der wenigen Ausübungen von Geschlechtlichkeit, die ich für pervers halte (von kleinen Bissen und gelegentlichem Kratzen einmal abgesehen).

Doch der Marquis gab seinen Namen einer Richtung, die bei einigen Menschen Phalluzinationen hervorruft. Deshalb etwas über ihn:

1740 wird er geboren. 1763 heiratet er. Der Ehe entspringen zwei Söhne und eine Tochter. Fünf Monate nach seiner Hochzeit wird er wegen grober Sittlichkeitsdelikte für fünfzehn Tage eingesperrt. Fünf Jahre später nimmt er eine Bettlerin mit in sein Haus.

Was tat er ihr? Einige Quellen geben an, er habe versucht, das Mädchen zu überreden, sich auspeitschen zu lassen; sie entkam und erstattete Anzeige. Andere Quellen geben an, er habe sie gefesselt und mit einem Messer leicht verwundet; ihr sei es gelungen, sich zu befreien und durch einen Sprung aus dem Fenster zu retten. Er selbst behauptete, die ganze Sache sei ein Scherz gewesen und die Lust an der Angst der Person vor einem Lustmord, den er nie ausgeführt hätte.

Verurteilt wird er zu einer Geldstrafe, außerdem bleibt er kurze Zeit in Haft. 1772 ist er mit einem Diener in einem Marseiller Bordell, dort verteilt er schließlich Bonbons an die Mädchen. Diese Bonbons enthielten Kantharidin.

Kantharidin ist das berüchtigte Aphrodisiakum, das aus spanischen Fliegen gewonnen wird, seit altersher bekannt als Aufreizmittel mit häufig gefährlichen Nebenwirkungen.

Auch den Mädchen geht es nach Einnahme der Droge schlecht. Sade und sein Diener fliehen. Beide werden verurteilt. Sade flieht mit seiner Schwägerin, einer Nonne, die er als seine Frau ausgibt, nach Italien. 1777 wird er verhaftet, 1779 wird er eingesperrt. 1790 wird er freigelassen, beteiligt sich an der Revolution. 1795 gehört er zur Tafelrunde, die sich »Diner des Mystificateurs« nennt. Diese Mystificateurs betreiben den seltsamen Sport, andere Leute speziell durch Liebestränke zu verwirren.

In der Bastille hat er angefangen, einen Roman zu schreiben. Nach seiner Befreiung muß er sich seinen Lebensunterhalt selbst verdienen. Er versucht sich als Schriftsteller, aber er ist wahrhaftig grandios schlecht. Er schreibt die »Justine«, und auch die ist schlecht, wird aber verlegt, hat bis heute eine literarisch nicht zu rechtfertigende Wirkung. Dann verfaßt er den ebenso grauenhaften Roman »Juliette«. Schließlich schreibt er einen Schlüsselroman, in dem Napoleons Joséphine zu erkennen ist. Das ist zuviel, und er wird verhaftet. Als Grund wird nicht der indiskrete Roman genannt, sondern die »Juliette«, nach der vorher kein Hahn Bonaparte gekräht hat. Dann wird er ins Irrenhaus gesteckt. Dort stirbt er 1814.

Was hat Sade erzählerisch gemacht? Er hat das Strickmuster der üblichen Sittenromane umgekehrt. Justine ist keusch, verteidigt ihre Unschuld, wird vergewaltigt, von Grafen und Lakaien zwischen Bäumen an Händen und Füßen gefesselt. Bluthunde werden auf sie gehetzt. Ein Chirurg, zu dem sie flüchtet, möchte sie vivisezieren. Im Kloster treiben Mönche brutale Späße mit ihr. Dann will ein Lustmörder sie beruflich verwerten. Sie entkommt, wird aber als seine Komplizin, die sie wirklich nicht war, zum Tode verurteilt. Und die Moral von der Geschicht? Keuschheit lohnt sich einfach nicht.

Ganz anders Juliette. Die betreibt spaßhafte Brandstiftung, stiehlt, wird Attraktion eines Edelbordells, heiratet einen Grafen, vergiftet ihn, macht mehr Männer kaputt, endet als Mätresse eines hohen Tiers. Von der Geschichte die Moral? Sei skrupellos! Verdammt nochmal!

Nun, Dank dieses adeligen Versagers hat eine widerliche Abart der Sexualität, wie sie von normalerweise impotenten Typen betrieben wird, ihren Namen, aber damit längst keine Entschuldigung.

Ein anderer, der seinen Schwanz wie eine Fahnenstange hochhält, ist Napoleon. Er mußte sich ständig bestätigen (lassen), im Felde wie im Bett. Vielleicht, hätte er frühzeitig die richtigen Betterfolge gehabt, wären unseren Vorvätern seine blutigeren Felderfolge erspart geblieben. Vielleicht sind viele kriegerische Untaten nur die Demonstration von anderswo nicht erfüllter Potenz? (Sind Raketen in Europa das überdimensionierte Fremdgehen eines puritanischen Amerikaners?)

Napoleon, anfangs ein recht erfolgloser Liebhaber, hielt seine lustlosen Soldaten bei der Stange durch Privilegien, auch sexuelle. Die Soldaten konnten sich Übergriffe leisten, sogar gegenüber ihren Landsfrauen. Sie vergewaltigten ungestraft am hellen Tag mitten in Paris.

Napoleon selbst brauchte keine Gewalt. Er nutzte seine Macht, als er sie endlich hatte. Begehrte Frauen wurden geordert, unliebsame Nebenbuhler wegbeordert. Die lange Liste seiner Beischläferinnen ist nicht durch unermüdliche Forscherarbeit bekannt geworden, sondern dadurch, daß der Kaiser damit angab. Regelrechte Siegesbulletins verbreitete er über seine Nächte.

Des kleinen Korsen große Lust ist es, Menschen zu beherrschen. Das betreibt er mit allen Mitteln, am liebsten mit überfallartigem Angriff, manchmal auch durch längere Belagerung. Es zählt nur das Ziel.
Orgien, wie sie im Regime vor ihm üblich waren, mag er nicht. Will er keine Zeugen für den Fall eines Umphalls?
Wie schafft er das überhaupt, tagsüber Kaiser und Feldherr, nachts wilder Lanzenstecher? Wahrscheinlich hat er häufig übertrieben. Die Schauspielerin George, die öfter mit ihm schlafen durfte, berichtet, daß er, war sein Sexualhunger gestillt, einschlief, *»ruhig wie ein Kind«*.
Der unermüdliche Bumser zeugte selbst nur ein einziges Kind, das mit absoluter Sicherheit von ihm war. Deshalb liebte er die Mutter, denn sie hatte ihn als Mann erst richtig bestätigt — die polnische Patriotin Maria Walewska.
Und was leeren wir aus alledem? Wenn Jedermann wie Jedefrau dem Schwanz mit gesunder Unbefangenheit begegnete, müßte er sich nicht sublimiert demonstrieren.

Der bürgerliche Bengel hebt den Kopf

So sind wir also ins 19. Jahrhundert geglitten, ins »Bürgerliche Zeitalter«. Königin Viktoria vertritt die Prüderie, Karl Marx die Arbeiter — und beide sind nicht so richtig erfolgreich. Das Bürgertum allerdings gewinnt. Doch Industrialisierung und Kapitalismus sorgen dafür, daß die wirklich Schaffenden übel dran sind. Bachofen entdeckte das Mutterrecht, während ausgebeutete Lohnsklavinnen für harte Arbeit rund die Hälfte der Bezahlung hatten wie bereits unterbezahlte Lohnsklaven. Das trieb die Prostitution zur Blüte. Neben den Professionellen verteilten Halbamateure (midinettes in Paris, dollymops in London) Geschlechtskrankheiten an demi-monde und große Welt. Aus Angst vor Ansteckung wünschten die Männer Jungfrauen, ein Deflorationskult entstand. Es gab junge Prostituierte, die mehrfach entjungfert wurden, und es gab kundige Helfer, die Jungfernhäutchen flickten. Die Männer trauten der einfachen Hymenknackerei nicht mehr, deshalb stieg die Nachfrage nach Kinderprostituierten. Auch Päderastie wurde erfolgreich kommerzialisiert. Die Homosexualität nannte man in Frankreich damals »das deutsche Laster«, die Flagellation »das englische Laster«, obwohl beide Laster zum internationalen Verkehr gehörten.

Richard von Krafft-Ebing gab dem Gegenstück des Sadismus den Namen nach dem Ritter Leopold von Sacher-Masoch (nebenbei: zu Unrecht). Für Masochisten erfand Theresa Berkley 1828 das Berkley-Pferd, eine Leiter, auf die Körpergröße ihrer Kunden einstellbar und weich gepolstert. Darauf wurde der Kunde so angebunden, daß sein Gesicht zwischen zwei Sprossen oben, sein Schwanz zwischen zwei Sprossen unten hervorsah. Während eine Frau dem Gefesselten mit einer Peitsche den Rücken salbte, konnte eine andere die Hoden massieren. Ums Wahlrecht für Frauen wurde diskutiert. Die Sufragetten erschreckten die Männer. Das waren die Schlagzeilen in Kürze.

Eduard Fuchs wurde wieder phallusfündig. Auch andere Quellen über diese Zeit dienen unserem Thema. Als Zeichen seiner Unterdrückung sei hier angemerkt, daß bei Fuchs im normalen und verkäuflichen Werk viele Löcher, aber keine Ständer sind; die findet man nur in den »Ergänzungsbänden«, die jeweils als Privatdrucke erschienen.

Hier folgt — trotz alledem — wieder Bildmaterial:

1

2

3

1. Ein modernes Berkley-Pferd.
2. Ein weiterer Gebrauchsgegenstand.
3. Karikatur auf die Alemannen, studentische Leibgarde der Lola Montez.
4. Karikatur auf die Dummheit des französischen Militärs. Die Frau sagt: »*Versuche doch, die richtigen Dinge an den richtigen Platz zu bringen.*«

4

5

6

5. Fehlt in vielen Kunstgeschichten — dieses Bild von Kubin.

6. Fehlt in vielen Kunstgeschichten — dieses Bild von Toulouse-Lautrec.

7. Fehlt in vielen Kunstgeschichten — dieses Bild von Daumier.

7

8

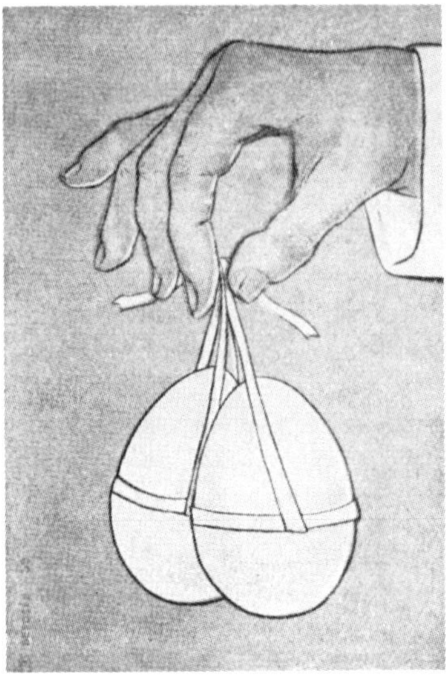

9

10

11

12

8. + 9. Ansichtskarten kamen in Mode — hier zwei Beispiele.

10. + 11. + 12. Auf den ebenso in Mode gekommenen Exlibris tanzten die Schwänze — hier drei Beispiele vom großen Meister Franz von Bayros.

13

13. Wenigstens eine Zeichnung von Beardsley soll auch in diesem Buch sein.

14. In Bücher drängten sich die Pimmel — dieses Gewimmel ist eine Vignette von Julius Klinger zu »Sodom« vom Herzog von Rochester.

Doch nicht nur bildlich, auch in Texten ließ man die Schwanzen tanzen. Das Tingeltangel setzte sich durch, und darin das Couplet, das zwei- bis eindeutige Lied. So das Folgende, gesungen nach der Melodie von »Als ich noch im Flügelkleide«:

Mädchen deine schwarze große
Augen sind der Männer Freud,
Ach! zeig mir doch deine bloße
Liebe ohne Eitelkeit.

Sieh schon stehet mir der dicke
Todesnebel vor dem Blicke
Und schon rinnt mir tropfenweis
Von der Stirn der Todesschweiß.

Mädchen, wird er einmal hangen,
Der Gedank am kühlen Grab,
Sieh, dann schneid ich mir den langen
Lebensfaden selber ab.

Auch Christian Dietrich Grabbe ließ sich nicht lumpen. Im »Herzog Theodor von Gothland« beispielsweise findet sich folgende Passage:

Berdoa
Schon gut, — zu etwas anderem; wie geht
Es deinem hübschen Nachtgeschirr?
Irnak. *Nachtgeschirr?*
Berdoa. *Nu, ich meine das wohlgebaute*
Breithüftige Christenmädchen, welches du
Vergangnes Jahr im Schwedenkrieg
Erbeutet hast.
Irnak. *Ihr meint das blonde Milchen?*
Berdoa. *Ja, ja! Emilie Scherwenz!*
Irnak. *Da habt ihr recht, die ist ein Nachttopf!*
Sie sitzt in meinem Zelte; wenn ihr pissen wollt,
So steht sie euch zu Diensten.
Berdoa. *Was treibt sie denn?*
Irnak. *Sie melkt die Männer!*

Berdoa. *Sie war damals recht üppig schön,*
Ist sie es noch?
Irnak. *Wo sie vorbeigeht, springen*
Die Hosenknöpfe los.

Johann Heinrich Voss lief das Maul über:

AN PRIAP

Leckt Votzen, Ihr neun Pindars-Luder,
Leckt mit Apoll, der schläfrig geigt;
Und dessen kleiner matter Bruder,
Nur durch das Fingern aufwärts steigt:
Priap! beseele meine Leier,
Und gönne ihr das rege Feuer,
Das sich durch deine Klöt ergeußt:
Und durch die aufgeschwollenen Röhren,
Um deine Wollust zu vermehren,
Dickschäumend in die Votze fleußt.

Kommt Hurenbuben, kommt zusammen,
Zeigt euren Mut und fuchst euch satt,
Ein Schauspiel setzt mich jetzt in Flammen,
Das nie der Himmel schöner hat:
Ich sehe Brüste, Zitzen strotzen,
Nebst tausend auserlesenen Votzen,
Von kaltem Bauer überschwemmt;
Ich sehe tausend Klöte glänzen,
Bei tausend auserlesenen Schwänzen,
In feiste Lenden eingestemmt.

O, reiz mich oft mit solchen Bildern,
Du meiner Sehnsucht Gegenstand;
Die Wollust ist nie genug zu schildern,
Die nur zu sehn mein Herz empfand.
Priap! Dir bau ich einen Tempel,
Und vögle andern zum Exempel
Zwölfmal, den Altar einzuweihn;

Statt Gold soll kalter Bauer glänzen,
Und Votzenhaar die Tür umkränzen,
Mein Schwanz soll Hoherpriester sein.

Mensch, Adler, Wolf und Walfisch lehren,
Wie man beständig vögeln soll;
Der Sperling ist nie genug zu ehren,
Denn der ist immer samenvoll.
Kurz, alles muß gevögelt werden,
Die Votz enthält was man auf Erden,
Erhabenes nur denken kann;
Sie zeigt sich, — tausend Schwänze starren,
Der Weise vögelt mit dem Narren,
Der Bürger mit dem Edelmann.

Sind meine Klöt nur voll von Feuer,
Und macht mein Schwanz sein Meisterstück,
Dann bin ich reich bei einem Dreier,
Und scheiße fast auf alles Glück.
Zufrieden und entfernt vom Neide,
Seh ich in meinem schlechten Kleide,
Die Pracht der großen Herren an,
Weil der, der auf dem Throne sitzet,
Wenn er den Samen von sich sprützet,
Nicht mehr als ich, empfinden kann.

Seht auf Athens erhab'nen Plätzen,
Melkt sich ein Schwanz der Zyniker;
Die Menge sieht ihn mit Ergötzen
Und steht mit Ehrfurcht um ihn her.
Es läßt sich Sturm und Donner hören,
Doch nichts kann unsern Weisen stören,
Obgleich der Himmel kracht und blitzt;
Er fähret fort mit langen Zügen,
Bis daß er taumelnd für Vergnügen,
Den edlen Samen von sich sprützt.

O, fuchste man doch in der Hölle,
Euch Furien — dich, Zerberus!

Euch Parzen — und dich Schiffsgeselle;
Euch fuchst ich bloß zum Überfluß.
Weil aber dieser Wunsch vergebens,
So fuchs ich hier die Zeit des Lebens,
Und tret alsdann die Wallfarth an;
Doch wird es mich am meisten beugen,
Wenn ich den Pluto sehe geigen,
Und selber nicht mehr vögeln kann.

So magst du mich nur immer quälen,
Furcht, Unglück, wie auch du nur willst;
Mich rührst du nicht, nur niedern Seelen
Sind, wenn du Trost mit Gram erfüllst.
Ich will mich wie mein Schwanz erheben,
Und über Glück und Unglück schweben
Mit stoischer Gelassenheit;
Man mag mich fliehn, man mag mich hassen,
Wird mir mein steifer Schwanz gelassen,
So sterb ich mit Zufriedenheit.

Von Friedrich von Schlegel weiß man's ja: Er hatte schließlich ganz ernsthaft und filosofisch die Ehe zu viert vorgeschlagen und begründet. Dennoch von ihm eine lyrische Kostprobe = einige Sonette:

1.
Um meiner Mannheit Tiefgang auszuloten,
Ging ich mit nacktem Glied zu Keuschgesinnten.
Ich glaubte, diese deutlichste der Finten
Sei zwingender als Zahlen oder Zoten.

Ich trat zu Mädchen unversehns von hinten,
Sprach sanft sie an und spielte den Zeloten.
Dann fragt' ich plötzlich, wann sie denn den roten
Gewaltherrn hätten und wie lang sie minnten.

Sie sehn verdrehten Auges auf den Stecken,
Der ihnen doch galant entgegensteht.
Ich hebe Röcke, sie darauf zu stülpsen,

Zuerst wollt' würgen, schreien sie und rülpsen,
Dann fließt die Lust und alles Weh vergeht,
Bis sie zu tief gekitzelt drauf verrecken.

2.
Du meine Hand bist mehr als alle Weiber,
Du bis stets da, wie keine Frau erprobt,
Du hast noch nie in Eifersucht getobt,
Und bist auch nie zu weit, du enger Reiber.

Ovid, mein Lehrer weiland, hat dich recht gelobt,
Denn du verbirgst in dir ja alle Leiber,
Die ich mir wünsche. Kühler Glutvertreiber,
Dir hab' ich mich für immer anverlobt.

Ich stehe stolz mit dir im Raume
Und streichle meine bläulichrote Glans;
Schon quirlt sich weiß der Saft zum Schaume.

So zieh' ich aus Erfahrung die Bilanz:
Die Zweiheit freut mich nur im Wollusttraume,
Sonst paart sich meine Faust mit meinem Schwanz.

3.
Der rauhe Ost, der früh nach Rom mich jagte,
Wurd dort zum Zephyr hyacinthner Lüste.
Und keiner, der nur immer Mädchen küßte,
Rühm seinen Schwanz, daß er im Himmel ragte.

Auch mich erregen noch die herben Brüste,
Kampan'scher Mädchen, doch wie oft verzagte
Mein Meerschaum an dem fremden Golf und klagte,
Daß ohne recht Verständnis diese Küste.

Wie anders schmiegte sich der Arsch des Knaben
Dem Schwanz in liebend rundlichem Gehaben!
Kein Weib hat so behende mit der Zunge,

Die Eichel mir geleckt wie dieser Junge.
O könnt ich doch an deinem Marmorhintern,
Mein Knabe, viele Monde überwintern!

4.
So liegst du gut! Gleich wird sich's prächtig zeigen,
Wie klug mein Rat. Ich schiebe meinen Dicken
In dein bemoostes Tor. Man nennt das »Ficken«.
Du fragst: warum? Davon laß mich jetzt schweigen!

Schon seh' ich Schmerz in deinen blauen Blicken.
Das geht vorbei. Du mußt zurück dich neigen,
Gleich wird dein Blut dir jubeln wie die Geigen
Von Engeln, welche ihre Brüste schicken

In bebender Musik zum Ohr der Welt.
Famos! Du einst dich mir in bravem Schaukeln,
Die Schenkel schmiegen pressend, es umgaukeln

Mich Düfte, die mich locken in die Unterwelt.
Ein Stoß und Schrei! – die weißen Glieder zittern
Im Kampf wie Apfelblüten in Gewittern.

5.
Ich flehe dich um Wunden und um Male
Von deinen Händen, die mich heilig sprechen.
Du sollst das Glied, das du gesaugt, zerbrechen,
Das steif geragt in deine Kathedrale.

Schlürf aus den Quell, der einst in weißen Bächen
In deinen Kelch gepritzt beim Bacchanale.
Gieß jetzt die letzte Kraft in deine Schale,
An meinem Blute magst du dich bezechen!

Nimm scharfe Peitschen und geglühte Zwingen,
Schlag fester und zerquäle meine Hoden!
Laß tiefstem Schmerz das höchste Glück mir bringen!

Mein Stöhnen preist dich brünstiger als meine Oden,
Und wenn die letzten Schreie dich umschlingen,
Hörst du den Dank des seligen Rhapsoden.

6.
Der Müllerbube schiebt hinauf zur Mühle
Auf seinem Karren einen Mühlenstein,
Und in die Öffnung schob er glatt hinein
Sein steifes Glied und schaffte so sich Kühle.

Die blonde Müll'rin sieht's im Sonnenschein,
Und trotz der unerträglich dumpfen Schwüle
Läuft sie hinab, daß prüfend sie's befühle.
Sie faßt und fühlt, es ist von Fleisch und Bein.

»Na hör mein Junge«, ruft sie sehr brutal,
»Was soll die Schweinerei mit deinem Schweif?
Ist das die Prüfung, die ich dir befahl,

Ob du auch würdig wärest für mein Bett?«
Doch er zeigt nur die Inschrift um den Reif,
Und ach! sie liest gerührt: »Elisabeth.«

Wenn wir schon bei Filosofen sind, schwenken wir kurz zu Schopenhauer, der darauf bestand, daß Denker *»nicht bloß mit dem Kopfe, sondern auch mit dem Genitale aktiv sein«* sollten. Er arbeitete den Vorschlag zur Tetragamie aus und begründete: *»Indem die Natur die Zahl der Weiber nur knapp gleichmachte und dennoch den Weibern nur eine halb so lange Zeit hindurch die Fähigkeit zur Zeugung und Tauglichkeit für den Genuß des Mannes verlieh, hat sie das menschliche Geschlechtsverhältnis schon in der Anlage derangiert. Durch die gleiche Zahl scheint sie auf Monogamie zu deuten: hingegen hat ein Mann an einem Weibe nur für die halbe Zeit seiner Zeugungsfähigkeit Befriedigung; er müßte also eine zweite Frau nehmen, wenn die erste verblüht ist; aber es ist für jeden nur eine gerechnet worden. Was dem Weibe an Dauer der Geschlechtsfähigkeit abgeht, hat es wieder an Maß derselben voraus: es ist fähig, zwei bis drei tüchtige Männer zu gleicher Zeit zu befriedigen, ohne zu leiden.«* Die Schopenhau-

ersche Konsequenz: Zwei junge Männer nehmen eine junge Frau. Ist dieser Frau *»die Geschlechtsfähigkeit abgegangen«*, dann nehmen die beiden Männer eine zweite junge Frau dazu – die Frauen sind versorgt, die Männer auch.
Schleiermacher dachte nicht mehr nur an drei oder vier Individuen. Er schlug vor, drei oder vier Paare zusammenzubringen, so daß *»gute Ehen entstehen könnten, wenn sie tauschen dürften«*.
Selbst Schiller der Reine hat's zwischen die Beine, wie mit einigen Strophen aus dem Gedicht »Kastraten und Männer« zu beweisen ist:

Ich bin ein Mann! – wer ist es mehr?
Wers sagen kann, der springe
Frei unter Gottes Sonn einher
Und hüpfe hoch und singe!

Zu Gottes schönem Ebenbild
Kann ich den Stempel zeigen,
Zum Born, woraus der Himmel quillt,
Darf ich hinunter steigen.

Ich bin ein Mann, das könnt ihr schon
An meiner Leier riechen,
Sie donnert wie im Sturm davon,
Sonst würde sie ja kriechen.

Zum Feuergeist im Rückenmark
Sagt meine Mannheit: Bruder.
Und herrschen beide löwenstark
Umarmend an dem Ruder.

Aus eben diesem Schöpferfluß,
Woraus wir Menschen sprudeln;
Quillt Götterkraft und Genius,
Nur leere Pfeifen dudeln.

Dem Goethe, natürlich, könnte man auch hier wieder ein eigenes Kapitel widmen. Als Sechsundzwanzigjähriger schuf der spätere Altmeister die Farce »Hanswursts Hochzeit« mit folgenden Rollen:

Hans Arsch von Rippach, Matzfoz von Dresden, Nichte Schmuckfözgen, Loch König, Peter Sauschwanz, Hosenscheiser, Leckarsch, Spritzbüchse und Farzpeter.

Den eigenen Schwanz nennt selbst der Geheimrat noch hochachtungsvoll »Meister Iste« — aber eben nur geheim, denn beispielsweise sein im Jahre 1810 zu Marienbad verfaßtes Opus »Das Tagebuch«, worin vom Iste die Rede, ließ er nicht in sein Gesamtwerk aufnehmen.

Im Nachlaß des Dichterfürsten fand man auch die Römischen Elegien III und IV:

RÖMISCHE ELEGIE III

Hier ist mein Garten bestellt, hier wart ich die Blumen der Liebe,
Wie sie die Muse gewählt, weislich in Beete verteilt.
Früchte bringenden Zweig, die goldenen Früchte des Lebens,
Glücklich pflanzt ich sie an, warte mit Freuden sie nun.
Stehe du hier an der Seite, Priap! ich habe von Dieben
Nichts zu befürchten, und frei pflück und genieße wer mag.
Nur bemerke die Heuchler, entnervte, verschämte Verbrecher;
Nahet sich einer und blinzt über den zierlichen Raum,
Ekelt an Früchten der reinen Natur, so straf ihn von hinten
Mit dem Pfahle, der dir rot von den Hüften entspringt.

RÖMISCHE ELEGIE IV

Hinten im Winkel des Garten, da stand ich, der letzte der Götter,
Rohgebildet, und schlimm hatte die Zeit mich verletzt.
Kürbisranken schmiegten sich auf am veralteten Stamme,
Und schon krachte das Glied unter den Lasten der Frucht.
Dürres Gereisig neben mir an, dem Winter gewidmet,
Den ich hasse, denn er schickt mir die Raben aufs Haupt,
Schändlich mich zu besudeln; der Sommer sendet die Knechte,
Die, sich entladende, frech zeigen das rohe Gesäß.
Unflat oben und unten! ich mußte fürchten, ein Unflat
Selber zu werden, ein Schwamm, faules verlorenes Holz.
Nun, durch deine Bemühung, o! redlicher Künstler, gewinn ich
Unter Göttern den Platz, der mir und andern gebührt.

Wer hat Jupiters Thron, den schlechterworbnen, befestigt?
Farb und Elfenbein, Marmor und Erz und Gedicht.
Gern erblicken mich nun verständige Männer, und denken
Mag sich jeder so gern, wie es der Künstler gedacht.
Nicht das Mädchen entsetzt sich vor mir, und nicht die Matrone,
Häßlich bin ich nicht mehr, bin ungeheuer nur stark.
Dafür soll dir denn auch halbfußlang die prächtige Rute
Strotzen vom Mittel herauf, wenn es die Liebste gebeut.
Soll das Glied nicht ermüden, als bis ihr die Dutzend Figuren
Durchgenossen, wie sie künstlich Philänis erfand.

Noch ein Gedicht vom Minister Tausendsassa, eine Metapher enthaltend, die in der Literatur dem Leser häufig begegnet, etwa auch in Grassens Blechtrommel:

DER ELFTE

Köstliche Ringe besitz ich! Gegrabne fürtreffliche Steine
Hoher Gedanken und Stils fasset ein lauteres Gold.
Teurer bezahlt man die Ringe geschmückt mit feurigen Steinen,
Blinken hast du sie oft über dem Spieltisch gesehn.
Aber ein Ringelchen kenn ich, das hat sich anders gewaschen,
Das Hans Carvel einmal traurig im Alter besaß.
Unklug schob er den kleinsten der zehen Finger ins Ringchen,
Nur der größte gehört, würdig, der elfte, hinein.

Hat Großgoethe noch selbst sich kastrieret, so tat man es Kleinbrentano an. Die Nachlaßverwalter Brentanos waren einerseits katholisch, andererseits formalistisch. So unterschlugen sie der Nachwelt etliches. Beispielsweise:

Verzeih mei Spitzl, mir steigt der Bitzl,
Wann i di Kitzl, Ins Fleisch dir schnitzl.

Bei Strindberg verwundert's dann wieder weniger. August hatte nämlich seine Probleme. Er selbst berichtete, daß er wegen eines zu kleinen Gliedes in seiner Jugend *»lächerlich gemacht«* wurde, denn — so gesteht er — sein Phallus sei im schlaffen Zustand klein, jedoch *»normal in aufgerichtetem«*. Er habe *»in Gegenwart von Zeugen (auch einer Dirne) an ei-*

nem Sommermorgen um 3... im Freien hinter Fyllan auf Djurgarden eine Schwanzmusterung« vornehmen lassen. *»Die Hure (Vita Björn übrigens) gab mir ›Genügend‹, doch sine laude.«* Und unter diesem Text schwänzelt als Fußnote vom Dramatiker: *»Vergleiche Hyrtels Anatomie: Über die ›kleinen, aber guten‹.«*
In einem Brief teilte dieser Ehedramenvivisekteur mit, daß er seine damalige Ehefrau Siri geschlagen habe. Weiter im Text:
»Gereizt bis in die Geschlechtsdrüsen reiste ich nach Genf und nahm einen Arzt mit in ein Bordell. Legte die Kraftprobe ab... Untersuchte meinen Samen, der für fruchtbar befunden wurde, und wurde in erregtem Zustand gemessen (= 16 x 4 Zentimeter).«
Selbstverständlich ist unser Totentänzer gegen die Frauenbewegung feindlich eingestellt. Im Jahr 1884 schrieb er in diesem Zusammenhang einen Brief, darin:
»Bald gehen die Herbstgewitter los! In diesem Jahr wird es schlimmer als je zuvor, denn wenn Frauen sich prügeln, ist der Teufel los. Aber ich mache es folgendermaßen...« Wie er es machen wollte, zeigte eine beigefügte Zeichnung, auf der Strindberg seinen nackten Arsch zwei mit Steinen bewaffneten Frauen entgegenstreckt, und zwischen die Frauen hat er einen riesigen Wunschpimmel gestellt. Unterm Bild nutzt Strindzwerg Strindberg den Doktor Luther: *»Hier stehe ich und kann nicht anders!«*
Vielleicht sollte »Schwanzmusterung« ein Teil von Literaturbetrachtung sein?
Auch Arno Schmidt führt ja das Schreiben des Karl May in »Sitara und der Weg dorthin« (Fischer 1969) auf den Schwanz zurück. Hier soll nur ein kleiner Auszug (Ausziehen?) aus dem Buche die MetHode aufzeigen:

> *»›daß die wichtigsten Dinge durch Röhren getan werden. Beweis erstlich die Zeugungsglieder, die Schreibfeder und unser Schießgewehr. — Ja, was ist der Mensch anders, als ein verworrenes Bündel Röhren?‹«*
> *(Lichtenberg, Aforismen)*

Freud, ›Traumdeutung‹, S. 295: »Ganz unverkennbar ist es auch, daß alle Waffen und Werkzeuge zu Symbolen des männlichen Gliedes verwendet werden: Pflug, Hammer, Flinte, Revolver, Dolch, Säbel, usw.«; auch, S. 318 über »Stechen & Schießen als Symbole des Koitus«; (abgesehen davon, daß ich anstatt ›Revolver‹ (um die wahre Stärke der Assoziationen besser hervorzuheben) ›Pistole‹ gesagt hätte, hat Freud ein weiteres, noch frappanter vergleichbares Bildsurrogat hier nicht mit aufgeführt: das gleicherma-

ßen ›ausziehbare‹ — und wie viel Erogenes wird nicht allein durch dies I Wörtlich angetippt! — Fernrohr. Bei Mays Helden hätte er solche von »großer Güte« finden können; auch W »hat stets ein Rohr, und zwar ein ganz ausgezeichnetes, mit« (Surehand I, 215). Wie allgemein akzeptiert & verstanden auch diese Art der Symbolik ist, wie so ›tief in unserem Volke verankert‹, sah ich einmal beim Militär Hitlers: als Schießpreis eine Scheibe, darauf ein nacktes Mädchen mit dem Genitale als Zentrum und dieser Legende am Rande, ›Und ist das Schwarze noch so klein, / es muß ein jeder Schuß hinein!‹. (Heute freilich soll das, ich las es erst neulich in einer SPD-Zeitung wieder, ganz anders sein.) Oder man nehme als literarischen Beleg E. Wildbergers ›Ring über Ostkreuz‹, wo Ogunke S. 138 prahlt: »Wenn Se mir klauen täten, würd' ick schießen mit meine Ogunke-Spezialkanone Windstärke 10. Ick feif Se von de Plätze!«; (und S. 77 knallt es denn auch dementsprechend). Mit anderen Worten: es handelt sich wieder mal gar nicht um von mir erfundene, ausgekünstelte und eigentlich unerhörte Perversitäten; sondern um einen ganz offiziell genehmigten, ausgesprochen volkstümlichen Allegorienkreis. (Übrigens sprach schon Elbogen anläßlich des ›Bärentöters‹ anzüglich von einem ›Bogen des Odysseus‹, odd is Zeus.) Muß ich sie erst noch des breiten zitieren, die Schützenkünste, die immer wiederholten, des & der Helden?«

Und da der verehrte Heidemeister Lichtenberg bemühte, soll auch dieser winzige Ausflug ins Literarische (wobei alle Pornografen, etwa Bambi-Schreiber Salten, der auch die Mutzenbacher dichtete, ausgelassen [!] sind) mit dem Meta-Aforistiker enden, obwohl der ja bereits 1799 verschied. Genießt das »Fragment von Schwänzen« mitsammet den Bildern und der abschließenden Übung:

Georg Christoph Lichtenberg:
FRAGMENT VON SCHWÄNZEN
Silhouetten

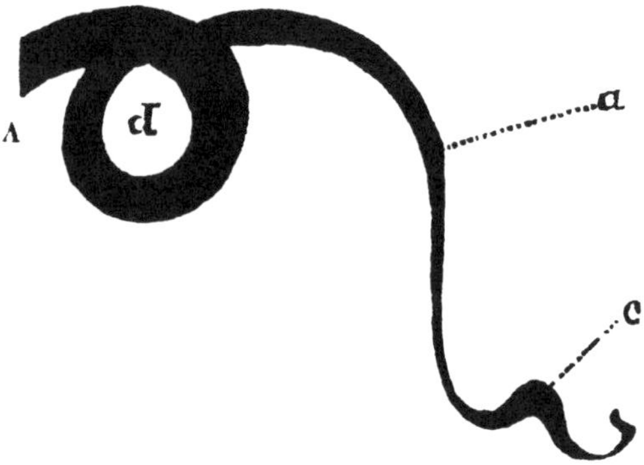

I. Heroische, kraftvolle
A. Ein Sauschwanz.
B. Englischer Doggenschwanz.

A

Wenn du in diesem Schwanz nicht siehest, lieber Leser, den Teufel in Sauheit (obgleich hoher Schweinsdrang bei a, nicht deutlich erkennest den Schrecken Israels in c, nicht mit den Augen riechst, als hättest du die Nase drin, den niedern Schlamm, in dem er aufwuchs, bei d, und nicht zu treten scheinst in den Abstoß der Natur und den Abscheu aller Zeiten und Völker, der sein Element war — so mache mein Buch zu: so bist du für Physiognomik verloren.

Dieses Schwein, sonst geborenes Urgenie, luderte tagelang im Schlamm hin, vergiftete ganze Straßen mit unaussprechlichem Mistgeruch, brach in eine Synagoge bei der Nacht und entweihte sie scheußlich, fraß, als sie Mutter ward, mit unerhörter Grausamkeit drei ihrer Jungen lebendig, und als sie endlich ihre kannibalische Wut an einem armen Kinde auslassen wollte, fiel sie in das Schwert der Rache; sie ward von den Bettelbuben erschlagen und von Henkersknechten halbgar gefressen.

Der du mit menschlichem warmen Herzen die ganze Natur umfängst, mit andächtigem Staunen dich in jedes ihrer Werke hinführst, lieber Leser, teurer Seelenfreund, betrachte diesen Hundeschwanz und bekenne, ob Alex-

B

B

ander, wenn er einen Schwanz hätte tragen wollen, sich eines solchen hätte schämen dürfen. Durchaus nichts weichlich »Hundselndes, nichts Damenschößichtes, Zuckernes«, mausknapperndes, winziges Wesen: Überall Mannheit, Drangdruck, hoher erhabener Bug und ruhiges, bedächtliches, kraftherbergendes Hinstarren, gleich weit entfernt von untertänigem Verkriechen zwischen den Beinen und hühnerhündischer, wildwitternder, ängstlicher, unschlüssiger Horizontalität. Stürbe der Mensch aus, wahrlich, der Szepter der Erde fiele an diese Schwänze. Wer fühlt nicht hohe, an menschliche Idiotität angrenzende Hundheit in der Krümmung bei a. An Lage wie nach der Erde, an Bedeutung wie nach dem Himmel. Liebe, Herzenswonne, Natur, wenn du dereinst dein Meisterstück mit einem Schwanze zieren willst, so erhöre die Bitte deines bis zur Schwärmerei warmen Dieners und verleihe ihm einen wie B.

Dieser Schwanz gehörte Heinrich des VIII. Leibhunde zu. Er hieß und war Cäsar. Auf seinem Halsbande stand das Motto »Aut Caesar, aut nihil« mit goldenen Buchstaben und in seinen Augen ebendasselbe, weit leserlicher und weit feuriger. Seinen Tod verursachte ein Kampf mit einem Löwen, doch starb der Löwe fünf Minuten früher als Cäsar. Als man ihm zurief: «Marx, der Löwe ist tot!«, so wedelte er dreimal mit diesem verewigten Schwanze und starb als ein gerochener Held.

Molliter ossa quiescant.

Silhouette vom Schwanze eines, leider! zur Mettwurst bereits bestimmten Schweinsjünglings in G., von der größten Hoffnung, den ich allen warmen, elastischen, beschnittenen und unbeschnittenen, Genie ausbrütenden

Stutzern von Mensch- und Sauheit bitterweinend empfehle. Fühlt's, hört's! und Donner werde dem Fleischer, der dich anpackt.

Noch zur Zeit nicht ganz entferkelt, mutterschweinische Weichmut im schlappen Hang und läppische Milchheit in der Fahnenspitze. Aber doch bei p schon keimendes Korn von Keilertalent; ja, wäre bei M nicht sichtbarlich städtische Schwäche und mehr Spickespeck als Heugeist und wäre unter dem Schwanz bei o minder Rauchkammer- als Ruhmstempel und minder Mettwurst als Triumph, so sagte ich: Dein Ahnherr überwand den Adonis, und der Ebergeist des Herkulesbekämpfers ruht auf deinem Schwanz.

Einige Silhouetten von unbekannten, meist tatlosen Schweinen

a schwach arbeitende Tatkraft; b physischer und moralischer Speck; c unverständlich, entweder monströs oder Himmelsfunken lodernder Keim, vom Wanderer zertreten; d vermutlich verzeichnet, sonst blendender, auffahrender Eberblitz; f Kraft mit Speck vertatloset.

Erklärungen

1. Ist fast Schwanzideal. Germanischer eiserner Elater im Schaft; Adel in der Fahne; offensiv liebende Zärtlichkeit in der Rose; aus der Richtung

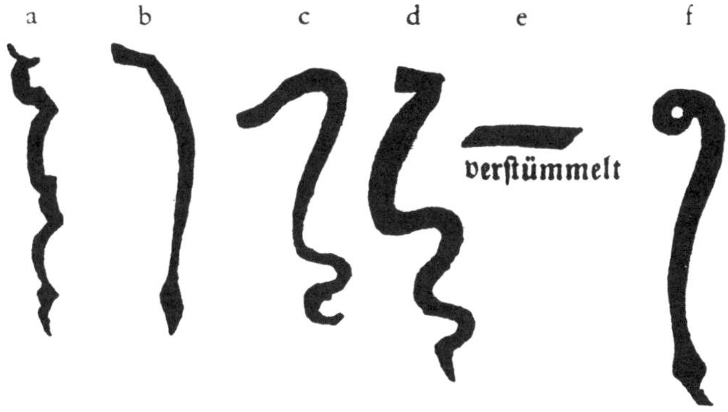

Acht Silhouetten von Purschenschwänzen zur Übung

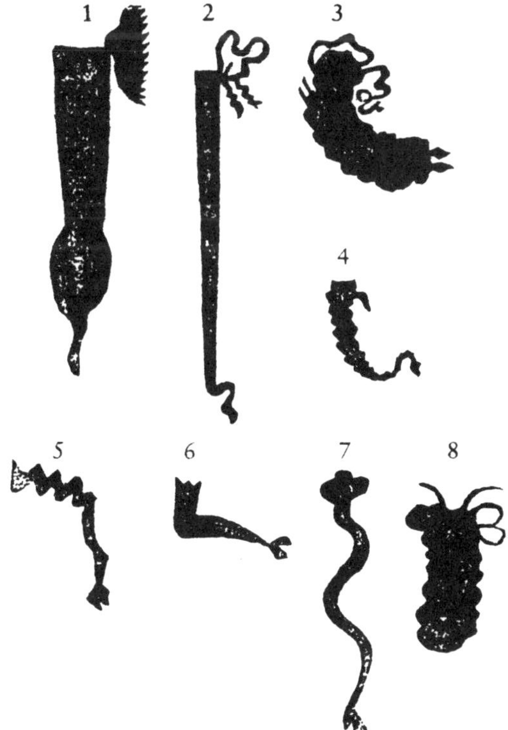

fletscht Philistertod und unbezahltes Konto. Durchaus mehr Kraft als Besonnenheit.

2. Hier überall mehr Besonnenheit als Kraft. Ängstlich gerade, nichts Hohes, Aufbrausendes, weder Newton noch Rüttgerot, süßes Stutzerpeitsch-

chen, nicht zur Zucht, sondern zur Zierde, und zartes Marzipanherz ohne Feuerpuls. Ein Liedchen sein höchster Flug, ein Küßchen sein ganzer Wunsch.

3. Eingezwängter Fülldrang. Eine Pulvertonne, unter einem Feuerbecken vergessen; wenn's auffliegt, füllt's die Welt. Edler, vortrefflicher Schwanz, englisch in beiderlei Verstand. Schade, daß du von sterblichem Nacken herabstarrst. Flögst du durch die Himmel, die Kometen würden sprechen: Welcher unter uns will es mit ihm aufnehmen? Studiert Medizin.

4. Satyrmäßig verdrehte Meerrettichform. Der Kahlköpfigkeit letzter Tribut, an Schwanzheit bezahlt. Alte Feldmarschallskraft, zu Fähndrichsnatur aufpomadet, aufgekämmt und aufaffektiert. Kampf zwischen Natur und Kunst, wo beide auf dem Platz bleiben. Strecke du das Gewehr, armer Teufel, und laß die Perücke einmarschieren.

5. An Schneidergesellheit und Lade grenzende schöne Literatur. In dem scharfen Winkel, wo das Haar den Bindfaden verläßt, wo nicht Goethe, doch gewiß Bethge, hoher Federzug mit Nadelstich. Polemik in der horizontalen Richtung, Freitisch in der Quaste. In der fast zu dünne gezeichneten Wurzel Winzigkeit mit händereibender Pusillanimität. Informiert auf dem Klaviere.

6. Sicherlich entweder junger Kater oder junger Tiger, mit einem Haarübergewicht zum letztern.

7. Abscheulich. Ein wahrhaftes Pfui! Wie kannst du an einem Kopf gesessen haben, den Musen geheiligt! Im trunkenen Streit mußt du vielleicht einmal irgendeinem Badergesellen oder Stadtmusikanten entrissen und aus Triumph am Purschenhaar geknüpft sein. Elendes Werk, nicht der Natur, sondern des Seilwinders. Hanf bist du, und als Hanf hättest du dich besser geschickt, den Hals deines geschmacklosen Besitzers an irgendeinen Galgen zu schnüren.

8. Heil dir und ewiger Sonnenschein, glückseliges Haupt, das dich trägt. Stünde Lohn bei Verdienst, so müßtest du Kopf sein, vortrefflicher Zopf, und du, Zopf, beglückter Kopf. Welche Güte in dem seidenen zarten Abhang, wirkend ohne Hanf herbergendes maskierendes Band und doch Wonne lächelnd wie geflochtene Sonnenstrahlen. Soweit über selbstgekrönte Haarbeutel als Heiligenglorie über Nachtmütze.

Sechs solcher Schwänze in einer Stadt, und ich wollte barfuß deine Tore suchen, du Gesegnete, die Schwelle deines Rathauses küssen und mich glücklich preisen, mit meinem eigenen Blut unter die Zahl deiner letzten Beisassen eingezeichnet zu werden.

Fragen zur weitern Übung

Welcher ist der kraftvollste?
Welcher hat am meisten Tatstarrendes?
Welcher Schwanz wird schwänzen?
Welcher ist der Jurist? der Mediziner? der Theologe? der Weltweise? der Taugenichts? der Taugewas?
Welcher ist der verliebteste?
Welcher alterniert mit dem Haarbeutel?
Welcher hat den Freitisch?
Welchen könnte Goethe getragen haben?
Welchen würde Homer wählen, wenn er wiederkäme?

Wes der Volksmund voll ist

Das 19. Jahrhundert ist aber auch eine Zeit des Sammelns. Die Brüder Grimm trieben's und reinigten dabei, überlieferten uns einen Froschkönig statt der gekrönten phallischen Schlange. Viele Belege ließen sich dafür anführen, wie pralle Geschichten entsaftet, entkernt und entschwengelt wurden. Ich biete nur die Wahrheit über Rübezahl:

Wie der Rübezagl zu seinem Namen kam

nach ur-altem Motiv neu erzählt als Beispiel dafür, wie man den Schwanz aus dem Volksmund reißt und Kinder von ihren Wurzeln fernzuhalten sucht.

Vom schlesischen Berggeist Rübezahl dürfen Kinder in gereinigten Volksausgaben lesen. Dabei stammt er aus dem Harz und hieß in Wirklichkeit ganz anders: Ruebzagl oder Riebezagel. So wird den Kindern eine hohe Zahl für ein kleines Glied vorgemacht, denn Zagel bedeutet Schwanz. Der Rübezagel ist das dünne Faserwürzchen der Rübe.

Seine Gestalt nämlich kann der zum geschlechtslosen Kinderschreck verkommene Gesell nach Belieben ändern, Gnom oder Riese, Männlein oder Mönch, Herr oder Esel sein. Doch allen Verwandlungskünsten zum Trotz bleibt der Mittelpunkt seiner Persönlichkeit stets dieser baumelnd sich schlängelnde Wurm. Zwar kann Freund Faserschwanz die Ohren der Menschen, auch Männern Hörner und Mädchen Bärte wachsen lassen, aber fürs Schwel-

len des eigenen dürftigen Gewächses findet er kein Kraut. Und bei ungeheurem Reichtum und fülliger Macht kann der Herr sämtlicher Bergschätze im Riesengebirge, der aus normalen Früchten nach Lust Goldklumpen oder Misthaufen zu erzeugen vermag, sein männliches Werkzeug nicht zu augenfälliger Pracht erheben, selbst wenn ihn die Libido arg schüttelt.
Es werden unsere Kinder also dahingehend verkohlt, daß eine listige Prinzessin sich den wilden Knaben vom Leibe gehalten habe, indem sie ihn beauftragte, Rüben zu zählen. Dabei war die Geschichte so:
Der damals noch namenlose Berggeist streunte im brünftigen Lenz durch sein Revier. Da sah er ein Mädchen, die kühlte ihren heißen Leib unterm Wasserfall. Wau! Das war ein Weib!
Ihre Brüste stachen dem Herrn des Riesengebirges mit roten Pfeilspitzen erst in die Augen, dann in die Hoden. Ihre Hinterbacken glänzten lockender als die glattesten Alabasterkugeln, die er je unter seinen Schätzen gesehen hatte; und sie schienen ebenso fest zu sein, wirkten dabei aber weit einladender, so daß sich sein Glied süchtig zum Einfädeln steifte. Ihr Schamhaar polsterte unterm straffen Bauch ein Dreieck gleich taubeglitzertem Moos, echt zum wohligen Reinräkeln. Und aus dem Flausch lachte rot, saftig, prachtvoll eine pralle, bezipfelte, gespaltene Frucht, der die Süße anzusehen war, die ihm sämtliche Sekrete zu etlichen Körperöffnungen trieb.
Ja, die wollte er haben! Nie mehr wollte er es mit der Hand oder dem ihm untergebenen Getier zwischen lausigem Floh oder gelangweilt trotz ihm weiter äsenden Reh treiben. Flink verwandelte er sich in einen feinen Pinkel, denn irgendwie ahnte er schon, worauf ein solches Mädchen abfahren könnte.
Sein Werben ließ sich auch ganz gut an, denn eine Jungfrau war die Maid, die wir nun mit ihm gemeinsam Prinzessin nennen können, bestimmt nicht. Erstens hätte sexuelle Unerfahrenheit auf beiden Seiten die Geschichte wahrscheinlich anders ausgehen lassen; zweitens erlaubten die beengten Wohnverhältnise und die erbärmlichen Heizbedingungen damals kaum einem elfjährigen Hymen das Überwintern, denn ein schlesisches Mädchen dieser Zeit hatte sicherlich ein halbes Dutzend Brüder, in jedem Fall mindestens einen Vater, dazu noch etliche Onkel, Großväter und manchmal übernachtende Besucher.
Der von Liebesgier geplagte Unterweltler in Gestalt eines vornehmen

Herrn plauderte mit der Prinzessin, lobte die Fülle ihres Haupthaares, das Prangen ihrer Gesichtslippen, die Linien ihrer Halsmulden, meinte natürlich tieferliegende Körperpassagen. Sie tat verschämt, wandte sich girrend ab, brachte sich dabei geschickt in die aufgeilendsten Stellungen. Er sagte, sie möge das Wasser verlassen, da es ihm fürchterlich sei, wenn sie sich verkühle; er wolle auch nicht hinschauen. Sie stieg gespreizt an Land, nahm mit Genuß wahr, daß der gutgebaute Typ unverschämt linste. Er gab Hilfsbereitschaft vor, hielt ihr den Mantel, und dabei gelang es ihm dank ihrer Willigkeit, die wie vorm Bersten sich anfühlenden Brustknospen zu befummeln. Zum Straucheln brachte sie ihn, daß er auf sie plumpste; in vorgetäuschtem Erschrecken drehte sie sich mit so kluger Beweglichkeit, daß seine Fingerkuppen nicht nur des Wassers Feuchte fühlten. Doch nötig hatte sie ihn dennoch nicht, wußte sie zu ihrer Befriedigung, daß daheim von Adolf bis Zechiel genügend Männer ihr verfügbar waren. Deshalb streifte sie ihn ab und das Kleid über, wartete, was er zu bieten habe.
Und er hatte. Er fragte, ob sie nicht mit ihm bei einer Tasse Tee seine Edelsteinsammlung betrachten wolle.
Natürlich ging sie mit in sein Höhlenschloß. Von der Edelsteinsammlung war sie beeindruckt und angemacht. Als sie willig war, geöffnet für die Seligkeit, als dann der höchsterregte Held hervorkramte, was sie empfangen sollte, da enthüllte sich sein Defekt als Schock. Die Prinzessin kreischte, johlte, gröhlte, klatschte sich auf die nackten Schenkel, stieß mit ausgestrecktem Zeigefinger zwischen seine Beine, stöhnte »Ruebezagl! Ruebezagl!« dann rannte sie dem beschämt an sich herabschauenden Schwänzchenwedler einfach weg.
Seitdem ist der eigentlich gutmütige Geist meistens sauer auf die Menschheit, spielt ihr Streiche, narrt mit Katzengold, versteckt das echte. Ein zu kleiner Pimmel und eine zu anspruchsvolle Frau sind somit letztlich schuld an der Armut der Schlesier.
Nicht verschwiegen werden soll, daß die Geschichte einerseits so erzählt wurde, ehe Pädagogen ohne Eros sie kastrierten, daß aber sprachgeschichtlich eine andere Version möglich wäre. Südböhmisch ist Ruebezagl ein Schimpfwort, meint etwa Schartenschwanz oder Brechstange. Rueb ist sprachverwandt mit dem althochdeutschen hriob, dem niederdeutschen rive, dem hochdeutschen rauh. Aber Zagel bleibt Zagel, da beißt keine Laus ein Sackhaar ab.

Einige Verse (auch des Knaben Wunderhorn reckte sich ins 19. Jahrhundert) sollen diesem Buch nicht vorenthalten sein:

Ich ging zu meinem Mädchen

Ich ging zu meinem Mädchen,
Sie streichelt sich ihr Kät-, Kät-,
Kätzchen auf dem Zimmer,
Dort streichelt sie sich's immer.

Ich ließ es mich gelüsten,
Zu greifen an die Brü-, Brü-,
Brillant'nen Schnallen,
Die zieren sie vor allen.

Ich wollte sie liebkosen,
Sie griff mir in die Ho-, Ho-,
Hohen, langen Hauben,
Ich sollt es ihr erlauben.

Sie setzt sich auf das Klotze
Und zeigt mir ihre Fo-, Fo-,
Furchtbarkeit und Freuden,
Ich sollt' es ihr nicht meiden.

Ich führte sie zum Tanze,
Sie griff mir nach dem Schwa-, Schwa-,
Schwarzen langen Haaren,
Die schön gekräuselt waren.

Sie führt mich in die Scheuer
Und griff mir an die Ei-, Ei-,
Ein Uhr hat's geschlagen,
Ich will dich nicht mehr plagen.

Sie legt sich auf den Rücken
Und sagt, du hast an di-, di-,
Dicken Stock zum wehren,
Es soll uns niemand stören.

Wer dieses nicht will glauben,
Der kann mich in Arsch le-, le-,
Leberwürst sein delikat
Wer sie nur zu fressen hat.

Am Bache

Die Marie ging zum Bach hinab
Und wusch.
Da sprang die Votz ihr aus dem Bauch
Hinterm Busch.
»Kehr doch zurück, lieb Vötzelein!
Es soll dir wohnlich bei mir sein.«
»Ach was! Du hast mich ganz vergessen,
Du gibst mir niemals nichts zum Fressen!«
»Was soll ich dir zum Fressen geben?
Du hast zum Beißen keine Zähne.«
»Ich schlürfe ein mit meinen Lippen
Eine feste, lange Mannesrippen,
Ein kräftiges, warmes Würstelein
Schmeckt auch mir armen Vötzelein,
Ja selbst ein bloßes Knöchelchen
Ist gut für mein Löchelchen.
Gibt's weißen Senf noch zum Verdauen,
Da braucht die Votz nicht lang zu kauen.«
Die Marie, die rief hocherfreut:
Das alles steht mir ja bereit
Bei meinem Schatz, dem Metzgerbursch:
Das Rippchen und die warme Wurscht.

Flugs da nahm ich meine Flinte

Eines Tages ging ich aus, ging ich aus,
Wohl in den grünen Wald hinaus,
Um zu sehen, ob nicht ein Hase oder ein Reh
Sich versteckt im grünen Grase.

Auf einmal war mein Wunsch erfüllt, Wunsch erfüllt,
Aber nicht durch Wild, sondern durch ein holdes Kind,
Das da lag im grünen Grase, aufgedeckt,
Dahingestreckt mit blanker Wade.

Schieß' mir einmal den Fuchs im Strauch, Fuchs im Strauch,
Denn er ist so rauh am Bauch.
Flugs da nahm ich meine Flinte,
Zielt und schoß, zielt und schoß,
Das gefiel dem holden Kinde.

Auf einmal steht mein Hahn nicht mehr, Hahn nicht mehr,
Denn das Pulverhorn war leer.
So mußt' ich die Jagd aufgeben,
Dieweil mein Stein, dieweil mein Stein,
Kein Feuer mehr will geben.

Ach Mutter, verschaff mir einen Mann, der's kann,
Sonst fang' ich was anderes an, anderes an.
Sonst fang' ich an das Hurenleben,
Wohl in der Nacht, ja, wenn es kracht,
Schöne Jungfrauschaft muß Abschied nehmen.

Aus Wien

A Mensch' ohne Fut
Und a Bua ohne Schwanz
Is a Feuer ohne Gluat,
Is a Stern ohne Glanz.

Aus Thüringen

Mittelmüllers Anton
Hat 'n großen Piephahn,
Mittelmüllers Rese
Hat 'ne große Meese.

Regeln und Ausnahmen

Was Milch gibt, das ist feminin,
Was Eier trägt, ist masculin,
Als Ausnahm' merke dir genau:
Der Milchmann und die Eierfrau.

Als mascula brauch die auf ac
Arrac, Cognac, Hodensack.

Fränkisches Sprüchlein

Wenn ich jetzt dran denk',
Wie er mir no hängt,
Wie er mir sonst gestanden is,

Könnt' ich ihn 'rausreiß',
Könnt' ich ihn wegschmeiß',
Könnt' ich ihn treten mit de Füß'.

Berliner Spruch

Ach, du holdes Engelein,
Setz' dich auf mein' Schoß:
Spiel was mit dem Stängelein;
Es geht ja ganz famos.

Schnadahüpferl

Der Pfarra von Westenbach
Sprach: »Moanem Ermessen nach
Glaub i nit, daß es geht,
Wenn er halt nit steht!«

Stosseufzer einer jungen Dame

Was für schlechte Worte braucht
Heutzutage doch Ihr Herrn
Für das Ding, in das Ihr taucht
Alle Euren Schwanz so gern!

Ach, Ihr nennt es Votze, Möse,
Schnecke, Pumpe, Pflaume, Loch,
Klunte, Kutte, Vögelritte,
Büchse, Schrulle, Muschel noch.

Viele andre schlechte Namen
Könnt' ich sagen, doch genug.
Wie dagegen sind die Damen
Doch voll Anstand ohne Trug!

Sprechen niemals: Piephahn, Pinsel,
Nille, Schwanz, Schnips, Pfeife, Stift,
Dicker, Struller, Schwengel, Rübe,
Automat fürs Jungfernstift.

Nein, wir nennen diesen Bengel:
Lebensquell und Freudenspender,
Herz- und Nierenumumwender.
Und so dürfen wir wohl bitten,
Daß jetzt unser liebes Ding,
Das von Euch so gern gelitten,
Bessre Namen nun empfing.

Heißt es: aufgeblühte Rose,
Nadelbüchse, Freudental,
Venusberg, auch wohl Spieldose, –
Namen gibt es sonder Zahl.

Und um eins noch muß ich flehen,
Bittend dies mein Mündchen spricht:
Sollte mal der Schwanz Euch stehen,
Pimpert unterm Taler nicht!

Zehne müssen reichen. Wer mehr mag, schaue in die entsprechenden Sammlungen, etwa in das Liederbuch der Clara Hätzlerin (1840) oder in Arthur Kopps Deutsches Volks- und Studentenlied in vorklassischer Zeit (1899)...
Nun seien noch einige Schwänke geschwenkt, wie sie aus der Sammler Federkiele bereits seit dem 16. Jahrhundert auf uns zuschwänzelten, doch im 19. Jahrhundert auch etliche Male aufgewärmt wurden:

Von einem Bauernknecht, der seines Bauern Tochter Didelmanns Pfeife kaufte

Ein Bauer wohnte nicht weit von Volkach im Frankenland, der hatte eine erwachsene Tochter, auch hatte der Bauer einen starken Knecht. Nun mußten sie aber alle viere, der Bauer und die Bäuerin, auch der Knecht und die Tochter, in der Scheune oder im Stadel liegen. Wenn dann der Bauer zur Nacht mit der Bäuerin scherzte, so schnauften sie laut, auch krachte das Bett so sehr, daß die Tochter dachte: Was tun nur mein Vater und meine Mutter, daß sie also schnaufen? Einmal, da sprach sie zum Knecht: »Mein Hansel, was tun nur der Vater und die Mutter, daß sie alle Nacht also ein Keuchen haben und das Bett ein Krachen hat?« — »Ei«, sprach der Hansel, »mein Gretlein, da gibt er der Mutter Didelmanns Pfeife.« — »Potz«, sprach sie, »was ist das für eine Pfeife?« — »Ja«, sprach der Hansel, »man kauft eine um zwanzig Gulden.« Die gute Tochter hatte einen Schatz, davon nahm sie zehn Gulden und sprach: »Sieh hin, Hansel, leg du zehn Gulden dazu und kauf uns auch eine solche Pfeife!«
Der gute Hansel zog in die Stadt, aß und trank genug und ging danach wieder heim. Als er aber auf dem Weg war, da lief ihm die Tochter entgegen und sprach: »Bringst du Didelmanns Pfeife?« Er sprach ja. Sie sprach: »Ei, mein Lieber, so gib mir sie flugs!« Er sprach: »Ei, wart bis heute nacht, so will ich sie dir geben!« Der guten Tochter wollte die Zeit zu lang werden, doch wartete sie bis zur Nacht mit großem Verlangen. Zur Nacht kam die Tochter zu dem Knecht in das Bett. Der Knecht wischte über sie her und stieß ihr Didelmanns Pfeife hinein. Da lachte sie und sprach: »Ei, das ist eine feine Pfeife! Mich reut mein Geld nicht.«

Nun trieben sie das eine lange Zeit, bis der Bauer dessen inneward; er gab dem Knecht den Abschied und ließ ihn wandern. Als er nun dahinzog und einen guten Weg von dem Dorf weg war, lief ihm das Gretlein nach und sprach: »Hör, Hansel, laß mir Didelmanns Pfeife da!« Er sprach: »Ich laß sie dir nicht.« Sie zankten so lange, bis sie an den Weiher, nicht weit von Schwarzach, kamen. Und als er die Pfeife nicht hergeben wollte, sprach sie: »So gib mir meine zehn Gulden wieder!« Er nahm einen Stein, den er von ungefähr in der Hand hatte, warf ihn in den Weiher und sprach: »Sieh hin, hol dir Didelmanns Pfeife und laß mich ungeschoren!« Die gute Tochter meinte, er hätte die Pfeife hineingeworfen, watete in den Weiher und suchte überall. Dieweil ging der gute Hansel davon.

Als sie nun lange gesucht und nichts gefunden hatte, da kam ein Mönch geritten, der wollte Geld nach Würzburg bringen. Der sah das Gretlein im Weiher umherwaten, ritt herzu und sprach: »Meine Tochter, was suchst du?« Sie sprach: »Mein Herr, ich habe da Didelmanns Pfeife verloren.« Der Mönch verstand wohl, was sie meinte, stieg ab von dem Roß, watete im Weiher und half ihr suchen. Als er nun so tief hineinwatete, daß ihm seine Pfeife auf dem Wasser schwamm, sah die Tochter aus Ungeschick auf den Mönch, sah die Pfeife auf dem Wasser schwimmen und sprach: »Ja, das ist wahr. Natürlich kann ich meine Pfeife nicht finden, weil Ihr sie mir gestohlen habt. Flugs, gebt mir Didelmanns Pfeife!« Der Mönch watete aus dem Wasser, gab ihr Didelmanns Pfeife und wollte danach wieder davonreiten. Es wollte ihn aber die Magd nicht reiten lassen, er gäbe ihr denn die Pfeife ganz. Sie zankten so lange miteinander, bis sie schier gen Schwarzach kamen. Und das Mädchen wollte nicht von dem Mönch ablassen; entweder sollte er ihr die Pfeife geben oder die zwanzig Gulden, die sie und der Hansel dafür bezahlt hatten. Als sie sich nun der Stadt näherten, fürchtete der Mönch, man würde ihr Zanken hören und ihm eine größere Schande daraus entstehen. Wollte er ihrer ledig werden, mußte er ihr die zwanzig Gulden geben. Die nahm sie, zog heim und ließ den Mönch reiten, Gott geb, wie er mit dem Geld bestand, wenn ers verantworten mußte. Von der Magd weiß ich nicht, ob sie sich eine neue Pfeife gekauft oder für eine Weile eine entlehnt hat.

Von einem Bauernweib und einem Pfaffen

In der Grafschaft Tirol, nicht weit von Landeck, saß ein Bauer, dessen Weib mit einem Pfaffen buhlte. Nun diente ein Bauernknecht im Dorf bei einem anderen Bauern; der merkte das alles. Derselbige Knecht verdingte sich bei dem Bauern, dessen Weib mit dem Pfaffen buhlte, auf Lichtmeß, mit der Bedingung, wenn sein Weib nicht mehr deutsch reden könne, so solle er ihm seinen besten Ochsen zusammen mit dem Lohn geben. Das ging der Bauer mit ihm also ein.

Nun trug sich zu, daß der Bauer und der Knecht ausfuhren und ackern wollten. Indem hatte die Frau den Pfaffen zu sich beschieden; das merkte der Knecht und sprach: »Bauer, laßt uns lieber wieder heimfahren! Wir wollen ein anderes Mal um so besser zupacken.« — »Ei«, sprach der Bauer, »wir sind kaum herausgefahren, und du willst schon wieder heim!« Der Knecht wollte dem Bauern nichts sagen, schützte eine Krankheit vor und lief heim; da mußte die Bäuerin den Pfaffen verbergen. Das trieb er den ganzen Tag, so daß sie nichts miteinander ausrichten konnten. Da sprach die Bäuerin zum Pfaffen: »Herr, wir können nichts vor dem Knecht ausrichten. Kommt heute abend wieder, so will ich den Bauern überreden, daß er sich legt; alsdann will ich in der Stube bei Euch bleiben.« Das bemerkte der Knecht auch und stellte sich an, als täten ihm die Zähne weh.

Da sie zu Nacht gegessen hatten, legte sich der Bauer nieder. Die Bäuerin sprach zum Knecht: »Willst du dich nicht legen?« Er sprach: »Ich kann nicht draußen bleiben, mir tun meine Zähne so weh; ich kann schlecht in der Kälte bleiben, ich will heute in der Stube liegen.« Darüber erschrak die Bäuerin, doch durfte sie ihm nichts sagen und mußte sich hinaus zum Bauern legen. Als es nun dem Pfaffen Zeit deuchte, kam er und klopfte an. Das hörte der Knecht und tat flugs das Fenster auf, redete mit hoher Stimme und sprach: »Herr, seid Ihrs?« Er sprach: »Ja.« Da sprach der Knecht: »Herr, gebt mir nur Euren Doldrian eine Weile in die Hand, bis mein Mann ganz einschläft; dann will ich Euch hereinlassen.« Der gute Pfaffe meinte, es wäre die Bäuerin, und gab ihm den Narren in die Hand.

Da hatte der Knecht ein Messer und schnitt dem Pfaffen das Geschirr ab. Der konnte kaum heimgehen, verband sich selber, so gut er konnte, bis man einen Bader oder Balbierer holte, der ihn verband.

Des Morgens ging die Frau in die Kirche, um den Pfaffen zu sehen; da hörte sie die Nachricht, daß der Pfaffe so sehr krank sei. Das klagte die Frau ihrem Mann und sprach, daß der Pfarrer so krank sei, und wenn er wolle, so werde sie ihm ein Hühnlein braten und ihm das bringen. Der Bauer war sehr wohl zufrieden. Die Bäuerin setzte ein Hühnlein auf. Da wischte der Knecht flugs zu dem Feuer, nahm das Huhn aus dem Topf und warf das Pfaffengeschirr hinein. Dessen hatte die Bäuerin nicht acht und kam mit dem Topf zum Pfaffen; der sah sie böse an. Sie beklagte seine Krankheit und sprach, sie bringe ihm ein Hühnlein in seiner Krankheit, das habe sie ihm gekocht. Der Pfaffe deckte das Töpflein auf, da fand er sein Geschirr; darüber wurde er noch betrübter und dachte, wie er sich rächen könnte.

Als er ein wenig gesund war, ging er umher; da begegnete ihm die Bäuerin, die fragte ihn, wie es ihm gehe. Der sprach: »O, Frau, wenn ich Eure Zunge nur eine kleine Zeit in meinem Maul hätte, so würde ich gesund.« Die Frau war willig; als sie ihm die Zunge ins Maul schob, biß er ihr die Zunge ab. Da fing die Frau an zu schreien: »Lal – lal – lal!« Da schrie der Knecht: »Herr, jetzt gib mir meinen Ochsen, den du mir zusammen mit meinem Lohn verheißen hast, denn dein Weib kann nicht mehr Deutsch noch Welsch!« Darüber erschrak der Bauer.

Also brachte sich die Bäuerin um ihre Zunge und den Pfaffen um sein Geschirr, und der Knecht bekam einen Ochsen als Beute; der kam am besten davon. Also frißt Hurerei das Gute mit dem Bösen, und ich habe noch nie einen reich werden sehen mit Ehebruch.

Von einem Pfaffen und seinem Partikel

Es predigte einmal ein Pfaffe, er habe drei Partikel und mit dem größten und längsten wolle er an die Weiber rühren. Er hatte nämlich seine Predigt in drei Partikel geteilt, wie man das nennt, und wollte im längsten heftig wider die Weiber losziehen. Das hörte ein Bauer, rief sein Weib und sagte: »Geh hinaus mit mir, Grete! Der Pfaff soll mit seinem Partikel an den Teufel rühren! Dich rührt er nicht an!«

VON DER BEICHTE DREIER KLOSTERFRAUEN

Drei Klosterfrauen beichteten auf ein Zeit einem Priester. Die erste saget, sie hätt ein fremd Messer in ihr Scheiden gesteckt; das verstund denn der Priester nicht, bedacht aber auch nichts weiter aus Ursach, daß abergläubisch Weiber oft geringe Ding für Sünd halten. Die ander saget, sie hätt zwei Messer in ihr Scheid gesteckt; auch das achtet er nichts. Die dritte aber saget von dreien. Darauf der Priester: »Was schadt das?« Da saget sie ihm, sie wär mit dreien Männern beisammen gewesen. Da der Priester nun erst recht verstund, lief er den vorigen zweien, die er als unwissend absolvieret hatt, nach und schrie: »Hört, ihr schelmigen Huren, ihr seid nicht absolvieret, dann ihr habt böslich gebeichtet; denn Zagel und Messer ist nicht einerlei.«

VON GUGLIELMO MIT DEM ANSEHNLICHEN SCHWANZ

In unserer Stadt Terranuova lebte ein Zimmermann namens Guglielmo, der mit einem sehr umfänglichen Zeugungswerkzeug ausgestattet war. Diesen Umstand vertraute seine Frau ihren Nachbarinnen an. Als sie gestorben war, führte der Zimmermann ein unschuldiges Mädchen namens Antonia heim, das nach der Verlobung von den Nachbarinnen erfahren hatte, welch mächtige Waffe ihr Mann besitze. Als sie daher in der Brautnacht mit ihrem Gatten zusammenlag, bebte sie am ganzen Leibe und wollte seine Umarmung nicht dulden, geschweige denn ihn gewähren lassen. Endlich erfuhr der Mann, wovor das junge Ding Angst hatte; er tröstete sie und sagte, was sie gehört habe, sei wahr, er besitze aber deren zwei, einen kleinen und einen großen. »Um dir nicht weh zu tun, werde ich diese Nacht den kleinen benutzen, er wird dich nicht im geringsten stören; später wollen wir's dann, wenn du Lust hast, mit dem großen versuchen.« Der jungen Frau war es recht, und sie gab sich ohne Klage und Schaden ihrem Manne hin. Nach Ablauf eines Monats, nachdem sie freier und kühner geworden war, bat sie ihren Mann unter Liebkosungen: »Lieber! Möchtest du es jetzt nicht einmal mit dem großen Freund versuchen?« Da mußte der Mann, der beinahe so gut wie ein Esel ausgestattet war, über den guten Appetit seiner Frau von Herzen lachen. Er selbst war es, von dem ich diese Geschichte in einer Gesellschaft erzählen hörte.

Ran an die Gegenwart

So sind wir im 20. Jahrhundert angekommen. Einige Beispiele aus der bildenden Kunst:

1

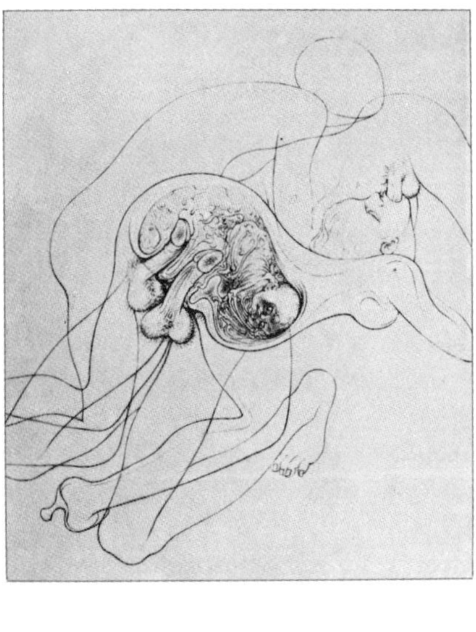

2

1. Ein weniger bekannter Grosz.
2. Ein Bellmer, etwas weniger bekannt als seine Manipulationen mit weiblichen Schamteilen seiner Puppen.

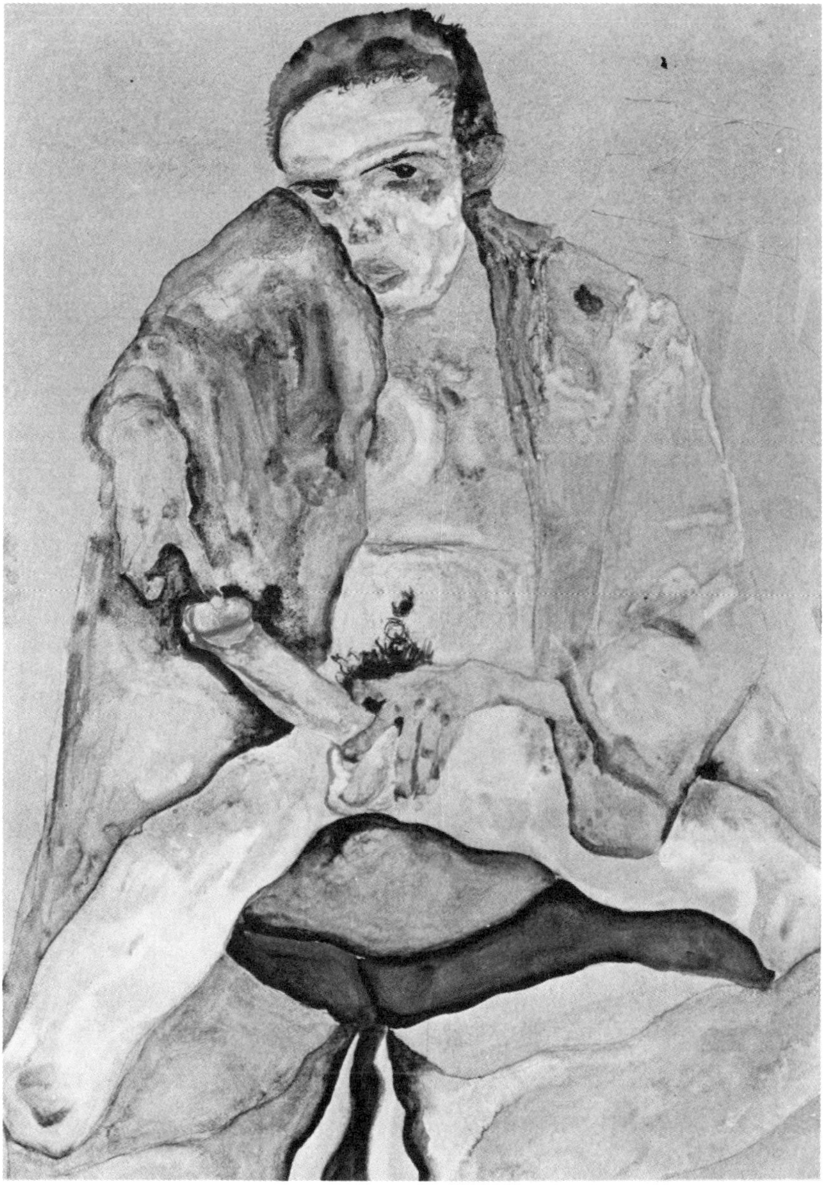

3

3. Ein weniger bekannter Schiele.

4

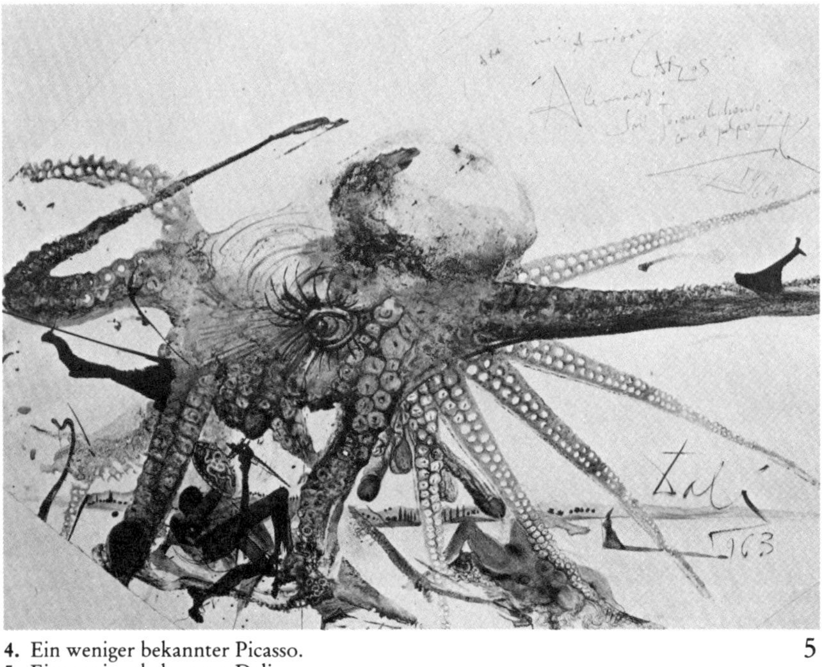

5

4. Ein weniger bekannter Picasso.
5. Ein weniger bekannter Dali.

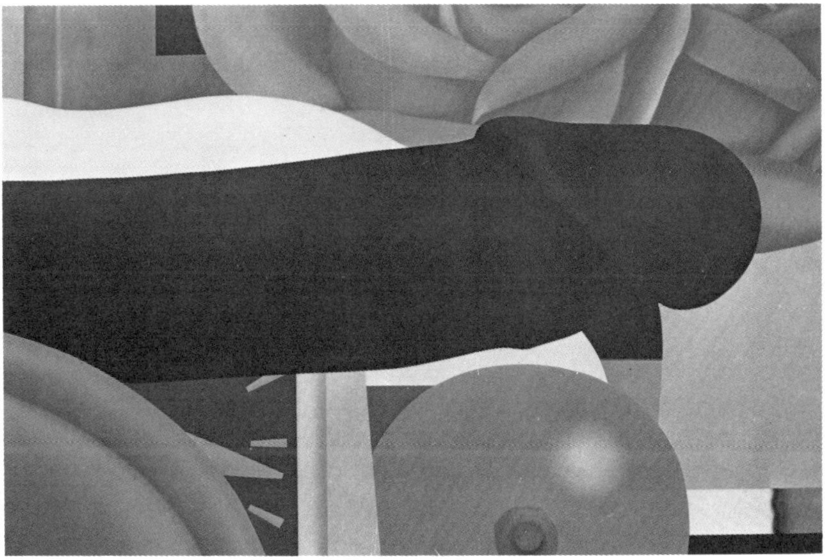

6

7

6. Ein Wesselmann, entschieden weniger bekannt als die »Große amerikanische Nackte Nr. 87«.
7. Josef Thorak, Denkmal für die Freiheit Danzigs, 1943 — Nazis schrecken vor nichts zurück!

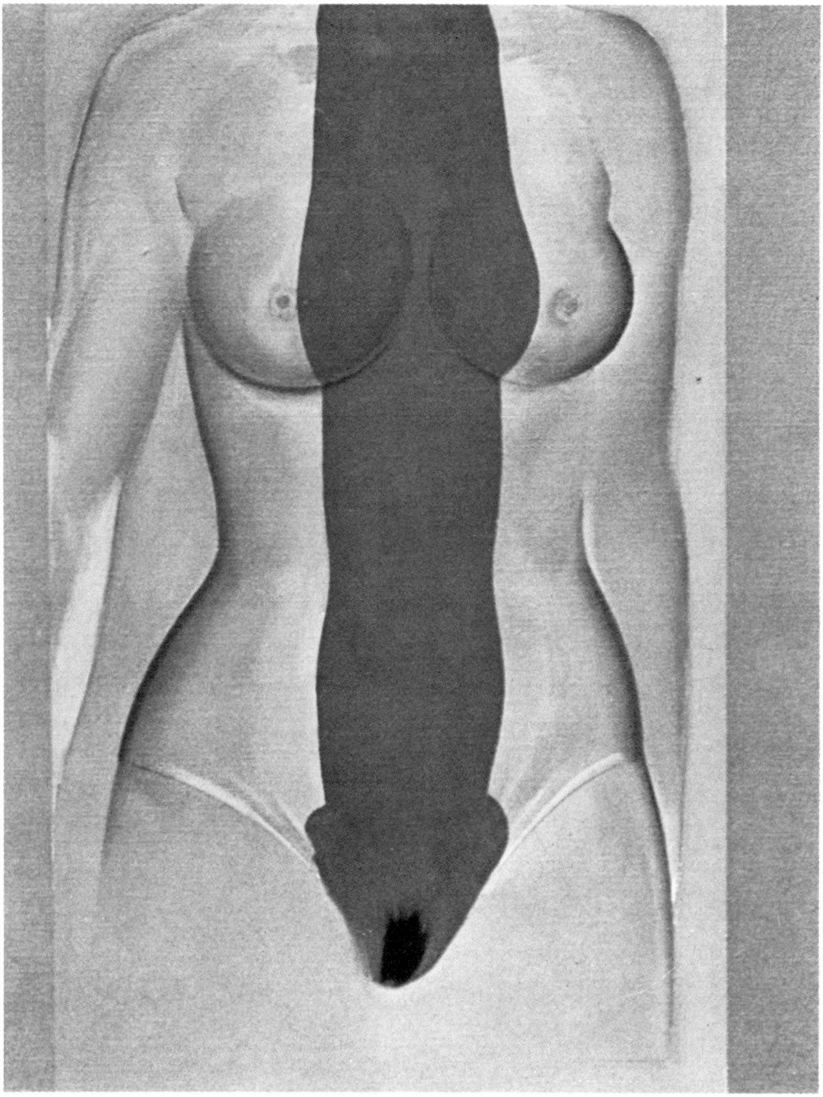

8

8. Ein Jones, der zwei Symbole vereinigt.

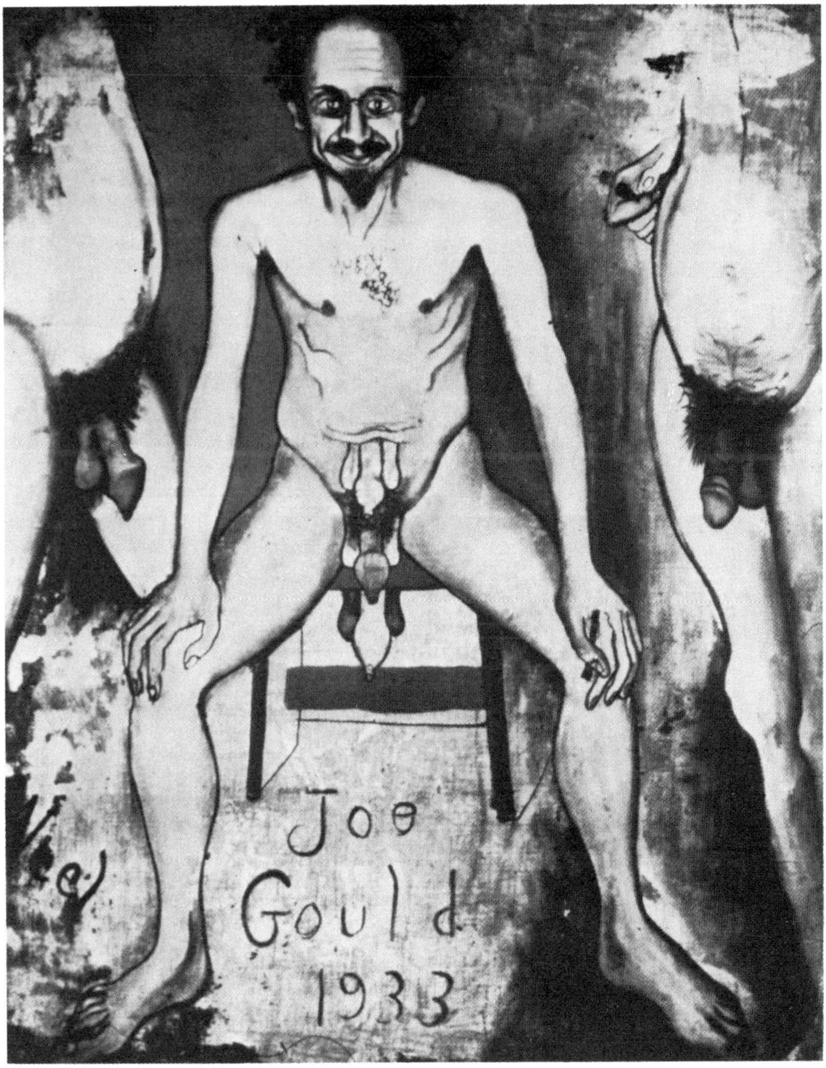

9

9. Diesen Mann, Joe Gould, schuf eine Frau, Alice Neel. Das Bild entstand 1933, wurde aber erst 1971 ausgestellt.

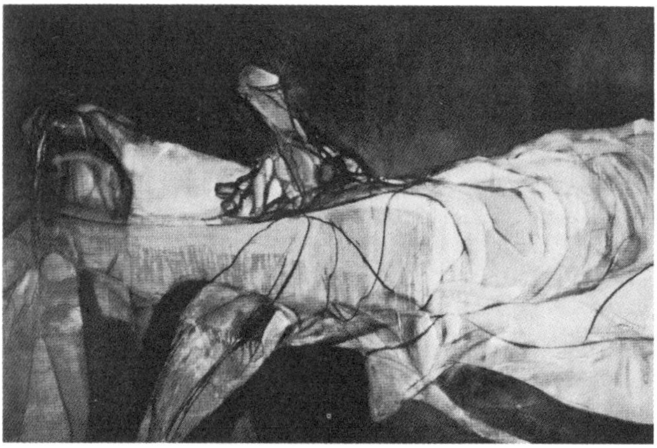

10

11

10. Die Künstlerin Eunice Golden gibt auch mit »Purpurner Himmel« eine weibliche Antwort auf die vielen von Männern gemalten Vaginen.

11. Martha Edelheit zeigt in D X 2 den D zweimal, einmal scharf (davor?) und einmal schlaff (danach?) — aber der Penis ist in beiden Fällen halbstark — Sexualobjekt?

12

12. Ein aufregendes »Portrait«, 1973 von Nancy Grossman erarbeitet. Bedeutet die blindmachende, mächtige Pistole, die schwerer wiegt als der dünne Zagel, daß die (männliche) Gewalt vom Kopf und nicht aus den Hoden kommt?

13

13. Schließlich ein Teil aus der humorigen Rache der Anita Steckel, die sich mit ihrer »Peepshow für Feministen« gekonnt lustig macht über das, was Männer an sich so überschätzen.

Ach ja, das Zwanzigste Jahrhundert. Wir stecken noch drin. Es leben noch Menschen, die es von Anfang an mitgemacht haben. Was wäre da alles zu unserem Thema zu finden!

Der Kaiser mit der Pickelhaube / die Flecken in den Decken der Arbeiterbetten, die schichtenweise vermietet wurden / die schwanzlechzenden Zwanziger / der teppichbeißende Hitler / männlicher Sadismus und Größenwahn im Nazireich / die Nachkriegsfrauen, die keinen fanden / Frauleins für Amipimmel oder wie sich zwei Kulturen schmerzhaft begegneten / der Penis in der sexuellen Revolution / die Schlagstöcke der Bullen / Raketen als Phallus-Prothesen für impotente Präsidenten / »Schwanzträger raus« als politische Parole / tausend Brüste auf einen Sack oder das Filmgeschäft / zweitausend Brüste und noch immer kein Mann in Sicht oder der Zeitschriftenkiosk / dreitausend Weiberleiber und noch immer sieht man keinen Mann stehen oder die Werbung / viertausend Revolver aber nix zwischen die Beine oder das allabendliche Fernsehkrimiprogramm / Zeugung mit der Spermaspritze und andere schlechte Witze...

Eine Fundgrube für die ernsthafte Betrachtung des Männlichkeitswahns und der verhinderten Zärtlichkeit in den ersten drei Vierteln unseres Jahrhunderts bieten die »männer phantasien« von Klaus Theweleit, 1977 im Verlag Roter Stern erschienen.

Für die Gegenwart wünsche ich meinen Lesern und Leserinnen einen geschärften Blick, mit dem sie erkennen, wo er zuviel herumsteht, wo er fehlt.

Überschätzt ihn nicht!

Macht ihn nicht kleiner, als er ist!

Nehmt ihn einfach, wie er ist = er ist nicht die Stütze der Welt (dazu wird er zu schnell schlapp), aber er ist ein bedeutendes Detail (tail = engl. Schwanz).